시험 직전에 풀어 보는

속전속결 速戰速決
신(新)토익 실전 모의고사 600題 ①

다락원

속전속결 신(新)토익
실전 모의고사 600제 ❶

지은이 Michael A. Putlack, Stephen Poirier, Tony Covello, 다락원 토익 연구소
펴낸이 정규도
펴낸곳 (주)다락원

초판 1쇄 발행 2017년 4월 13일
초판 3쇄 발행 2021년 6월 10일

편집 홍인표, 조상익
디자인 조화연, 박선영

다락원 경기도 파주시 문발로 211
내용 문의 (02)736-2031 내선 550~551
구입 문의 (02)736-2031 내선 250~252
Fax (02)732-2037
출판 등록 1977년 9월 16일 제406-2008-000007호

Copyright © 2017 Michael A. Putlack

저자 및 출판사의 허락 없이 이 책의 일부 또는 전부를 무단 복제·전재·발췌할 수 없습니다. 구입 후 철회는 회사 내규에 부합하는 경우에 가능하므로 구입 문의처에 문의하시기 바랍니다. 분실·파손 등에 따른 소비자 피해에 대해서는 공정거래위원회에서 고시한 소비자 분쟁 해결 기준에 따라 보상 가능합니다. 잘못된 책은 바꿔 드립니다.

값 **11,500**원 (본책+정답 및 해석, 해설지·MP3 파일 무료 다운로드)

ISBN 978-89-277-0943-5 14740
     978-89-277-0942-8 14740(set)

http://www.darakwon.co.kr
다락원 홈페이지를 방문하시면 상세한 출판 정보와 함께 MP3 자료 등의 다양한 어학 정보를 얻으실 수 있습니다.

시험 직전에 풀어 보는

속전속결
速戰 速決

신(新)토익
실전 모의고사
600題 ①

다락원

Preface

토익은 실생활이나 업무 환경에서 필요한 영어 능력을 평가하기에 가장 효과적인 시험으로 인정 받고 있습니다. 그렇기 때문에 대기업에 입사하고자 하는 대학생, 승진을 앞둔 직장인 등의 수험생들에게 토익은 필수적인 시험이 되었습니다. 즉, 많은 사람들에게 토익은 보다 많은 기회를 얻을 수 있는 수단이라고 할 수 있습니다.

토익에서 높은 점수를 받으려면 기본적인 영어 능력을 보유하는 것은 필수적입니다. 그러나 토익은 유형이 정해져 있는 시험이기 때문에 보유하고 있는 영어 능력에 이외에도 반복적인 연습을 통해 실전에 대비해야만 합니다. 다시 말해, 출제되는 사진, 대화문, 담화문, 그리고 지문의 유형을 파악하고 있어야 하며, 각각의 문제 유형에 대한 풀이 전략을 숙지하고 있어야 할 뿐만 아니라 시간 배분에도 신경을 써야 원하는 점수를 얻을 수 있습니다. 이를 위해 평소에 많은 문제를 풀어 보아야 하며, 특히 시험을 앞두고 실전 모의고사를 풀어 보며 정리하는 것은 성적 향상에 큰 도움이 됩니다.

〈속전속결 신토익 실전 모의고사 600제 1〉은 3회분의 실전 모의고사를 수록하여, 수험생들이 시험 직전에 부담스럽지 않은 분량의 모의고사를 풀어 보면서 실전 감각을 최대한 끌어올릴 수 있도록 하였습니다. 또한 2016년 5월부터 변경된 신토익을 분석하여 지문의 유형과 분량, 문제의 유형, 난이도 등을 실제 시험과 동일하게 유지하였습니다. 따라서 시험을 앞두고 이 책에 수록된 모의고사를 풀며 연습을 한다면, 수험생들은 실제 시험을 보면서 당황하지 않고 보유하고 있는 실력을 모두 발휘할 수 있을 것입니다.

〈속전속결 신토익 실전 모의고사 600제 시리즈〉를 통해 수험생들 모두 원하는 토익 점수를 획득하게 되기를 바라며, 이를 발판으로 삼아 원하는 바를 이룰 수 있기를 기원합니다.

Michael A. Putlack

Contents

About the TOEIC

실전 모의고사

- Actual Test 1   p.007

- Actual Test 2   p.051

- Actual Test 3   p.095

별책 정답 및 해석

About the TOEIC

토익(TOEIC)이란?

TOEIC은 Test of English for International Communication의 약자로서, 영어를 모국어로 사용하지 않는 사람이 국제 환경에서 생활을 하거나 업무를 수행할 때 필요한 실용 영어 능력을 평가하는 시험이다. 현재 한국과 일본은 물론 전 세계 약 60개 국가에서 연간 4백만 명 이상의 수험생들이 토익에 응시하고 있으며, 수험 결과는 채용 및 승진, 해외 파견 근무자 선발 등 다양한 목적으로 활용되고 있다.

시험의 구성

구성	PART	내용		문항수	시간	배점
Listening Comprehension	1	사진 묘사		6	45분	495점
	2	질의 응답		25		
	3	짧은 대화		39		
	4	짧은 담화		30		
Reading Comprehension	5	단문 공란 채우기		30	75분	495점
	6	장문 공란 채우기		16		
	7	독해	단일 지문	29		
			복수 지문	25		
TOTAL				200	120분	990점

출제 분야

토익의 목적은 일상 생활과 업무 수행에 필요한 영어 능력을 평가하는 것이기 때문에 출제 범위도 이를 벗어나지 않는다. 비즈니스와 관련된 주제를 다루는 경우라도 전문적인 지식을 요구하지는 않으며, 아울러 특정 국가나 문화에 대한 이해도 요구하지 않는다. 구체적인 출제 범위는 아래와 같다.

일반적인 비즈니스 (General Business)	계약, 협상, 마케팅, 영업, 기획, 콘퍼런스 관련
사무 (Office)	회의, 편지, 회람, 전화, 팩스 및 이메일, 사무 기기 및 사무 가구 관련
인사 (Personnel)	구직, 채용, 승진, 퇴직, 급여, 포상 관련
재무 (Finance and Budgeting)	투자, 세금, 회계, 은행 업무 관련
생산 (Manufacturing)	제조, 플랜트 운영, 품질 관리 관련
개발 (Corporate Development)	연구 조사, 실험, 신제품 개발 관련
구매 (Purchasing)	쇼핑, 주문, 선적, 결제 관련
외식 (Dining Out)	오찬, 만찬, 회식, 리셉션 관련
건강 (Health)	병원, 진찰, 의료 보험 관련
여행 (Travel)	교통 수단, 숙박 시설, 터미널 및 공항에서의 안내 사항, 예약 및 취소 관련
엔터테인먼트 (Entertainment)	영화, 연극, 음악, 미술, 전시 관련
주택 / 법인 재산 (Housing / Corporate Property)	건설, 부동산 매매 및 임대, 전기 및 가스 서비스 관련

ACTUAL TEST

------------------- 1

LISTENING TEST

In the Listening test, you will be asked to demonstrate how well you understand spoken English. The entire Listening test will last approximately 45 minutes. There are four parts, and directions are given for each part. You must mark your answers on the separate answer sheet. Do not write your answers in your test book.

PART 1

Directions: For each question in this part, you will hear four statements about a picture in your test book. When you hear the statements, you must select the one statement that best describes what you see in the picture. Then find the number of the question on your answer sheet and mark your answer. The statements will not be printed in your test book and will be spoken only one time.

Statement (B), "One person is pointing at a document," is the best description of the picture, so you should select answer (B) and mark it on your answer sheet.

1.

2.

GO ON TO THE NEXT PAGE

3.

4.

5.

6.

GO ON TO THE NEXT PAGE

PART 2

Directions: You will hear a question or statement and three responses spoken in English. They will not be printed in your test book and will be spoken only one time. Select the best response to the question or statement and mark the letter (A), (B), or (C) on your answer sheet.

7. Mark your answer on your answer sheet.
8. Mark your answer on your answer sheet.
9. Mark your answer on your answer sheet.
10. Mark your answer on your answer sheet.
11. Mark your answer on your answer sheet.
12. Mark your answer on your answer sheet.
13. Mark your answer on your answer sheet.
14. Mark your answer on your answer sheet.
15. Mark your answer on your answer sheet.
16. Mark your answer on your answer sheet.
17. Mark your answer on your answer sheet.
18. Mark your answer on your answer sheet.
19. Mark your answer on your answer sheet.
20. Mark your answer on your answer sheet.
21. Mark your answer on your answer sheet.
22. Mark your answer on your answer sheet.
23. Mark your answer on your answer sheet.
24. Mark your answer on your answer sheet.
25. Mark your answer on your answer sheet.
26. Mark your answer on your answer sheet.
27. Mark your answer on your answer sheet.
28. Mark your answer on your answer sheet.
29. Mark your answer on your answer sheet.
30. Mark your answer on your answer sheet.
31. Mark your answer on your answer sheet.

PART 3

Directions: You will hear some conversations between two or more people. You will be asked to answer three questions about what the speakers say in each conversation. Select the best response to each question and mark the letter (A), (B), (C), or (D) on your answer sheet. The conversations will not be printed in your test book and will be spoken only one time.

32. Where does the conversation most likely take place?
    (A) At a school
    (B) At a real estate agency
    (C) At an employment agency
    (D) At a travel agency

33. What does the woman say about her family?
    (A) Her husband is a school teacher.
    (B) She has a son and a daughter.
    (C) She and her husband work together.
    (D) Her daughters are students.

34. What will the man do next?
    (A) Discuss schools with the woman
    (B) Offer the woman a job
    (C) Show the woman some homes
    (D) Negotiate a contract with the woman

35. What is the man's problem?
    (A) He missed his flight.
    (B) His bags are missing.
    (C) His possessions were stolen.
    (D) He lost his carry-on bag.

36. What does the man give the woman?
    (A) His passport
    (B) His boarding pass
    (C) His baggage claim tags
    (D) His luggage

37. What does the woman tell the man to do?
    (A) Fill out a form
    (B) Take a seat
    (C) Speak with her boss
    (D) Come back later

GO ON TO THE NEXT PAGE

38. Which part of the woman's home will be wallpapered?

(A) The living room
(B) The bathrooms
(C) The kitchen
(D) The bedrooms

39. What is suggested about the woman?

(A) She will get a discount.
(B) She used to work at the store.
(C) She has never met the man.
(D) She will pay with cash.

40. What does the woman request the man do?

(A) Show her the most popular wallpaper
(B) Help her make a selection
(C) Give her a discount
(D) Set up a time to do the work

41. What is being discussed?

(A) The scheduling of overtime
(B) The promoting of employees
(C) The hiring of new workers
(D) The correcting of mistakes

42. Why is the woman pleased?

(A) She will have less work to do.
(B) Her friend was contacted for an interview.
(C) An advertisement was made.
(D) Authorization was requested.

43. What is scheduled to happen tomorrow?

(A) A transfer will be done.
(B) An announcement will be made.
(C) An interview will be held.
(D) An ad will be placed.

44. Where most likely does the conversation take place?

(A) In a laundromat
(B) In a cafeteria
(C) In an office
(D) At a department store

45. What does the man show the woman?

(A) A receipt
(B) A picture
(C) A coupon
(D) An ID card

46. What does the woman suggest the man do?

(A) Buy an item on a Web site
(B) Request an exchange
(C) Wait for an item to arrive
(D) Purchase a different style

47. Who most likely is the man?

(A) An automobile mechanic
(B) An electronics repairman
(C) An interior designer
(D) A dry cleaner

48. According to the woman, when was her item supposed to be ready?

(A) On Monday
(B) On Tuesday
(C) On Wednesday
(D) On Thursday

49. What is the problem?

(A) The man has been busy lately.
(B) An item was sent to the wrong address.
(C) An ordered part has not arrived.
(D) A bill was not paid on time.

50. What does the man ask the woman for?
   (A) A dessert menu
   (B) The bill
   (C) A glass of water
   (D) A gift certificate

51. What does the woman mean when she says, "I'll let him know you said that"?
   (A) She will give a message to the man's friend.
   (B) She will tell the waiter what the man stated.
   (C) She will inform the owner of a comment.
   (D) She will pass on a compliment to the chef.

52. What does the man say he will do?
   (A) Order from the dessert menu
   (B) Make a reservation tomorrow
   (C) Return to the restaurant again
   (D) Speak with the manager

53. What are the speakers mainly discussing?
   (A) Preparations for a work event
   (B) The company's computer system
   (C) A tour that they are taking
   (D) Directions to a meeting place

54. Who most likely is Mr. Bannon?
   (A) The speakers' boss
   (B) A job applicant
   (C) A tour guide
   (D) A keynote speaker

55. What do the speakers need to do by Friday?
   (A) Schedule a meeting
   (B) Submit a written report
   (C) Come up with some ideas
   (D) Complete a lesson plan

56. What is being discussed?
   (A) A lost item
   (B) A billing problem
   (C) A missing credit card
   (D) A mistaken bank statement

57. Why does the man say, "That happens sometimes"?
   (A) To indicate he believes the woman's excuse
   (B) To point out that he can issue a new card easily
   (C) To admit that he has had a similar problem before
   (D) To note that people sometimes get double-charged

58. What will the man most likely do next?
   (A) Transfer the woman to his manager
   (B) Explain what to do to the woman
   (C) Offer to call the woman back later
   (D) Cancel the woman's credit card

59. Why does Greg reject Mr. Howard's request?
   (A) He has to leave the office soon.
   (B) He does not own a car.
   (C) He has to meet Ms. Quartermain.
   (D) He needs to complete a report.

60. What is Mr. Howard doing at 5:30?
   (A) Taking a flight
   (B) Going home
   (C) Having a dinner meeting
   (D) Finishing a project

61. What does the woman offer to do?
   (A) Help Greg with his work assignment
   (B) Write a report for Ms. Quartermain
   (C) Drive Mr. Howard to his destination
   (D) Reserve a vehicle for Mr. Howard

GO ON TO THE NEXT PAGE

Day	Weather
Wednesday	sunny
Thursday	cloudy
Friday	foggy
Saturday	rainy

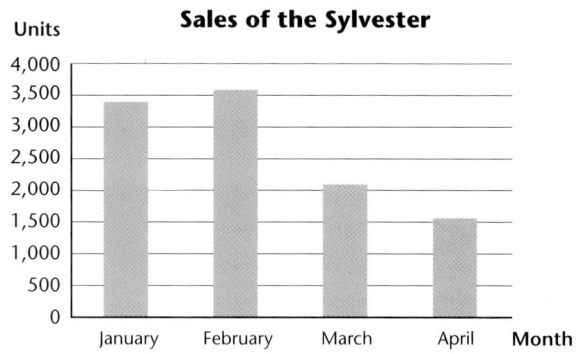

62. What are the speakers mainly discussing?
    (A) An awards ceremony
    (B) Renovations on the auditorium
    (C) The planning of an event
    (D) The invitation list for a party

63. What does the woman suggest?
    (A) The man needs to work faster.
    (B) She normally handles the preparations.
    (C) She has not been in the office lately.
    (D) The event usually takes place indoors.

64. Look at the graphic. Which day is the event scheduled for?
    (A) Wednesday
    (B) Thursday
    (C) Friday
    (D) Saturday

65. What most likely is the Sylvester?
    (A) A laptop computer
    (B) A vacuum cleaner
    (C) A sport utility vehicle
    (D) An office chair

66. Look at the graphic. When did the Walken Corporation's product come out?
    (A) January
    (B) February
    (C) March
    (D) April

67. What does the man say about the Mercer?
    (A) It is a better product than the Sylvester.
    (B) The advertisements for it are funny.
    (C) It is being sold for a very low price.
    (D) Several problems have been found with it.

Eggplant Lasagna	$15.99
Spaghetti with Tomato Sauce	$12.99
Seafood Salad	$16.99
Grilled Shrimp	$21.99

68. What does the man say about the restaurant?

    (A) The food there is excellent.
    (B) It opened a couple of weeks ago.
    (C) Regular diners are given discounts.
    (D) It offers specials every day.

69. What will the woman get for free?

    (A) A drink
    (B) A salad
    (C) A soup
    (D) A dessert

70. Look at the graphic. How much will the woman's meal cost?

    (A) $12.99
    (B) $15.99
    (C) $16.99
    (D) $21.99

GO ON TO THE NEXT PAGE

PART 4

Directions: You will hear some talks given by a single speaker. You will be asked to answer three questions about what the speaker says in each talk. Select the best response to each question and mark the letter (A), (B), (C), or (D) on your answer sheet. The talks will not be printed in your test book and will be spoken only one time.

71. What does the speaker suggest about the meeting?

(A) It is not on the regular schedule.
(B) It will last until lunchtime.
(C) It is being attended by the CEO.
(D) It will be about hiring more workers.

72. What does the speaker imply when she says, "This is something we don't want to see happen"?

(A) She is not interested in increasing salaries.
(B) She is upset about the events at the office.
(C) Many workers are expressing their unhappiness.
(D) Several employees have requested to transfer.

73. What will most likely happen next?

(A) Some employee records will be analyzed.
(B) The speaker will introduce the CEO.
(C) Some new data will be discussed.
(D) The listeners will give their opinions.

74. What does the speaker suggest about the weather?

(A) It has been cold.
(B) It has been rainy.
(C) It has been warm.
(D) It has been sunny.

75. What will the weather be like tomorrow night?

(A) There will be clouds.
(B) There will be rain.
(C) There will be snow.
(D) There will be fog.

76. What will the listeners hear next?

(A) A news report
(B) An advertisement
(C) An interview
(D) A sports report

77. Who is Jason Stewart?
    (A) A CEO
    (B) A vice president
    (C) A manager
    (D) A customer

78. Why does the speaker say, "He intends to live a life of leisure"?
    (A) To explain why a person is retiring
    (B) To say why a person turned down a transfer
    (C) To state why a person is working fewer hours
    (D) To note why a person rejected a job offer

79. What does the speaker tell Henry Popov to do?
    (A) Serve some refreshments
    (B) Start a video
    (C) Make a speech
    (D) Assist Mr. Stewart

80. According to the speaker, what is going to happen in ten minutes?
    (A) The company's intranet will be upgraded.
    (B) Work on the computer system will begin.
    (C) Some equipment will be replaced.
    (D) New software will be uploaded onto computers.

81. What does the speaker tell the listeners to do?
    (A) Save their work
    (B) Contact their clients
    (C) Leave the building
    (D) Write down their schedules

82. Why would a listener call Leslie?
    (A) To report a problem
    (B) To get some advice
    (C) To ask a question
    (D) To request assistance

83. What is going to happen at the company?
    (A) It will lay off more than thirty employees.
    (B) It will operate its assembly lines all day.
    (C) It will be purchased by a rival firm.
    (D) It will sign a contract with a new customer.

84. What does the speaker mean when she says, "This is not optional"?
    (A) All meetings must be attended.
    (B) All reports must be filed on time.
    (C) All employees must work overtime.
    (D) All accounts must be reviewed.

85. What is the speaker concerned about?
    (A) Workers may be unhappy.
    (B) There are not enough supplies.
    (C) Equipment is breaking down.
    (D) The company is not making a profit.

86. What type of company does the speaker work for?
    (A) A real estate agency
    (B) A landscaping company
    (C) An interior design firm
    (D) A construction company

87. What is being offered to customers signing a six-month contract?
    (A) Extra services
    (B) A lower price
    (C) Free service
    (D) A coupon booklet

88. Why does the speaker tell listeners to call?
    (A) To learn how much the company's services will cost
    (B) To set up a regular schedule of services
    (C) To discuss what types of services are offered
    (D) To talk about how often its services can be provided

GO ON TO THE NEXT PAGE

89. Why is the message being played?

(A) There are no operators available now.
(B) The listener called on the weekend.
(C) The bank is closed for the day.
(D) There is a problem with the phone system.

90. What does the speaker say a person who knows an extension should do?

(A) Say the numbers
(B) Hang up and call again
(C) Dial the numbers
(D) Press 4

91. Why would the listener press 3?

(A) To hear the message again
(B) To learn about opening an account
(C) To check on an account balance
(D) To find out about a loan

92. What is the speaker mainly discussing?

(A) The type of people who will get hired
(B) The need to pay close attention
(C) The schedule for an interview
(D) The forms the listeners must complete

93. What does the speaker request the listeners do on the personality test?

(A) Give honest responses
(B) Answer every question
(C) Provide personal experiences
(D) Be extremely detailed

94. What will the last activity for the listeners be?

(A) The role-playing session
(B) The personality test
(C) The filling out of forms
(D) The interview

Time	Speaker
10:00 A.M. – 11:00 A.M.	Eric Chiu
11:00 A.M. – 12:00 P.M.	Jane Wilson
1:00 P.M. – 2:30 P.M.	George Wilson
2:30 P.M. – 4:00 P.M.	Amy Jackson

Medlin	4km
Centerville	10km
Cobleskill	18km
Whitsun	29km

95. When is the event going to take place?

(A) Tomorrow
(B) This weekend
(C) Next week
(D) Next month

96. What does the speaker hope to receive?

(A) Good reviews
(B) Press coverage
(C) A promotion
(D) A bonus

97. Look at the graphic. What time will the speaker give her talk?

(A) 10:00 A.M. – 11:00 A.M.
(B) 11:00 A.M. – 12:00 P.M.
(C) 1:00 P.M. – 2:30 P.M.
(D) 2:30 P.M. – 4:00 P.M.

98. Why is the speaker late for her meeting?

(A) Her car ran out of gas.
(B) She had a flat tire.
(C) She left her office late.
(D) There was bad traffic.

99. Look at the graphic. Where is the speaker going?

(A) Medlin
(B) Centerville
(C) Cobleskill
(D) Whitsun

100. How long should it take the speaker to arrive at Clarice's office?

(A) About 10 minutes
(B) About 20 minutes
(C) About 30 minutes
(D) About 40 minutes

This is the end of the Listening test. Turn to Part 5 in your test book.

GO ON TO THE NEXT PAGE

READING TEST

In the Reading test, you will read a variety of texts and answer several different types of reading comprehension questions. The entire Reading test will last 75 minutes. There are three parts, and directions are given for each part. You are encouraged to answer as many questions as possible within the time allowed.

You must mark your answers on the separate answer sheet. Do not write your answers in your test book.

Part 5

Directions: A word or phrase is missing in each of the sentences below. Four answer choices are given below each sentence. Select the best answer to complete the sentence. Then mark the letter (A), (B), (C), or (D) on your answer sheet.

101. A spokesperson for Ermine, Inc. is expected to make an important ------- about the company's future tomorrow afternoon.

(A) announce
(B) announcing
(C) announcement
(D) announced

102. More than 500 people attempted to ------- for the seminar being given by Mr. Schnell next week.

(A) attend
(B) register
(C) sign
(D) request

103. Traffic in most of the downtown area has become ------- worse during the summer months.

(A) partially
(B) steadily
(C) reportedly
(D) eventually

104. At least fifty individuals ------- for full-time positions at TRP, Inc. over the next three months.

(A) have been hired
(B) will be hired
(C) were hiring
(D) are hiring

105. David Chamberlain was elected president of the organization on account of ------- excellent leadership skills.

(A) he
(B) his
(C) him
(D) himself

106. Claude's Pastries is open every day of the year ------- national holidays and New Year's Eve.

(A) instead of
(B) by way of
(C) except for
(D) around

107. Following the launch of its new product line, ------- at Frontier Technology increased by more than 45%.

(A) sales
(B) selling
(C) sale
(D) sold

108. Working as ------- as she could, Ms. Johannsson managed to finish the report and submitted it on time.

(A) hard
(B) hardly
(C) harder
(D) harden

109. There were several mistakes in the user's manual, so the writers were instructed to fix -------.

(A) their
(B) they
(C) them
(D) theirs

110. One of the most famous movie directors in the world is going to give the keynote speech in a ------- moments.

(A) few
(B) little
(C) more
(D) some

111. All purchases at Wesley Electronics come with a money-back guarantee if the customer is not 100% -------.

(A) satisfying
(B) satisfaction
(C) satisfactory
(D) satisfied

112. Nobody was in the office when the deliveryman arrived, so the package was not dropped -------.

(A) in
(B) off
(C) by
(D) with

113. Ms. Meyers ------- on her assignment for the Horford Company for the past three weeks as of tomorrow.

(A) was working
(B) will be working
(C) will have been working
(D) had been working

114. The park has become the most popular one in the entire state ------- the recent construction of various sporting facilities.

(A) thanks to
(B) on account
(C) with respect to
(D) according to

115. There has been talk about relocating the head office to Tulsa to take ------- of the low tax rates there.

(A) regard
(B) improvement
(C) advantage
(D) relegation

116. Ms. Rogers ordered the software ------- from the computers since it was causing problems.

(A) remove
(B) removal
(C) removed
(D) removable

117. Raymond Shipbuilding has signed contracts worth a ------- $1.3 billion during the first half of the year.

(A) combining
(B) combined
(C) combination
(D) combine

118. Injuries occur in workplaces on a ------- basis despite people's best efforts to prevent them.

(A) candid
(B) daily
(C) severe
(D) partial

GO ON TO THE NEXT PAGE

119. The city council selected Morris Construction to do the majority ------- the work on the stadium.
(A) at
(B) on
(C) with
(D) of

120. While all of the ballots have been cast, it will take several hours before they can be ------- counted.
(A) accuracy
(B) accurately
(C) accurate
(D) accuracies

121. Most of the residents of Shelbyville voted in favor of ------- bicycle lanes on the city's major streets.
(A) constructed
(B) construction
(C) constructive
(D) constructing

122. Ms. Reynolds reserved the large conference room for the ------- day and also arranged for refreshments to be delivered.
(A) entire
(B) total
(C) complete
(D) overall

123. ------- the heavy snow begins to let up soon, all flights at the airport are going to be canceled for the next several hours.
(A) Throughout
(B) Unless
(C) Therefore
(D) Moreover

124. The courier called Mr. Marsh to inform him that ------- would be arriving at his office in fifteen minutes.
(A) she
(B) herself
(C) hers
(D) by herself

125. ------- the bad weather, the groundbreaking ceremony will still be held at ten in the morning.
(A) In spite of
(B) With regard to
(C) As a result
(D) With respect to

126. Nominations for the employee of the month award should be submitted ------- to Ms. Betsy Ito in the HR Department.
(A) immediate
(B) immediacy
(C) immediately
(D) immediacies

127. Only those individuals ------- possess a class E driver's license will be considered for the job.
(A) what
(B) which
(C) who
(D) whose

128. Janet Harding ------- that the rumors were true and that her company would be purchased by Meltzer, Inc.
(A) confirmed
(B) will confirm
(C) was confirmed
(D) is confirming

129. Mr. Matthias ------- the employees in the office to stay late in order to finish their assignments on time.
(A) said
(B) reported
(C) supported
(D) instructed

130. The auditorium is scheduled to be renovated for a ------- of one month starting on Tuesday.
(A) period
(B) stage
(C) session
(D) matter

Part 6

Directions: Read the texts that follow. A word, phrase, or sentence is missing in parts of each text. Four answer choices for each question are given below the text. Select the best answer to complete the text. Then mark the letter (A), (B), (C), or (D) on your answer sheet.

Questions 131-134 refer to the following e-mail.

To: <gthomas@thismail.com>
From: <appointments@smileclinic.com>
Date: September 22
Subject: Checkup

Dear Mr. Thomas,

You are scheduled for a regular checkup this Friday, September 24, at 4:15 P.M. Please be sure ------- at least 10 minutes prior to your scheduled time. There is some paperwork you need to fill out.
131.

You may not be aware of this, but we recently changed -------. While we remain in the Anderson Building at 784 Cross Street, we are no longer on the fourth floor. -------. To find us, take a left after getting off the elevator. The clinic is the second door on the right. Our phone number has not changed, so you can reach us at 943-1282 if you ------- assistance.
132. **133.** **134.**

Regards,

Julie Smythe
Smile Clinic

131. (A) arriving
(B) to arrive
(C) will arrive
(D) to have arrived

132. (A) locate
(B) located
(C) locations
(D) location

133. (A) Instead, we have moved to the tenth floor.
(B) Therefore, you should look for us in another building.
(C) In other words, we are not hard to find.
(D) Thus, you can visit our new location on the ground floor.

134. (A) remove
(B) require
(C) report
(D) request

GO ON TO THE NEXT PAGE

Questions 135-138 refer to the following press release.

FOR IMMEDIATE RELEASE

July 11 – Oswego Manufacturing is going to open a new factory in Warsaw, Poland. The facility will be ------- on a plot of land that has been acquired on the northern side of the city.
135.
Construction on the factory will begin in the ------- week of July and is anticipated to take
136.
approximately eight months to complete. The factory will employ more than 340 full-time workers, and the assembly lines in it will utilize state-of-the-art technology. -------. This will be
137.
Oswego's first facility to open not only in Poland ------- in all of Europe.
138.

---

135. (A) regarded
(B) purchased
(C) discovered
(D) situated

136. (A) latter
(B) last
(C) lastly
(D) latest

137. (A) The company now has five factories in Europe.
(B) It is yet to be determined how many people will work there.
(C) Oswego's newest product line will be built there.
(D) The assembly lines are under construction at this time.

138. (A) but also
(B) and so
(C) both
(D) nor

Questions 139-142 refer to the following letter.

November 2

Dear Mr. Randolph,

A work crew from your company renovated several rooms in my home a month ago. -------. The
                                                                                    139.
master bedroom looks much better than before, and the bathroom attached to it has been vastly

improved. ------- our kitchen, it looks amazing. ------- my wife and I enjoy cooking, and thanks
           140.   **141.**

to the changes made, we have plenty of space to cook and enjoy our meals after they are done.

I have spoken about the ------- of your work to several of my colleagues, so you may receive
                         142.

phone calls from them in the future. I will be contacting you in the near future as well.

Best,

Craig Jordan

---

139. (A) Not everything looks like I wanted.
(B) We have not gotten the bill for the work yet.
(C) There are a few issues that I should mention.
(D) I couldn't be happier with the results.

140. (A) In spite of
(B) As for
(C) With regard
(D) Because of

141. (A) Either
(B) Neither
(C) Both
(D) Each

142. (A) quality
(B) application
(C) condition
(D) regard

Questions 143-146 refer to the following memo.

To: All Staff, R&D Department
From: Judy Rutledge, HR Department
Subject: Changes

-------. Their names are Marco Romano and Eric Schafer. Both men will begin their employment
143.
here at Roth Technology on Monday, January 12. They will be assigned to Ms. Creighton's team

as they are experts in the ------- of robotics. Neither of them is from the local area. Mr. Romano is
144.

------- coming to us from Florence, Italy. So I encourage all of you to make them feel as welcome
145.

as possible. I would also greatly appreciate it if you would offer the two any assistance -------
146.

require to make their transition to life here in Austin comfortable.

143. (A) We are going to be losing two employees when they transfer.
(B) I've got several announcements that I need to make to you.
(C) Nominations for awards for December should be submitted soon.
(D) Two individuals have been hired for the R&D Department.

144. (A) region
(B) genre
(C) type
(D) field

145. (A) severely
(B) actually
(C) eventually
(D) purposely

146. (A) they
(B) them
(C) their
(D) theirs

Part 7

Directions: In this part you will read a selection of texts, such as magazine and newspaper articles, e-mails, and instant messages. Each text or set of texts is followed by several questions. Select the best answer for each question and mark the letter (A), (B), (C), or (D) on your answer sheet.

Questions 147-148 refer to the following notice.

NOTICE

Maintenance will be conducted on the elevators in the building from September 14 to 16. All three elevators will be inspected but will not be down at the same time. Residents should be advised that elevator 1 will be unavailable on September 14 from 1 P.M. to 6 P.M. Elevator 2 will have work done on it on September 15 from 8 A.M. to noon. Elevator 3 will be inspected on September 16 from 1 P.M. to 6 P.M. Please be advised that the elevators will be completely unavailable at those times. If they require extensive repair work, they may be shut down for longer.

147. Who is the notice intended for?

(A) Elevator repair workers
(B) Customers
(C) People living in the building
(D) Members of the maintenance staff

148. What is true about the maintenance?

(A) It will take place for four days.
(B) It will only happen in the morning.
(C) It will require the replacement of parts.
(D) It will be done on all of the building's elevators.

GO ON TO THE NEXT PAGE

Questions 149-150 refer to the following letter.

April 5

Dear Sir/Madam,

My name is Dennis Stearns. I have a credit card with your bank. — [1] —. I received my statement this morning and believe it contains an error. On the 17th of last month, there is a billing for $72.31 at Wilson Plaza at 19:13. — [2] —. One minute later, there is another charge at the same location for the exact amount. Obviously, the second charge was made in error. — [3] —. As confirmation, you will find that there is just one receipt signed by me, indicating that I only authorized one charge. — [4] —. Please remove the second charge from my statement. And please send me an updated bill after you do so.

Regards,

Dennis Stearns

149. What is the purpose of the letter?

(A) To cancel an account
(B) To ask for a discount
(C) To request a new card
(D) To report a mistake

150. In which of the positions marked [1], [2], [3], and [4] does the following sentence best belong?

"The last four numbers in the account are 9803."

(A) [1]
(B) [2]
(C) [3]
(D) [4]

Questions 151-152 refer to the following text message chain.

Dana Roberts 4:55 P.M.
Why did you leave? I thought your flight wasn't until late tonight.

Mark Dawson 4:57 P.M.
I managed to get a seat on an earlier one. I'm getting ready to board now.

Dana Roberts 5:01 P.M.
At least you won't arrive after midnight. Did you remember to bring the contract?

Mark Dawson 5:03 P.M.
Yes, but I think it needs to be amended. I'll e-mail you the details.

Dana Roberts 5:05 P.M.
The lawyers have to approve any alterations, so send me the file as quickly as possible.

Mark Dawson 5:07 P.M.
I'll do that in a few hours after I get to my hotel.

151. Where most likely is Mr. Dawson when he writes to Ms. Roberts?

(A) In his office
(B) At an airport
(C) On a bus
(D) At a hotel

152. At 5:07 P.M., what does Mr. Dawson mean when he writes, "I'll do that in a few hours"?

(A) He will send a file to the woman.
(B) He will sign a contract.
(C) He will speak with a lawyer.
(D) He will check in at a hotel.

Questions 153-155 refer to the following instructions.

153. Who most likely would be interested in the instructions?
    (A) An interior decorator
    (B) An architect
    (C) A construction worker
    (D) A carpenter

154. What is NOT mentioned as equipment necessary to remove paint?
    (A) A paint scraper
    (B) Sandpaper
    (C) A wire brush
    (D) A paintbrush

155. What is the first step in the process?
    (A) To wash the entire wall
    (B) To get rid of loose paint
    (C) To make sure the paint is dry
    (D) To make the surface smooth

Questions 156-157 refer to the following announcement.

Learn about Mammals at the Sacramento Museum

The Sacramento Museum is pleased to announce the opening of a new exhibit. From June 1 to September 1, "The History of Mammals" will be featured in the eastern wing. Trace the origins of mammals from their beginnings as nocturnal burrowing creatures 220 million years ago to the present day. Interactive features, such as goggles that let people see the world through the eyes of dogs, mice, and bats, will help visitors learn about the lifestyles and abilities of mammals. Science lovers will additionally enjoy seeing displays of fossils of mammals throughout history. Lectures on mammals will be given by local experts every weekend. The price of admission is $8 for adults and $5 for senior citizens and students.

156. What is indicated about the exhibit?

(A) It takes up an entire floor.
(B) It is temporary.
(C) It is free for visitors.
(D) It will show movies.

157. According to the announcement, what can visitors do at the exhibit?

(A) Listen to people talk about mammals
(B) See some live mammals in cages
(C) Look at displays of mammals' homes
(D) Observe how mammals interact with one another

GO ON TO THE NEXT PAGE

Questions 158-160 refer to the following e-mail.

To:	Herbert Johnson <herbertj@earthweb.com>
From:	Ralph Carson <ralphcar@sunshinehotel.com>
Re:	Interior Remodeling
Date:	May 17

Dear Mr. Johnson,

I paid a visit to the main conference room on the fourth floor an hour ago and spoke with the foreman. He informed me that the remodeling work is running behind schedule. As per our agreement, the work your company agree to do must be completed before May 20. We have a seminar on international relations scheduled to begin then and must have access to the room. However, it has not been painted yet. The new carpet cannot be installed, nor can the light fixtures be added, until the walls have been painted. You need to do whatever is possible to make sure the room is available for the seminar. Otherwise, your company will be held liable for any loss of income we suffer. Please get in touch with me at once. I welcome any suggestions you have to rectify this issue.

Sincerely,

Ralph Carson
Manager, Sunshine Hotel

158. What problem does Mr. Carson mention?

(A) Some renovations have gone over budget.
(B) Workers did a poor job painting the walls.
(C) Not enough people are on the work crew.
(D) Work on a room is progressing too slowly.

159. What is going to happen on May 20?

(A) Walls will be painted.
(B) An event will be held.
(C) A contract will be rewritten.
(D) A lawsuit will be filed.

160. What does Mr. Carson request that Mr. Johnson do?

(A) Improve the quality of work being done
(B) Have the crew work 24 hours a day
(C) Contact him to talk about a solution
(D) Make sure the walls are painted today

Questions 161-164 refer to the following article.

City Council Approves New Funding Method

Auburn (May 2) – At its weekly meeting last night, the Auburn City Council voted to install parking meters in the downtown area on Main Street and First Avenue. The council further mandated that the fee for parking in a metered spot would be $2.00 per hour. According to Lucia Woodrow, the senior member of the council and mayor of the city, the city should be able to raise enough money from the meters to reduce this year's expected budget deficit by up to 25%.

The vote was 3-2, with council members Rob Sage and Carla Mather voting against it. There was also a lengthy—and sometimes heated—debate prior to the vote. More than 250 people attended the meeting. A large number were local businesspeople who claimed they would be negatively affected by the installing of parking meters. "Now that people have to pay for parking, I'll likely get fewer customers," said Sal Napolitano, the owner of Sal's Deli, a popular downtown eatery. Several other city residents complained that the decision to put meters on only a few streets was unfair to people working downtown. "It's not right that I will have to pay to park when I go to work every day, but people working in other parts of the city won't," said Sheila Morris, who works at the Sheppard Department Store. "Times are tough, and now I'm going to have to pay a significant amount of money just to park my vehicle."

161. According to the article, why will parking meters be installed?

(A) To promote the usage of public transportation
(B) To raise money for local infrastructure
(C) To discourage people from driving downtown
(D) To reduce the money that the city owes

162. What is indicated about yesterday's meeting?

(A) Few people went to it.
(B) It took place in the afternoon.
(C) Some attendees were upset.
(D) It lasted for more than two hours.

163. Who is Sal Napolitano?

(A) A city council member
(B) The mayor of Auburn
(C) An Auburn resident
(D) A local shopkeeper

164. What is suggested about the Sheppard Department Store?

(A) It has a small parking lot.
(B) It is located in downtown Auburn.
(C) It will pay for its employees to park.
(D) It is the oldest business in Auburn.

GO ON TO THE NEXT PAGE

Questions 165-167 refer to the following Web page.

---

https://www.kitelebank.com

| HOME | SERVICE | JOBS | CONTACT US |

Kitele Bank is currently looking to fill the following openings:

Credit risk analyst: This individual will be responsible for designing strategies for lending services for our customers. The ideal candidate will have a bachelor's degree in statistical analysis, three years of experience in risk analysis, and proficient PC skills.

Portfolio manager: This individual will manage the cash and investments at Kitele Bank to create stable liquidity and to maximize returns. Applicants should have a master's degree in finance or business administration, five years of experience managing funds or investing, and knowledge of economic trends.

Marketing advisor: This individual will assist the marketing team in developing new methods of acquiring first-time customers. Applicants should have a bachelor's degree in marketing and excellent PC skills.

Teller: This individual will deal with customers face to face and provide basic banking services. A high school degree is required, and applicants must have experience in the banking industry and be personable.

- For more details, including the expected salary and hours, click on the job position you are interested in.
- Applications must be submitted online. All individuals will get e-mail confirmation that their applications have been received within twenty-four hours.

---

165. What is NOT mentioned about the portfolio manager position?

(A) Prior work as a supervisor is desired.
(B) It requires the person to invest money.
(C) The person needs to have relevant work experience.
(D) Only someone with an advanced degree should apply.

166. Which position is focused on increasing the number of customers at the bank?

(A) Credit risk analyst
(B) Portfolio manager
(C) Marketing advisor
(D) Teller

167. What information can be obtained by clicking on a link?

(A) Which other jobs are open
(B) How much a position pays
(C) Where the bank is located
(D) How to submit an application

Questions 168-171 refer to the following advertisement.

Spend Your Next Holiday with Holiday Airlines

If you're tired of paying for overpriced airline tickets while receiving poor service in return, then you need to book a flight with Holiday Airlines. We offer friendly and efficient service at prices starting as low as $99 per passenger. — [1] —. We have flights from most major cities in the United States and Canada, and we fly to more than thirty sunshine destinations in Mexico and the Caribbean. We have flights twice each day connecting Miami, L.A., New York, Chicago, Toronto, and Atlanta to Cancun, Acapulco, Jamaica, Barbados, Aruba, and many other exotic tropical locations. — [2] —. Call 1-777-484-1928 to speak with one of our operators. Tell them where you'd like to go, and they'll handle all the arrangements. You can even reserve hotel rooms and rental cars while you're talking with them. — [3] —. If you'd rather go online, check out www.holidayairlines.com, where you'll gain instant access to the sales we offer every single day of the year. Fun in the sun is waiting for you. — [4] —. Let Holiday Airlines take you where you want to go.

168. What is suggested about Holiday Airlines?

(A) Its headquarters is in Canada.
(B) It will be expanding this year.
(C) It has a frequent flyers club.
(D) It charges low prices for tickets.

169. According to the advertisement, which country does Holiday Airlines NOT fly to?

(A) The United States
(B) Jamaica
(C) Mexico
(D) Brazil

170. What can individuals do on the Holiday Airlines Web site?

(A) Do research on local hotels
(B) Arrange guided tours
(C) Get discounted prices
(D) Book rental cars

171. In which of the positions marked [1], [2], [3], and [4] does the following sentence best belong?

"You won't find a better bargain from any other major airline."

(A) [1]
(B) [2]
(C) [3]
(D) [4]

Questions 172-175 refer to the following online chat discussion.

	Kenneth Wilson [10:04 A.M.]	Jack Waters at Crosstown, Inc. called to ask about his shipment. I thought it was supposed to be delivered three days ago.
	Nancy Stonewall [10:06 A.M.]	There was a problem at the factory over the weekend.
	Kenneth Wilson [10:07 A.M.]	Please be more specific. Jack's waiting for an explanation.
	Russel Black [10:09 A.M.]	One of the assembly lines broke down due to poor maintenance. So we're behind in our deliveries to nearly a third of our clients.
	Kenneth Wilson [10:10 A.M.]	Is progress being made on repairing the machinery? When's it expected to go back on line?
	Nancy Stonewall [10:11 A.M.]	That's going to happen tomorrow. Let me check on the Crosstown order. Hold on, please.
	Nancy Stonewall [10:15 A.M.]	Lee Ellis in the factory told me everything for Crosstown will be done by Friday. But it won't get shipped until next Monday.
	Kenneth Wilson [10:16 A.M.]	We're contractually obligated to deliver a shipment by the fifteenth of every month. We're going to be more than a week late according to that schedule. Crosstown can cancel the contract because of that.
	Russel Black [10:17 A.M.]	Let me pay a visit to Lee and explain the situation. I'll call you within an hour.

172. What type of business do the writers most likely work for?

(A) A shipbuilding company
(B) A manufacturing firm
(C) A delivery company
(D) A construction firm

173. What problem is being discussed?

(A) A contract has been canceled.
(B) A price has been changed.
(C) A repair crew has not arrived.
(D) A shipment has been delayed.

174. What will Mr. Black do next?

(A) Look at a contract
(B) Visit the factory
(C) Make a phone call
(D) Go to Crosstown, Inc.

175. At 10:11 A.M., why does Ms. Stonewall write, "That's going to happen tomorrow"?

(A) To mention when an assembly line will operate
(B) To note when a delivery is going to be made
(C) To state when maintenance is going to begin
(D) To claim when a product will be completed

Questions 176-180 refer to the following letter and e-mail.

April 14,

Dear Mr. Sims,

It was a pleasure for everyone on the hiring committee to meet you in person at your interview for the software developer position at Ransom Technology. We were all impressed with your abilities as well as your pleasant demeanor. I regret to inform you that we decided to fill the position by giving it to someone with more job experience than you though.

However, we feel that you have the potential to become a competent worker in the future, so I would like to offer you a position in our internship program. This will require you to come to the office every day from 9 A.M. to 6 P.M. starting on May 1. You will be paid a stipend of $1,000 a month. You will be responsible for working with programmers on games they are developing, will be given minor projects to design your own games, and will attend various training programs. After six months, if we feel that you have attained a sufficient amount of job experience, we will then be willing to hire you full time.

If you would like to accept this position, please contact me at 580-4030 or send me an e-mail at winstonjones@ransomtechnology.com so that we can discuss the matter in more detail.

Regards,

Winston Jones
Ransom Technology

To: winstonjones@ransomtechnology.com
From: jarvissims@infomail.com
Re: Your Offer
Date: April 17

Dear Mr. Jones,

Thank you for informing me about the status of my application. I am, of course, disappointed not to have been offered the position since it has been my dream to work at Ransom Technology since I was a child. I am, however, interested in the internship which you offered me. I believe I could gain the experience needed during the six-month period to become a full-time worker at your firm.

I wonder if I can start on June 1. I will not graduate until May 14, and I am hoping to spend a couple of weeks with my parents before I begin working. If you would let me know whether this is possible or not, I would greatly appreciate it.

Sincerely,
Jarvis Sims

176. What type of position did Mr. Sims apply for?

(A) Personnel manager
(B) Programmer
(C) Web designer
(D) Intern

177. What is indicated about Ransom Technology?

(A) It hires interns all year round.
(B) It pays its employees competitive rates.
(C) It has facilities in several countries.
(D) It recently hired a full-time worker.

178. What is Mr. Sims NOT expected to do as an intern?

(A) Work on his own
(B) Attend conferences
(C) Assist full-time employees
(D) Acquire new skills

179. Why did Mr. Sims write the e-mail?

(A) To request a change in a schedule
(B) To insist on a higher salary
(C) To apply for a full-time position
(D) To reject an offer that was made

180. In the e-mail, the word "status" in paragraph 1, line 1 is closest in meaning to

(A) prestige
(B) failure
(C) condition
(D) incompleteness

Questions 181-185 refer to the following schedule and memo.

The Darvish Marketing Conference

The Darvish Marketing Conference is holding its spring event, which is scheduled to take place on Saturday, April 11, in the Beckham Conference Center in downtown Austin.

Time	Speaker	Activity
9:00 A.M. – 9:30 A.M.	Brian Harkness	Introduction / Opening Remarks
9:30 A.M. – 11:00 A.M.	Sydney Green	Talk: "Using Social Media to Attract Attention"
11:00 A.M. – 12:00 P.M.	Porter Williams	Talk: "Laws Regarding International Marketing"
12:00 P.M. – 1:00 P.M.	N/A	Lunch
1:00 P.M. – 3:00 P.M.	Alice Chiu	Talk: "Selling Products in China"
3:00 P.M. – 5:30 P.M.	Wilson Blythe	Workshop: "Creating an Advertising Scheme for Your Firm"
5:30 P.M. – 6:00 P.M.	Amanda Parker	Q&A Session / Closing Remarks

Call 483-2943 to reserve a seat at the conference. Attendance is limited to 250 individuals, so call now to guarantee your spot. The price is $300 per person, but corporate discounts for groups of 5 or more are available. For further details, visit www.darvish.org to learn about our previous conferences and the speakers we employ as well as to read testimonies by prior conference attendees. This is the second of six conferences scheduled for this year.

To: Kelly West
From: Brian Harkness
Subject: Conference
Date: March 2

We've gotten some feedback from people thinking about registering for next month's conference, and not all of it is of a positive nature. Several individuals contacted me regarding the fact that we're focusing too much on marketing in foreign lands. They'd rather that we emphasize what they can do to promote their goods and services domestically instead. Since China is a crucial market for many of the people we serve, I've decided to keep that talk, but I'd like to replace the other one focusing on marketing abroad. I've already contacted Mr. Williams, and he understood my point. I need you to get in contact with Harold Kennedy and Julie Powell to see if one of them can give a talk on domestic marketing. Tell them that the usual rate applies, but we'll give them an extra $500 for agreeing to talk on such short notice.

181. What is indicated about the Darvish Marketing Conference?

(A) It accepts cash and credit card payments.
(B) It sells memberships to companies.
(C) It regularly hosts special events.
(D) Its speakers work at local firms.

182. Which speaker will focus on online aspects of marketing?

(A) Sydney Green
(B) Porter Williams
(C) Alice Chiu
(D) Wilson Blythe

183. Why did Mr. Harkness send the memo?

(A) To initiate a search for a new speaker
(B) To report complaints from a past conference
(C) To announce the hiring of an employee
(D) To give an update on conference registrants

184. Which activity has been removed from the schedule?

(A) Using Social Media to Attract Attention
(B) Laws Regarding International Marketing
(C) Selling Products in China
(D) Creating an Advertising Scheme for Your Firm

185. Who most likely is Ms. Powell?

(A) A marketing expert
(B) A foreign client
(C) A conference attendee
(D) A Darvish employee

Questions 186-190 refer to the following letter, e-mail, and itinerary.

June 14

Dear Mr. Peterson,

My name is Jessica West, and I'm applying for one of the jobs listed on your company's Web site. I'm specifically interested in the position of junior financial analyst at your Toronto office. As you can see from the curriculum vitae I am sending with this letter, I have more than three years of experience in the financial industry. In addition, please notice that I worked at Bartleby's as an intern during the summer between my junior and senior years. While I don't believe I ever met you, I did work with Susan Waters and Bruno Cabrini, both of whom are still employed at your office. Perhaps you can check with them regarding the quality of my work. I am available to interview anytime. I hope to hear a positive response from you soon.

Sincerely,

Jessica West

To:	jwest@personalmail.com
From:	jonaspeterson@bartlebys.com
Subject:	Interview
Date:	June 24

Dear Ms. West,

I received your application and was impressed with your qualifications. You appear to have done a significant amount of work in the relatively short period of time in which you have been working at Martin and Sons. I also spoke with Mr. Cabrini and Ms. Waters, both of whom assured me that you were competent and hardworking during your three months at Bartleby's. As such, I would like you to visit Toronto for an interview next week. I have taken the liberty of preparing your travel arrangements for the interview. Please check the attached itinerary. If there are any scheduling issues, I request that you inform me at once. Mr. Cabrini wants me to inform you that you'll be met by an old summer colleague of yours at the airport when you arrive. He thought the two of you might like to catch up on old times.

Regards,

Jonas Peterson

Itinerary
For Jessica West

Flight	Date	Time	Destination
RI34	June 30	9:45 A.M.	Chicago
RI292	June 30	12:05 P.M.	Toronto
RI12	July 3	6:30 P.M.	Chicago
RI908	July 3	8:50 P.M.	Memphis

* A suite at the Lakeside Hotel on Lattimore Street has been reserved for you.
* Madeline Carter will greet you at the airport and will serve as your liaison in Toronto.

---

186. In the letter, what is NOT mentioned about Ms. West?

(A) She served as an intern while she was a student.
(B) She is interested in obtaining a job in Toronto.
(C) She hopes to work in the same department as Mr. Cabrini.
(D) She included her résumé for Mr. Peterson to read.

187. What does Ms. West request Mr. Peterson do?

(A) Speak with some of his coworkers
(B) Call her during the workday
(C) Give her feedback on her interview
(D) Meet her at the airport

188. What is indicated about Martin and Sons?

(A) It is located in the city of Toronto.
(B) It pays its employees less than Bartleby's.
(C) It hired Ms. West when she finished college.
(D) It conducts work in the financial industry.

189. When will Ms. West arrive in Toronto?

(A) On June 30
(B) On July 1
(C) On July 2
(D) On July 3

190. What is suggested about Ms. Carter?

(A) She works at Martin and Sons.
(B) She was an intern at Bartleby's.
(C) She has never met Ms. West.
(D) She is managed by Ms. Waters.

Questions 191-195 refer to the following advertisement, e-mail, and invoice.

Take your next vacation at the Caribbean Resort in Jamaica

Located at beautiful Montego Bay, the Caribbean Resort offers the finest accommodations in Jamaica. The resort sits on a white sands beach, so our guests don't have to go far to enjoy the warm, sparkling ocean water. We have two outdoor swimming pools, and our spa facilities are second to none. Enjoy fine dining at our three restaurants. Reserve a room by October 31, and you can take advantage of the following discounted rates:

- single room: $150/night
- double room: $190/night
- deluxe room: $230/night
- luxury suite: $320/night

All rooms come with an ocean view. We can also arrange island tours, scuba diving excursions, boat rentals, and more for our guests. Visit www.carribeanresortmb.com to make your reservation.

To:	markwhitcomb@forestmail.com
From:	reservations@carribeanresortmb.com
Subject:	#394585
Date:	October 28

Dear Mr. Whitcomb,

Your request for a reservation at the Caribbean Resort in Montego Bay, Jamaica, has been received. We would like to confirm that you have reserved a room for five nights and that you will be staying at the resort with your wife, son, and daughter. You will be charged $190 each night for your room. You indicated that you are also interested in visiting several places on the island and learning how to scuba dive. If you would like us to handle the arrangements, simply write us about what you want to do and when you want to do it. We look forward to seeing you soon.

Regards,

Winston Thrall
Reservations Manager
Caribbean Resort

Invoice

Caribbean Resort
Montego Bay, Jamaica

- Guest Name: Mark Whitcomb
- Check-in Date: January 22
- Reservation Number: 394585
- Checkout Date: January 28

Service	Date	Note	Charge
Room (6 Nights)	Jan. 22-27		$1,140.00
Room Service	Jan. 23	Lunch	$122.00
Laundry Service	Jan. 24	Assorted Clothes	$26.00
Tour	Jan. 25	Island Tour	$90.00
Scuba Diving	Jan. 26	Lessons for 3 People	$250.00
Montego Seaside	Jan. 26	Dinner	$175.00
		Total	$1,803.00

- Payment method: ■ cash ☐ credit card
- Guest Signature: *Mark Whitcomb*
- Date: *January 28*

---

191. What is NOT mentioned about the Caribbean Resort?

(A) It provides several dining choices for its guests.
(B) It can schedule trips around Jamaica for visitors.
(C) It is located on an island in Montego Bay.
(D) It is offering lower rates than normal in October.

192. Why did Mr. Thrall send the e-mail to Mr. Whitcomb?

(A) To ask for payment
(B) To check on a date
(C) To request a change
(D) To confirm a booking

193. Which type of room did Mr. Whitcomb reserve?

(A) A single room
(B) A double room
(C) A deluxe room
(D) A luxury suite

194. What is indicated about Mr. Whitcomb?

(A) He extended the length of his trip.
(B) He visited the resort with some friends.
(C) He went to Jamaica for the first time.
(D) He has gone scuba diving several times.

195. What is Montego Seaside?

(A) A restaurant
(B) A spa
(C) A dive shop
(D) A travel agency

GO ON TO THE NEXT PAGE

Questions 196-200 refer to the following memo, survey, and e-mail.

To: All Members, Marketing Department
From: Lloyd Thompson, Director, Marketing Department
Subject: Survey
Date: April 9

As many of you are well aware, we are releasing our newest line of products in September. It's therefore integral that we develop an effective marketing campaign for our stores nationwide and in Europe. You should also know that we at Sylvan have been suffering in recent months. We lost money in the first quarter and are expected to do the same thing this quarter. We must determine what's causing fewer customers to visit our stores and online shopping mall. I want to commission a survey to send to members of our shopping club. I'd like it to go out by the end of this month. First, however, we should determine which topics to ask about. I suggest questioning our members about the number of products available, prices, store hours, and customer service. Let's start coming up with ideas. We can talk about them at the meeting scheduled for this Friday at 10 A.M.

Sylvan Co.
Customer Survey

Please complete the following survey and mail it to us by using the self-addressed, stamped envelope contained in the package which came with this survey. Your responses will permit us to provide better service for both you and all of our customers.

How would you rate the following at the Sylvan Company?

	Excellent	Good	Average	Bad	Poor
The Prices of Products			✓		
The Selection of Products				✓	
The Hours of Operation		✓			
The Physical Stores				✓	
The Online Shopping Mall	✓				

You may complete this survey anonymously. However, if you choose to leave your e-mail address, you will be entered into a special drawing. Everyone doing so will receive a coupon for $15 off all Sylvan Co. products. Other prizes include free products and a $5,000 shopping spree.

E-Mail Address: *katrinaz@personalmail.com*

To: contest@sylvanco.com
From: katrinaz@personalmail.com
Re: Re: Congratulations
Date: May 31

Dear Mr. Cosmos,

Thank you for informing me that I won a digital camera manufactured by your company. I am not presently in the country, so I am unable to visit a store to collect it. I will be back by the end of June. Is there are deadline for picking up prizes?

Best,

Katrina Zhukov

---

196. What is indicated about the Sylvan Company?

(A) It has special offers on a monthly basis.
(B) It conducts business internationally.
(C) It makes most of its money from online sales.
(D) It has seen an increase in customers lately.

197. In the memo, the word "suffering" in line 3 is closest in meaning to

(A) getting sick
(B) being insulted
(C) doing poorly
(D) working slowly

198. What does Mr. Thompson want the members of the Marketing Department to do?

(A) Come up with questions for a survey
(B) Inform him when they can attend a meeting
(C) Work on ads for a new product line
(D) Speak with store customers about their preferences

199. What topic on the survey was NOT suggested by Mr. Thompson?

(A) The prices of products
(B) The selection products
(C) The hours of operation
(D) The online shopping mall

200. What is suggested about Ms. Zhukov?

(A) She makes most of her purchases online.
(B) She is on vacation with her family.
(C) She is a regular shopper at Sylvan stores.
(D) She works for a manufacturing company.

Stop! This is the end of the test. If you finish before time is called, you may go back to Parts 5, 6, and 7 and check your work.

ACTUAL TEST 2

LISTENING TEST

In the Listening test, you will be asked to demonstrate how well you understand spoken English. The entire Listening test will last approximately 45 minutes. There are four parts, and directions are given for each part. You must mark your answers on the separate answer sheet. Do not write your answers in your test book.

PART 1

Directions: For each question in this part, you will hear four statements about a picture in your test book. When you hear the statements, you must select the one statement that best describes what you see in the picture. Then find the number of the question on your answer sheet and mark your answer. The statements will not be printed in your test book and will be spoken only one time.

Statement (B), "One person is pointing at a document," is the best description of the picture, so you should select answer (B) and mark it on your answer sheet.

1.

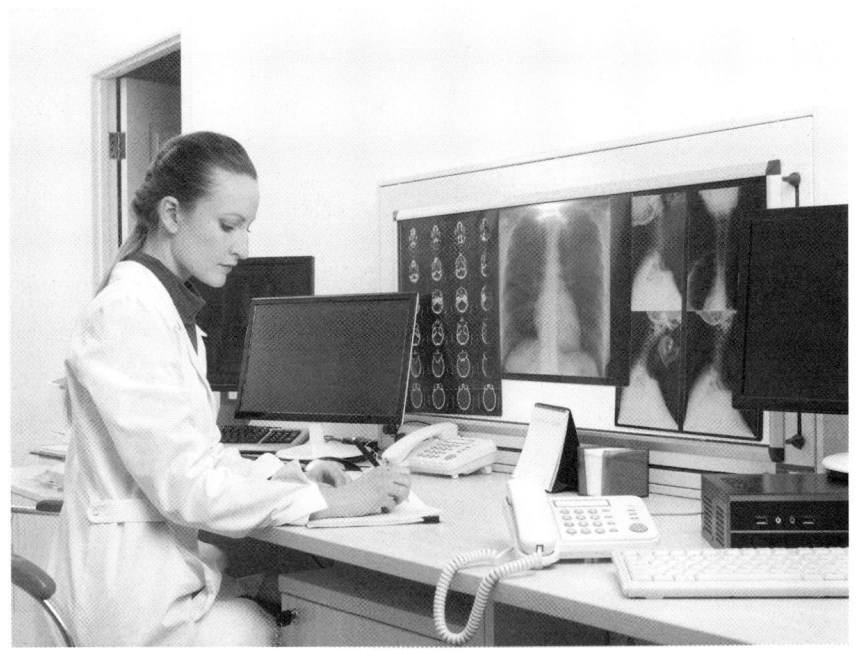

2.

GO ON TO THE NEXT PAGE

3.

4.

5.

6.

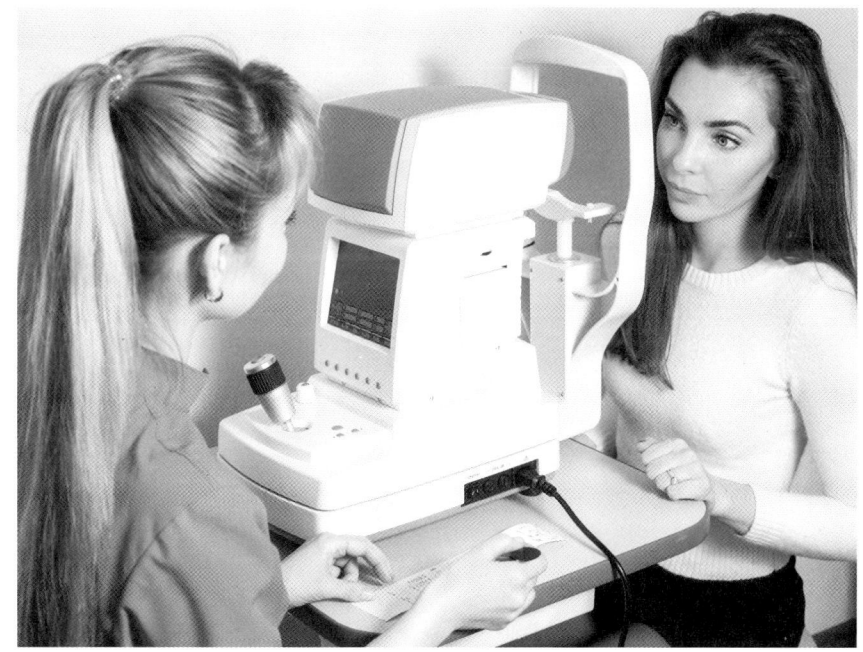

GO ON TO THE NEXT PAGE

PART 2

Directions: You will hear a question or statement and three responses spoken in English. They will not be printed in your test book and will be spoken only one time. Select the best response to the question or statement and mark the letter (A), (B), or (C) on your answer sheet.

7. Mark your answer on your answer sheet.
8. Mark your answer on your answer sheet.
9. Mark your answer on your answer sheet.
10. Mark your answer on your answer sheet.
11. Mark your answer on your answer sheet.
12. Mark your answer on your answer sheet.
13. Mark your answer on your answer sheet.
14. Mark your answer on your answer sheet.
15. Mark your answer on your answer sheet.
16. Mark your answer on your answer sheet.
17. Mark your answer on your answer sheet.
18. Mark your answer on your answer sheet.
19. Mark your answer on your answer sheet.
20. Mark your answer on your answer sheet.
21. Mark your answer on your answer sheet.
22. Mark your answer on your answer sheet.
23. Mark your answer on your answer sheet.
24. Mark your answer on your answer sheet.
25. Mark your answer on your answer sheet.
26. Mark your answer on your answer sheet.
27. Mark your answer on your answer sheet.
28. Mark your answer on your answer sheet.
29. Mark your answer on your answer sheet.
30. Mark your answer on your answer sheet.
31. Mark your answer on your answer sheet.

PART 3

Directions: You will hear some conversations between two or more people. You will be asked to answer three questions about what the speakers say in each conversation. Select the best response to each question and mark the letter (A), (B), (C), or (D) on your answer sheet. The conversations will not be printed in your test book and will be spoken only one time.

32. Where does the conversation take place?

    (A) At a school
    (B) In a museum
    (C) On a bus
    (D) At an airport

33. Where does the man tell the woman to go?

    (A) An information counter
    (B) A ticket booth
    (C) A gift shop
    (D) A bookstore

34. Why does the woman thank the man?

    (A) For informing her about a new program
    (B) For providing assistance for free
    (C) For mentioning a special exhibit
    (D) For telling her about the audio guide

35. Why did the man call the woman?

    (A) To request some information
    (B) To check on an instructor
    (C) To inquire about a time change
    (D) To verify some reservations

36. What time is the workshop going to start?

    (A) At 10:00
    (B) At 10:30
    (C) At 11:00
    (D) At 11:30

37. What will the woman send the man?

    (A) Some tickets
    (B) A receipt
    (C) A schedule
    (D) A refund

GO ON TO THE NEXT PAGE

38. What is the woman trying to do?

    (A) Update some data
    (B) File a request with her manager
    (C) Put software on her computer
    (D) Repair some broken equipment

39. According to the man, what is the woman's problem?

    (A) A machine is outdated.
    (B) A needed part is missing.
    (C) A request was not approved.
    (D) A computer is too slow.

40. What does the man want to do?

    (A) Look at the woman's computer
    (B) Speak with Mr. Reynolds
    (C) Purchase some more equipment
    (D) Contact a repairperson

41. What are the speakers mainly discussing?

    (A) A product analysis
    (B) Budget problems
    (C) A staff meeting
    (D) An upcoming job

42. What does the woman propose?

    (A) Submitting a request to the Accounting Department
    (B) Conducting fewer tests than originally planned
    (C) Scheduling more time to do work in a laboratory
    (D) Analyzing the work that needs to be completed

43. How much money does the woman intend to ask for?

    (A) $5,000
    (B) $10,000
    (C) $15,000
    (D) $20,000

44. What does the woman suggest about Eddie Folsom?

    (A) He is the woman's landlord.
    (B) He lives in the same complex as her.
    (C) He works as a handyman at times.
    (D) He will help her move into her apartment.

45. What problem does the woman mention?

    (A) There is a leak in a sink.
    (B) Her refrigerator stopped working.
    (C) Paint on the walls is peeling.
    (D) Her carpet has a stain.

46. What will the man probably do next?

    (A) Make a telephone call
    (B) Speak with Eddie Folsom
    (C) Visit an apartment upstairs
    (D) Repair an electric appliance

47. Why did the woman call the man?

    (A) To apologize for a late delivery
    (B) To update him on the ordering process
    (C) To let him know about some new menu items
    (D) To respond to his previous inquiry

48. What will the Montgomery Avenue branch do?

    (A) Provide servers for the luncheon
    (B) Deliver part of the man's order
    (C) Send workers to assist with cleaning up
    (D) Bake 25 pizzas for the man's event

49. What does the man recommend that the woman do?

    (A) Inform him of changes in orders in the future
    (B) Give him a discount because of the confusion
    (C) Make sure that other deliveries arrive on time
    (D) Deliver everything that was ordered together

50. What are the speakers mainly discussing?

 (A) Signing a new contract
 (B) Hiring more workers
 (C) Promoting an employee
 (D) Doing employee evaluations

51. What did Molly Nelson do last week?

 (A) Acquired new business for the firm
 (B) Met with Mr. Richardson
 (C) Made a visit to corporate headquarters
 (D) Agreed to renew her contract

52. What does the man mean when he says, "Doing that will be good for morale"?

 (A) The company should pay its workers higher salaries.
 (B) The company should award bonuses to some employees.
 (C) The company should give Ms. Nelson a higher position.
 (D) The company should change when it rates its workers.

53. What is being discussed?

 (A) A speech the woman will give
 (B) The field of acquisitions
 (C) A speaker at a seminar
 (D) A medical doctor

54. What does the woman imply when she says, "Dr. Shula is a world-renowned expert in the field of acquisitions"?

 (A) She does not know much about acquisitions.
 (B) She considered the speech well organized.
 (C) She thought the speaker's talk was informative.
 (D) She believes that the speech will be boring.

55. What does the woman tell the men to do?

 (A) Read a written work by Dr. Shula
 (B) Listen to the speech one more time
 (C) Reconsider their opinions
 (D) Try to become better public speakers

56. Where most likely does the conversation take place?

 (A) At a hospital
 (B) At a drugstore
 (C) At a pharmaceutical company
 (D) At a clinic

57. How long does the man have to wait?

 (A) Five minutes
 (B) Ten minutes
 (C) Fifteen minutes
 (D) Thirty minutes

58. What does the woman tell the man to do?

 (A) Eat before taking the medicine
 (B) Not lift anything heavy
 (C) Avoid driving at all times
 (D) Call his doctor if he experiences drowsiness

59. Who most likely is the man?

 (A) A photographer
 (B) An editor
 (C) A reporter
 (D) A proofreader

60. What is going to happen on Thursday?

 (A) An interview will take place.
 (B) An article will be printed.
 (C) A report will be submitted.
 (D) A magazine will be delivered.

61. Why does the woman say, "That's fine with me"?

 (A) To agree to having her picture taken
 (B) To say that the selected time is fine
 (C) To approve of the way the report reads
 (D) To confirm her interest in visiting the man's office

GO ON TO THE NEXT PAGE

62. Which applications did the man throw away?

(A) The ones by people who did not meet the qualifications
(B) The ones by people who were asking for high salaries
(C) The ones by people who had no prior experience
(D) The ones by people who worked in other industries

63. How did the man organize the files?

(A) By putting them in alphabetical order
(B) By organizing them according to seniority
(C) By stacking them in the order they were received
(D) By placing the most qualified people on top

64. What will the women do this afternoon?

(A) Conduct a meeting with Mr. Seaver
(B) Work on rewriting the job advertisement
(C) Choose which individuals to interview
(D) Get in contact with some applicants

Destination	Departure Time
Zurich	11:15 A.M.
Bern	11:40 A.M.
Bern	12:05 P.M.
Zurich	12:30 P.M.

65. What is the man's problem?

(A) He does not have enough money.
(B) He missed the bus he had a ticket for.
(C) He cannot find his credit card.
(D) He is going to be late for a meeting.

66. Look at the graphic. What time will the man take the bus?

(A) 11:15 A.M.
(B) 11:40 A.M.
(C) 12:05 P.M.
(D) 12:30 P.M.

67. What does the woman say about the bus the man wants?

(A) It has reserved seats.
(B) It will make two stops.
(C) It is an express bus.
(D) It is less expensive.

Instructor	Language
Dennis Wade	Italian
Samantha Harris	Russian
Ian Bruce	Swedish
Theodore Wharton	Polish

68. What kind of class does the woman want to take?

(A) An intensive class
(B) A full-immersion class
(C) A one-on-one class
(D) A standard class

69. Why is the woman going to another country?

(A) To work there
(B) To study at a university
(C) To stay with some relatives
(D) To take a vacation

70. Look at the graphic. Who will the man call?

(A) Dennis Wade
(B) Samantha Harris
(C) Ian Bruce
(D) Theodore Wharton

GO ON TO THE NEXT PAGE

PART 4

Directions: You will hear some talks given by a single speaker. You will be asked to answer three questions about what the speaker says in each talk. Select the best response to each question and mark the letter (A), (B), (C), or (D) on your answer sheet. The talks will not be printed in your test book and will be spoken only one time.

71. What is suggested about Jameson and Bryce?

    (A) It only sells used books.
    (B) Most of its books are common.
    (C) Special events are held there.
    (D) It has periodic sales on books.

72. What kinds of works are mainly sold at Jameson and Bryce?

    (A) Newspapers
    (B) Newly released books
    (C) Fiction and nonfiction books
    (D) Magazines and journals

73. What should a customer do to buy something at the store?

    (A) Ask the location of the store
    (B) Set up a time to visit the store
    (C) Go to the store early in the morning
    (D) Pay a deposit for the item

74. Why were sales down early in the year?

    (A) The economy was poor.
    (B) Prices were too high.
    (C) Few items were available.
    (D) No ads were aired.

75. What does the speaker mean when he says, "We've got to put a stop to it"?

    (A) His store is losing a lot of money nowadays.
    (B) He wants fewer people visiting competing stores.
    (C) The store employees are not doing their jobs well.
    (D) Customers are complaining about the products being sold.

76. What does the speaker want to do?

    (A) Improve the stores
    (B) Have more special offers
    (C) Expand to other areas
    (D) Reduce prices

77. What is Dustin Williams going to do?
    (A) Stop working
    (B) Get promoted
    (C) Attend graduate school
    (D) Move out of state

78. What is the first step the speaker mentions?
    (A) Promoting the new product line
    (B) Completing the current assignment
    (C) Finding a replacement worker
    (D) Getting approval for a project

79. What does the speaker tell the listeners to do?
    (A) Submit applications for transfer
    (B) Inform him about interested individuals
    (C) Volunteer to work on major projects
    (D) Consider changing their departments

80. What does the speaker suggest about Angus Murray?
    (A) He is a local investor.
    (B) He is difficult to work with.
    (C) He is the CEO of the company.
    (D) He is in the shipping industry.

81. According to the speaker, why is the company taking the project?
    (A) It pays very well.
    (B) It is a long-term contract.
    (C) It will help the company expand.
    (D) It will give workers experience.

82. What does the speaker ask the listeners to do?
    (A) Work together as a team
    (B) Make suggestions about the project
    (C) Talk to Angus Murray in person
    (D) Offer to work on the project

83. What type of event is being held?
    (A) An auction for charity
    (B) An awards ceremony
    (C) An orientation session
    (D) A training program

84. Who is Ms. Blair?
    (A) The founder of the Bowman Group
    (B) The speaker
    (C) A donor
    (D) The head of an organization

85. What is scheduled to happen next?
    (A) Tickets will be sold.
    (B) Dinner will be served.
    (C) A speech will be given.
    (D) A raffle will be held.

86. What does the speaker suggest about traffic?
    (A) It is light since it is the weekend.
    (B) It is becoming heavy due to construction.
    (C) It is the worst she has ever seen it.
    (D) It is at its busiest level of the morning.

87. Why does the speaker say, "You'd better think again"?
    (A) To recommend avoiding a tunnel
    (B) To suggest not going on a bridge
    (C) To say listeners should stay out of downtown
    (D) To tell listeners not to drive on some streets

88. When will the next traffic report take place?
    (A) In ten minutes
    (B) In fifteen minutes
    (C) In twenty minutes
    (D) In thirty minutes

GO ON TO THE NEXT PAGE

89. What is the purpose of the call?

(A) To mention that a flight is available
(B) To say that some lost items were found
(C) To ask the listener to make a return call
(D) To find out where the listener currently is

90. What does the speaker say is going to happen?

(A) A plane will land in Athens soon.
(B) A hotel room will be reserved.
(C) A discount on a ticket will be given.
(D) Luggage will be brought by a courier.

91. When will the problem be resolved?

(A) Later in the day
(B) Tomorrow
(C) This weekend
(D) Next week

Tuesday	Wednesday	Thursday	Friday
snowy	sunny	cloudy	windy

92. Where most likely does the speaker work?

(A) At an architectural firm
(B) At city hall
(C) At a construction company
(D) At a shipping firm

93. Look at the graphic. When is the event going to be held?

(A) Tuesday
(B) Wednesday
(C) Thursday
(D) Friday

94. What does the speaker say about the project?

(A) More than 20 people will be involved in it.
(B) Little work will be done at the current time.
(C) It should take more than a year to complete.
(D) Private investors are going to pay for it.

Work	Price
Oil Change	$20.00
Tune-up	$45.00
Air Filter Replacement	$25.00
Tire Rotation	$30.00

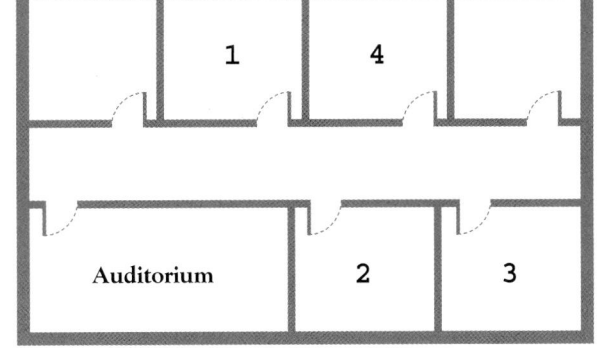

95. What does the speaker say about the car's engine?

(A) It needs to be replaced.
(B) It is in fine condition.
(C) It is wearing down.
(D) It should get a tune-up.

96. Look at the graphic. How much will the listener pay?

(A) $20.00
(B) $25.00
(C) $30.00
(D) $45.00

97. What does the speaker tell the listener to do?

(A) Visit the garage
(B) Send a text message
(C) Provide a credit card number
(D) Get a second opinion

98. Who most likely are the listeners?

(A) Doctors
(B) Businesspeople
(C) Teachers
(D) Attorneys

99. Look at the graphic. Where will Mr. Landry's talk take place?

(A) 1
(B) 2
(C) 3
(D) 4

100. What does the speaker ask the listeners to do?

(A) Go to their assigned locations
(B) Ask any questions they have
(C) Fill out a survey later in the day
(D) Remain in the auditorium until noon

This is the end of the Listening test. Turn to Part 5 in your test book.

GO ON TO THE NEXT PAGE

READING TEST

In the Reading test, you will read a variety of texts and answer several different types of reading comprehension questions. The entire Reading test will last 75 minutes. There are three parts, and directions are given for each part. You are encouraged to answer as many questions as possible within the time allowed.

You must mark your answers on the separate answer sheet. Do not write your answers in your test book.

Part 5

Directions: A word or phrase is missing in each of the sentences below. Four answer choices are given below each sentence. Select the best answer to complete the sentence. Then mark the letter (A), (B), (C), or (D) on your answer sheet.

101. Marlon Waters, one of the newest ------- at the company, is about to set a record for sales in a single month.

    (A) employee
    (B) employer
    (C) employees
    (D) employed

102. A work crew from the gas company ------- to repair the broken line at once.

    (A) will dispatch
    (B) was dispatched
    (C) have been dispatched
    (D) are dispatching

103. According to the computer system, several new items are already out of ------- due to popular demand.

    (A) style
    (B) standard
    (C) stock
    (D) service

104. Unless the negotiators can come to an agreement ------- noon tomorrow, talks with another company will be scheduled.

    (A) until
    (B) by
    (C) on
    (D) within

105. Mr. Stewart, ------- interested in accuracy, ordered an audit of the entire company to take place.

    (A) is
    (B) was
    (C) being
    (D) has been

106. Ms. Hampton, along with several of her staff members, ------- the sales convention that was held in New Orleans last week.

    (A) attended
    (B) requested
    (C) appointed
    (D) traveled

107. Mr. Weston regrets to inform you that ------- cannot attend the event next week due to unforeseen events.

(A) he
(B) him
(C) himself
(D) his

108. A stricter employee dress code ------- soon since too many workers have been dressing casually for work.

(A) has been implemented
(B) will implement
(C) is implementing
(D) will be implemented

109. There are too many ------- issues in the software, so customers have been filing numerous complaints.

(A) technician
(B) technology
(C) technical
(D) technique

110. Neither the CEO nor the vice president is considering opening any branch offices in ------- countries this year.

(A) other
(B) one another
(C) another
(D) each other

111. The annual bonuses will not be paid until next month ------- an accounting error that was made.

(A) resulting with
(B) because of
(C) throughout
(D) on behalf of

112. Virtually all of the people who responded to the survey complained about the store's ------- selection of items.

(A) poor
(B) apparent
(C) sufficient
(D) relaxed

113. Mail service was disrupted for several days since the roads were flooded during the period of ------- heavy rain.

(A) remark
(B) remarkably
(C) remarking
(D) remarked

114. Nearly fifty people applied for a single job at Blue Baron Food during the two weeks that it was ------- online.

(A) appointed
(B) advertised
(C) attracted
(D) appeared

115. Interest in the firm's products is increasing thanks to the positive online reviews ------- have received.

(A) they
(B) them
(C) their
(D) that

116. It is crucial to wear formal clothes to an interview in order to make a good -------.

(A) impression
(B) appearance
(C) matter
(D) reproduction

117. Many local farmers reported they were going to harvest fewer crops than normal due to the ------- rainfall in the region.

(A) low
(B) less
(C) few
(D) some

118. The completion of the project will ------- require more funding to cover additional costs.

(A) probably
(B) quite
(C) very
(D) fairly

GO ON TO THE NEXT PAGE

119. ------- the two options, neither appeals to the staff, so an alternate solution is currently being sought.
(A) With
(B) In
(C) For
(D) Of

120. The staff members consider Mr. Reynolds ------- since he always completes his projects on time despite various problems.
(A) fortune
(B) fortunes
(C) fortunately
(D) fortunate

121. ------- 10,000 people are expected to attend the county fair over the next three days.
(A) More than
(B) Because of
(C) In spite of
(D) According to

122. Lately, cruises have become ------- trips with retirees and individuals desiring to avoid flying to their destinations.
(A) rejected
(B) popular
(C) reluctant
(D) apparent

123. Management decided to ------- the opening of the new branch since not enough employees had been hired yet.
(A) reject
(B) postpone
(C) report
(D) consider

124. Buses from the business district to the suburbs leave an ------- of once every ten minutes during rush hour.
(A) averaging
(B) averages
(C) average
(D) averaged

125. If the ------- is not submitted by four o'clock tomorrow afternoon, every member of the team will be reprimanded.
(A) reported
(B) reporter
(C) reports
(D) report

126. All orders for office supplies should be given to Rene Bardot, ------- will arrange for them to be delivered.
(A) what
(B) which
(C) who
(D) that

127. The new musical received an outstanding review in the newspaper, resulting in an increase ------- ticket sales.
(A) in
(B) for
(C) with
(D) by

128. Ms. Robinson requested an internal transfer to the Acquisitions Department to fill a job ------- on Mr. Reagan's team.
(A) work
(B) worked
(C) working
(D) worker

129. It appears ------- the repair work on the bridge will not be complete for another two weeks.
(A) such
(B) at around
(C) since
(D) as if

130. According to an internal report, subscriptions to the magazine increased ------- thanks to its special offer.
(A) substantially
(B) relevantly
(C) approximately
(D) coherently

Part 6

Directions: Read the texts that follow. A word, phrase, or sentence is missing in parts of each text. Four answer choices for each question are given below the text. Select the best answer to complete the text. Then mark the letter (A), (B), (C), or (D) on your answer sheet.

Questions 131-134 refer to the following letter.

October 28

Dear Mr. Sullivan,

The electricity bill for your residence at 984 Greenbrier Road has not been paid ------- July 3. You
131.
owe $562.90. This amount is past due and must be paid in ------- no later than November 10.
132.
If this does not happen, your account will be handed over to a collection agency. -------.
133.
In addition, the electricity at your residence will be turned off at 12:01 A.M. on November 11 if payment is not made. We understand that some of our customers may be experiencing financial
-------. If this is the case for you, please call 895-3858 to discuss some payment options.
134.

131. (A) on
 (B) over
 (C) about
 (D) since

132. (A) full
 (B) completion
 (C) total
 (D) all

133. (A) This will surely have a negative effect on your credit rating.
 (B) I'm sure that you'll appreciate it if we do that for you.
 (C) You can collect the money we owe you from a branch office.
 (D) This is going to happen before the end of this month.

134. (A) reimbursements
 (B) difficulties
 (C) expenditures
 (D) opportunities

GO ON TO THE NEXT PAGE

Questions 135-138 refer to the following e-mail.

To: Kendrick Nelson <knelson@hamptonsteel.com>
From: Patricia Rhodes <patriciarhodes@hamptonsteel.com>
Subject: Next Week
Date: May 12

Dear Mr. Nelson,

------- . I have been informed by my doctor that I must undergo a surgical ------- this weekend. I will be hospitalized for roughly three days and have to remain in bed for a few days afterward. As such, I will be unable ------- my job duties next week. I believe I have enough sick days remaining this year, so I would like to be paid during my time away from the office. Would you please confirm that this is acceptable? I spoke with my manager, Fred Olsen, regarding this matter, and he ------- me to contact you.

Regards,

Patricia Rhodes
Acquisitions Department

135. (A) I will no longer be working here after this week.
(B) I'm interested in transferring to another department.
(C) I'd like to take a trip for a few days.
(D) I would like to request a one-week leave of absence.

136. (A) proceeding
(B) procedure
(C) proceeded
(D) proceed

137. (A) conduct
(B) conducting
(C) to conduct
(D) be conducted

138. (A) said
(B) advised
(C) suggested
(D) recommended

Questions 139-142 refer to the following article.

Arlington (March 12) – After a long delay, the repairs on the Arlington Civic Center have finally been completed, and the building has reopened ------- business. -------. It was attended by the
               139.   **140.**
center's president, Marcia Snyder, and other local residents. The center was devastated by a fire seven months ago and had to undergo extensive -------. Ms. Snyder stated that businesses and
                                                              141.
organizations have once again been calling to reserve the center for various events. She added that the first event—a fundraiser—would be held on Thursday evening. It is expected that the center will quickly regain the popularity it had before it was -------.
                                                              142.

139. (A) for
(B) in
(C) with
(D) by

140. (A) A group will hold a convention there tonight.
(B) A special event honoring this will take place tomorrow.
(C) The center is just about ready to accept clients.
(D) A ceremony was held on Tuesday morning.

141. (A) renovates
(B) renovations
(C) renovators
(D) renovated

142. (A) repaired
(B) designed
(C) damaged
(D) funded

Questions 143-146 refer to the following notice.

NOTICE

Workers from Milton Water are going to be replacing some water pipes on Oak Road this coming Friday, August 10. As a result, water service in the Westford neighborhood is going to be ------- . **143.**
From 10:00 A.M. until 3:00 P.M., water service in the entire Westford area will be unavailable.

------- the work crew finishes early, the water will be turned on prior to 3:00. -------. Should that
144. **145.**
happen, the water will remain off until the work is completed. Those individuals with questions

may call 584-2911 during ------- business hours.
146.

---

143. (A) terminated
(B) abandoned
(C) suspended
(D) canceled

144. (A) Because
(B) However
(C) While
(D) If

145. (A) It is anticipated that the work will not take longer than five hours.
(B) This will most likely happen on the second day of the repair work.
(C) The work crew will take a break between the hours of 2:00 and 4:00.
(D) Water service in the city will then be able to resume at that time.

146. (A) regularity
(B) regularly
(C) regular
(D) regularness

Part 7

Directions: In this part you will read a selection of texts, such as magazine and newspaper articles, e-mails, and instant messages. Each text or set of texts is followed by several questions. Select the best answer for each question and mark the letter (A), (B), (C), or (D) on your answer sheet.

Questions 147-148 refer to the following memo.

MEMO

To: All Staff
From: Director Stevens
Re: Expenditures

The annual fiscal review has shown that our office maintenance costs are too high. I propose three possible ways to reduce them. First, let's bring mugs from home and decrease the number of paper cups we use. Second, we should utilize scrap paper more frequently. Everyone needs to print notes and drafts on the blank side of already-used paper. Last, we often leave the heater on overnight. We will now be using an automatic timer. From now on, the heating system will switch off at 6 P.M. each day of the week.

---

147. Why was the memo written?

(A) To request ideas for recycling
(B) To ask employees to conserve energy
(C) To inform employees of a new cooling policy
(D) To suggest methods for saving money

148. According to the memo, what will happen every day?

(A) The breaks each employee takes will be timed.
(B) Workers will be notified of their energy usage.
(C) The heat will be turned off in the evening.
(D) A limited amount of paper will be provided.

Questions 149-150 refer to the following text message chain.

Alexis Carpenter — 2:11 P.M.
How did the meeting with Mr. Cooper go?

Nicholai Andreas — 2:14 P.M.
I showed him the residence at 87 Mayberry Lane.

Alexis Carpenter — 2:16 P.M.
That one just came on the market two weeks ago. What did he think of it?

Nicholai Andreas — 2:17 P.M.
He asked me to show him another place. So I took him to 202 Webster Street.

Alexis Carpenter — 2:19 P.M.
That should be perfect for him and his family. How did he react when he saw it?

Nicholai Andreas — 2:22 P.M.
He said he wants to bring his wife and children to see it tomorrow. If they like it, he'll probably make an offer.

---

149. Where do the writers most likely work?

(A) At a school
(B) At a real estate agency
(C) At a construction firm
(D) At a restaurant

150. At 2:17, why does Mr. Andreas write, "He asked me to show him another place"?

(A) To indicate a client's lack of interest
(B) To point out that an offer will be made
(C) To remark that he was busy all day long
(D) To claim that a customer was satisfied

Questions 151-152 refer to the following announcement.

Hunter's Lake Road Race to Be Held

This twenty-sixth annual Hunter's Lake Road Race will take place on Saturday, October 2, at 9:00 in the morning. — [1] —. This year, two races will be held for the first time. The first will be the traditional 5km race. The second will be longer at 10km. — [2] —. The 10km race will begin at 9:00 while the 5km race will start at 9:30. Both the starting and finish lines will be at the main boatyard at Hunter's Lake. — [3] —. Awards will be presented to the top five finishers in the following categories: under 18, adult, and senior citizen. To register, go to www.hunterslakerace.org. — [4] —. It costs $20 to compete in the race. All participants will receive a free T-shirt.

151. What is suggested about the Hunter's Lake Road Race?

(A) There is a different course every year.
(B) Winners will receive cash prizes.
(C) Several hundred people will run in it.
(D) It has never held a 10km race before.

152. In which of the positions marked [1], [2], [3], and [4] does the following sentence best belong?

"Or sign up by 8:30 on the day of the race."

(A) [1]
(B) [2]
(C) [3]
(D) [4]

GO ON TO THE NEXT PAGE

Questions 153-155 refer to the following article.

New Public Transportation Director Named

Westwood (April 21) – Clark O'Toole has been named Westwood's new director of public transportation. Mr. O'Toole, who will start on April 24, will replace Martin Thompson, who was fired by Ellis Samuels, the mayor of the city. Mr. Thompson's job was terminated once it was announced that the city's bus and subway systems had lost more than $2.3 million last year. Further investigation has revealed that both subway lines are in serious need of repairs while many buses are poorly maintained. Mr. O'Toole had been working at TBE, Inc. as a vice president prior to his appointment. "Even though I haven't lived in Westwood since I was a teenager," he commented, "I want to see the city make improvements. I will do my best to improve the state of public transportation in Westwood." Mr. O'Toole is expected to lay off up to 20% of the bus and subway staff in an effort to reduce costs.

153. Why did the previous director of public transportation lose his job?

(A) The subway system became outdated.
(B) Some public transportation projects are behind schedule.
(C) Several bus accidents took place.
(D) The public transportation system lost money.

154. Who is Mr. Samuels?

(A) A government official
(B) The director of public transportation
(C) A subway worker
(D) A TBE, Inc. employee

155. What is mentioned about Mr. O'Toole?

(A) He has an engineering background.
(B) He was the president of a company.
(C) He grew up in Westwood.
(D) He fired some city employees.

Questions 156-157 refer to the following text message.

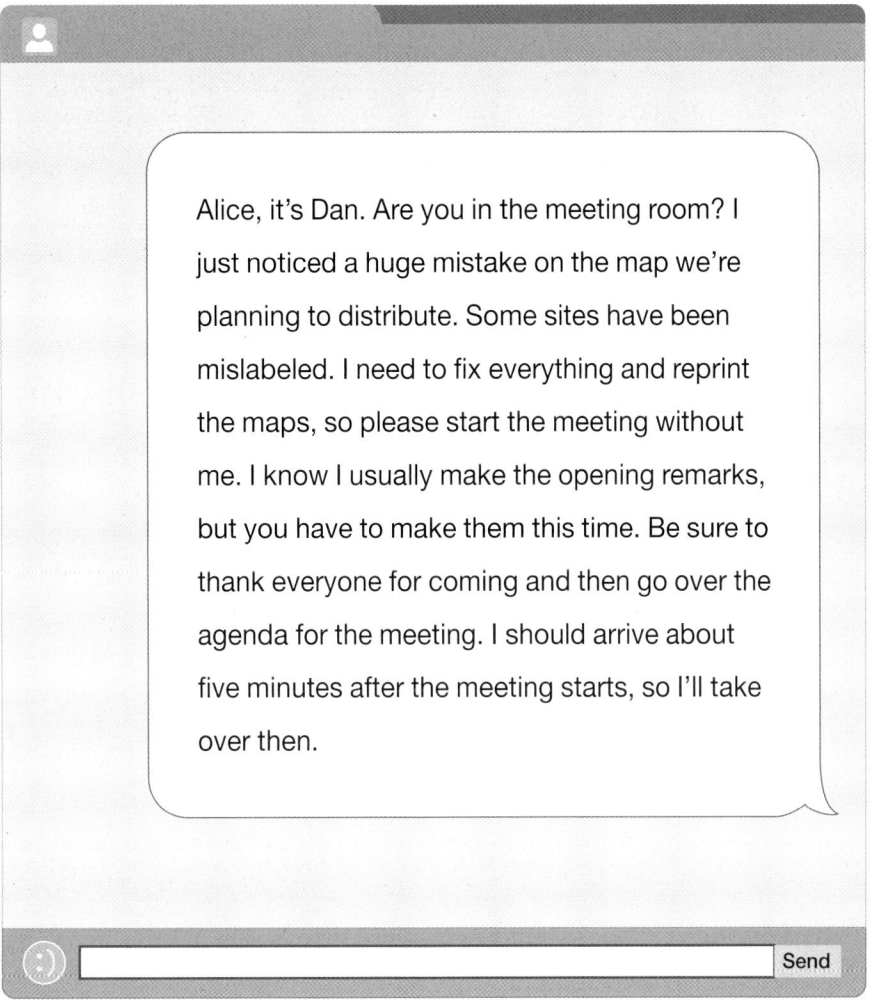

Alice, it's Dan. Are you in the meeting room? I just noticed a huge mistake on the map we're planning to distribute. Some sites have been mislabeled. I need to fix everything and reprint the maps, so please start the meeting without me. I know I usually make the opening remarks, but you have to make them this time. Be sure to thank everyone for coming and then go over the agenda for the meeting. I should arrive about five minutes after the meeting starts, so I'll take over then.

156. What is the problem?

   (A) A document contains errors.
   (B) A room was not reserved.
   (C) Remarks have not been prepared.
   (D) A door has been mislabeled.

157. What does Dan want Alice to do?

   (A) Copy some maps
   (B) Postpone a meeting
   (C) Make some comments
   (D) Pass out the agenda

Questions 158-161 refer to the following itinerary.

Potter Manufacturing
Itinerary for Lewis West

Date	Time	Activity	Accommodations
August 30	10:15 A.M.	Depart Denver airport	Paulson Hotel New York City
	4:30 P.M.	Arrive at NY LaGuardia Airport	
	7:00 P.M.	Check in at hotel	
August 31	9:30 A.M. – 11:30 A.M.	Meet Joseph Price, Marconi Corporation	Paulson Hotel New York City
	3:00 P.M. – 6:00 P.M.	Negotiate contract with Tina Urban, Zeta, Inc.	
September 1	1:00 P.M. – 5:00 P.M.	Tour laboratory at WMT, Inc., Albany	Placid Hotel Albany
September 2	10:00 A.M. – 6:30 P.M.	Attend Springfield Manufacturing Conference, Springfield	Wabash Hotel Springfield
September 3	11:00 A.M. – 1:00 P.M.	Give product demonstration at Ernst & Sons Machinery, New York City	
	9:45 P.M.	Depart NY LaGuardia Airport	

* A vehicle has been arranged at Hudson Rental. The reservation number is 394KI-392. Visit the Hudson Rental desk at Terminal 2 upon arrival at LaGuardia. The vehicle should be returned prior to departure.
* Contact Patricia Nelson at extension 387 with questions or to make changes.

158. What will Mr. West NOT do on his trip?

   (A) Take a tour of a facility
   (B) View a product demonstration
   (C) Conduct a negotiation
   (D) Go to a conference

159. When will Mr. West stay in Springfield?

   (A) On August 30
   (B) On August 31
   (C) On September 1
   (D) On September 2

160. What is indicated about Mr. West?

   (A) He has met Mr. Price before.
   (B) His first destination is in Albany.
   (C) His trip will last for three days.
   (D) He will drive from city to city.

161. Who most likely is Ms. Nelson?

   (A) A rental car agent
   (B) An employee at Potter Manufacturing
   (C) A person in Mr. West's department
   (D) A worker at the Marconi Corporation

Questions 162-164 refer to the following e-mail.

TO Ted Robertson <tedrob@grendel.com>
FROM Karen Holmes <kholmes@grendel.com>
RE Your E-Mail
DATE November 5

Dear Mr. Robertson,

In your e-mail dated November 4, you expressed your displeasure that you were not reimbursed for some expenditures on your business trip to Melbourne in October. — [1] —. I believe that because you have only been employed at Grendel, Inc. since September, you may not be aware of our reimbursement policy. — [2] —. Among them are transportation costs, such as airplane tickets and taxi fares, hotel accommodations, and meals. There are, of course, daily limits on how much can be spent for each. — [3] —. We do not, however, compensate employees for the purchase of souvenirs, movie tickets, or various personal items. I have attached a list explaining what is and isn't eligible for reimbursement. In addition, please be aware that costs for transportation are based on a standard rate for mileage driven, not on the actual cost of gasoline for a salesperson's vehicle. — [4] —. I welcome any questions or comments you may have regarding this matter.

Sincerely,

Karen Holmes,
Accounting Manager

162. Why did Ms. Holmes send the e-mail?

(A) To respond to a complaint
(B) To describe an upcoming trip
(C) To mention a change in a policy
(D) To provide a reminder

163. What is indicated about Mr. Robertson?

(A) His reimbursement will be sent this week.
(B) He manages the Sales Department.
(C) He travels for business on a regular basis.
(D) His employment recently started.

164. In which of the positions marked [1], [2], [3], and [4] does the following sentence best belong?

"There are many expenses which are eligible for repayment."

(A) [1]
(B) [2]
(C) [3]
(D) [4]

Questions 165-167 refer to the following letter.

July 23

Dear Mr. Harper,

Thank you for submitting a bid to my firm for the expansion of our warehouse at Steller Docks. At first glance, your proposal appears competitive. However, you failed to turn in every required document related to your bid when you sent it to me last week. I have attached a sheet listing which items were not included. Most notable among them is the expected labor cost report. As that will be a significant portion of the overall cost of the project, I cannot make a final decision until I see it. Please send everything on the list as soon as you can. I must have those documents no later than August 5 as that is the final day bids are being accepted. Once we have your complete submission, we can begin the process of examining it in more detail. Then, on August 21, a decision regarding which firm will land the contract will be announced.

Regards,

Franklin Carter
Planning Division, Metralink Corp.

---

165. What is the purpose of the letter?

(A) To negotiate a price
(B) To request more information
(C) To reject a bid
(D) To announce a new project

166. What did Mr. Carter send along with the letter?

(A) A list
(B) A cost estimate
(C) A contract
(D) A form to sign

167. According to the letter, what will happen on August 21?

(A) Funding will be provided.
(B) A bid will be awarded.
(C) Construction will begin.
(D) A document will be submitted.

Questions 168-171 refer to the following information from a brochure.

Must-Visit Restaurants in Lansing

Looking for a delicious bite to eat during your lunchbreak after an exhausting morning at the office? Check out these four hotspots in the city center.

Giovanni's: Buy pizza by the slice or pie at this cozy pizzeria. The gelato is authentic, tasty, and made on the premises. The lunch menu offers lower prices than the dinner one. Average price per person: $12.00

Mongolia House: Enjoy low-cost Mongolian barbecue here. Customers may select chicken, lamb, pork, and beef as well as a wide selection of vegetables plus 16 different sauces. Complimentary sherbet is provided after the meal. Average price per person: $9.00

Sam Smith's: This is an excellent place to sample nontraditional restaurant food. Meals like meatloaf, pot roast, and casserole are always on the menu, which is altered each month. The prices aren't cheap, but the food will remind you of your mother's home cooking. Average price per person: $18.00

Golden Lotus: Enjoy Chinese food made by two chefs from Shanghai. Traditional Chinese meals are offered as well as fusion dishes combining Chinese and Italian dishes. Takeout is a popular option here. Average price per person: $11.00

For more information about these and other restaurants in Lansing, be sure to visit our helpful Web site at www.cometolansing.com.

168. Who most likely is the brochure for?

(A) College students
(B) Job applicants
(C) Local workers
(D) Tourists

169. What is suggested about the restaurants in the brochure?

(A) They are currently popular eateries.
(B) They are located on the same street.
(C) They all opened within the past year.
(D) They have the cheapest prices downtown.

170. What is indicated about Giovanni's?

(A) It delivers food in the local area.
(B) It is the least expensive option.
(C) It offers a variety of pizza toppings.
(D) Its prices change during the day.

171. Where would a person go for food that is usually NOT offered at restaurants?

(A) Giovanni's
(B) Mongolia House
(C) Sam Smith's
(D) Golden Lotus

Questions 172-175 refer to the following online chat discussion.

Belinda Peterson — 5:34 P.M.
The ceremony is going to be held tomorrow night. Is everything ready for it?

May Sheldon — 5:36 P.M.
All of the plaques with the award winners' names on them have arrived. I checked them out, and there weren't any mistakes.

Orlando Jones — 5:40 P.M.
And I contacted Ms. Vernon at the Henderson Hotel. She told me that the room has been decorated like we asked and there aren't any problems with the food we want served.

Belinda Peterson — 5:41 P.M.
Did you get visual confirmation of the room?

Orlando Jones — 5:43 P.M.
Should I? I have time to pay a visit tomorrow morning.

Belinda Peterson — 5:45 P.M.
I'd appreciate your doing that. We had a problem with the decorations there two years ago, and I don't want anything similar to happen again.

Orlando Jones — 5:48 P.M.
Understood. May, do you want to do that with me? I'll go there around 9 in the morning.

May Sheldon — 5:50 P.M.
Sure. I'd like to take the awards with me and leave them at the hotel.

Belinda Peterson — 5:52 P.M.
Be sure to check on the AV equipment while you're there, Orlando. It needs to be in perfect working order. The CEO and vice president both intend to give speeches, so we don't want faulty microphones.

172. What are the writers mostly discussing?
(A) The schedule at an event
(B) Award winners at the company
(C) Preparations for a company outing
(D) Speeches that will be given

173. What is suggested about the Henderson Hotel?
(A) It has hosted prior events for the writers' company.
(B) It is located near the writers' company.
(C) It was constructed within the past year.
(D) It will send a bill for the event after it finishes.

174. At 5:45 P.M., what does Ms. Peterson mean when she writes, "I'd appreciate your doing that"?
(A) Mr. Jones should sample the food being served.
(B) Mr. Jones should confirm the schedule.
(C) Mr. Jones should visit the Henderson Hotel.
(D) Mr. Jones should purchase some decorations.

175. What does Ms. Peterson tell Mr. Jones to do?
(A) Inspect some equipment
(B) Pay for the reservation
(C) Speak with Ms. Vernon
(D) Make changes to the menu

Questions 176-180 refer to the following invoice and e-mail.

Wellborn Rental Car Agency
485 W. Magnolia Lane, Nashville, TN

- Customer: Candice Hyatt
- Address: 90 Pacific Avenue, Portland, OR
- Telephone Number: (849) 830-1902
- Membership Number: 8574MA
- E-Mail Address: candicehyatt@worldmail.com

Rental Date: February 5   **Return Date: February 10**

Service	Rate per Day	Amount
Compact Rental (5 Days)	$56.99	$284.95
Insurance (2 Drivers)	$8.99	$44.95
	Subtotal	$329.90
	Discount	-$32.99
	Tax	$14.85
	Total	$311.76

Thank you for renting a vehicle with the Wellborn Rental Car Agency. Please be sure to return your vehicle with a full tank of gas. You will be charged a $30 fee if you return the vehicle at a different branch than you rented it from.

- Guest Signature: *Candice Hyatt*
- Date: *February 5*

To:	candicehyatt@worldmail.com
From:	tina_s@wellbornrental.com
Subject:	Your E-mail
Date:	February 11

Dear Ms. Hyatt,

The e-mail you sent to my company was forwarded to me by a customer service representative. I truly regret that you had a negative experience with the Wellborn Rental Car Agency. According to your e-mail, you reserved a minivan to be picked up at our Nashville branch when you arrived from Portland on February 5. You were planning to drop it off in St. Louis. However, when you visited the information desk, you were given a compact car instead.

I conducted an investigation and learned that the employee with whom you spoke on the phone input your reservation request into the computer improperly. In addition, we had an unreserved minivan on the lot, so it should have been given to you when you requested it. The operator and desk agent you dealt with have both been informed of their mistakes and would like to apologize to you.

To compensate you for your trouble, I am sending you a voucher which you can download and use the next time you rent a vehicle with us. With it, you can receive the vehicle of your choice for five days at no cost to you.

Tina Sowell
Vice President of Operations
Wellborn Rental Car Agency

176. What is indicated on the invoice?

(A) Only Ms. Hyatt was insured to drive the car.
(B) The car was provided with a full gas tank.
(C) Ms. Hyatt currently resides in Nashville.
(D) The car was rented for five days.

177. How much did Ms. Hyatt pay to be insured on a daily basis?

(A) $8.99
(B) $14.85
(C) $32.99
(D) $56.99

178. Why did Ms. Sowell send the e-mail?

(A) To make a suggestion
(B) To provide a refund
(C) To confirm a booking
(D) To respond to a complaint

179. What is suggested about Ms. Hyatt?

(A) She paid extra when she returned her car.
(B) She refused to take the car she was given.
(C) She got into an accident with her rental car.
(D) She had never used Wellborn until February 5.

180. What is true of the voucher Ms. Sowell sent to Ms. Hyatt?

(A) It is valid for the next year.
(B) It can only be used to rent a minivan.
(C) It provides a complimentary rental vehicle.
(D) It gives the user full insurance coverage for free.

GO ON TO THE NEXT PAGE

Questions 181-185 refer to the following notice and memo.

Mulberry Library to Close for Renovations

The Mulberry Library, located at 19 Jackson Lane, is going to close for renovations on January 10. The library is expected to be closed until sometime in the middle of August. During that time, extensive work will be done on the library. The basement floor will be expanded to give it more space for the library's growing collection of books and magazines. A reading room for children and a computer laboratory will be added to the rooms of the first floor. And the second floor will be redeveloped completely. When finished, it will contain an audio-visual center as well as a special room which will house the library's rare books and historical documents. We request that all books which have been checked out by our users be returned to the library before it closes. During the renovation period, we are going to conduct an audit of our entire collection. Until it is complete, no books may be checked out. Once finished, books may be borrowed while the renovation period is ongoing by going to the library's Web site and placing a request on it.

To: Jennifer Cantwell
From: Peter Stiller
Re: Last Week's Notice
Date: January 3

The notice posted last week was a major success. Nearly all of our patrons have complied with our request, so the shelves are starting to fill up again. However, despite sending several e-mails, we have not received any responses from the following individuals: Chad Walker, Ryan Varnum, Beth Robinson, and Larry Decker. Since we are running out of time, I suggest placing telephone calls to every one of those individuals until we make contact with them. I don't have access to their personal information, but I know you do. If you can provide it for me for each person, I will do my best to get in touch with them.

181. What is going to be put on the first floor?

(A) A computer laboratory
(B) The rare book collection
(C) The reference section
(D) An audio-visual center

182. How may patrons check out books during the renovations?

(A) By calling the library
(B) By sending a text message
(C) By visiting the library
(D) By going online

183. Why did Mr. Stiller send the memo?

(A) To request extra time
(B) To provide an update
(C) To change a schedule
(D) To offer some advice

184. In the memo, the words "complied with" in line 2 are closest in meaning to

(A) considered
(B) heard
(C) obeyed
(D) appealed

185. What is indicated about Mr. Varnum?

(A) He will assist with the library renovations.
(B) He has borrowed material from the library.
(C) He contacted Mr. Stiller by e-mail last week.
(D) He owes the library money for overdue books.

GO ON TO THE NEXT PAGE

Questions 186-190 refer to the following e-mails and memo.

To: Sandra Nelson <snelson@mymail.com>
From: Fred Delacour <fredd@robinsontrade.com>
Date: May 3
Subject: Managerial Position

Dear Ms. Nelson,

The competition between you and Jerry O'Sullivan was fierce, and we really like both of you. In the end, however, we have determined that you would fit our corporate culture better than he would. This became particularly obvious at the second interview, where you interacted well with all of the employees you met. We therefore extend an offer of employment to you. We request that you start by the first of June. We are willing to offer you an annual salary of $60,000. You will also receive full benefits, including health insurance, and you will get annual performance bonuses as well as twenty days of paid vacation per annum. I hope you respond in a positive manner.

Regards,

Fred Delacour
Senior Director
Robinson Trade

To: Fred Delacour <fredd@robinsontrade.com>
From: Sandra Nelson <snelson@mymail.com>
Date: May 5
Subject: Re: Managerial Position

Dear Mr. Delacour,

I too feel that working at Robinson Trade would be an excellent move. I enjoyed meeting everyone there, and it has always been my dream to return to my hometown to work there. Unfortunately, the payment is not what I had been led to expect. I specifically recall being told that I would make at least $20,000 more per year in salary. I wonder if the number you wrote in your e-mail to me is correct. If it is, I regret to inform you that I will not be able to accept your offer.

Best,
Sandra Nelson

To: Lacey Watson, Jermaine Yancey, Ernest Parker
From: Fred Delacour
Date: May 5
Subject: Decision

As I expected, Ms. Nelson turned down our offer. Once the board changed the compensation for the position, I knew there was virtually no way she would agree to come to work here. That's too bad as she would have made an outstanding employee. Nevertheless, we need to move on from here. I received an e-mail from our second choice this morning. He wanted to know if a decision had been made yet. Since we are all in agreement regarding his qualifications, I am going to see if he is interested in filling the position.

186. Why does Mr. Delacour want to hire Ms. Nelson?

(A) She is able to start working immediately.
(B) She has experience in the field.
(C) She will get along well with her colleagues.
(D) She is the most qualified person.

187. What is NOT mentioned as a part of the compensation package?

(A) Medical insurance
(B) Extra money for working well
(C) Paid time off
(D) A pension plan

188. According to the second e-mail, why does Ms. Nelson reject the offer?

(A) She does not wish to relocate across the country.
(B) She considers $60,000 a low salary.
(C) She prefers to remain in her hometown.
(D) She does not like the working conditions.

189. In the memo, the word "compensation" in line 2 is closest in meaning to

(A) payment
(B) requirements
(C) deadline
(D) location

190. What will Mr. Delacour do next?

(A) Meet with the board of directors
(B) Get in touch with Mr. O'Sullivan
(C) Schedule interviews with other candidates
(D) Make a counteroffer to Ms. Nelson

GO ON TO THE NEXT PAGE

Questions 191-195 refer to the following schedule, e-mail, and review.

Delmont Center for the Performing Arts

The Delmont Center for the Performing Arts is pleased to announce its June schedule.

Date	Performance	Description
June 5	Delmont Symphony Orchestra	Listen to classical music pieces by Handel, Schubert, and others.
June 14	Jodi Wyatt: A Night to Remember	See the pop diva return to her hometown to perform her most famous songs.
June 24	The Marriage of Figaro	Mozart's opera is being performed by the Rudolph Troupe.
June 27	Derrek Morris: One Night Only	Enjoy a night of comedy as a fan favorite makes his annual return to Delmont.

Tickets are available by calling 585-4493, by visiting the center's box office, or by going online at www.delmontcenter.org/tickets. Prices vary depending upon the performance. Discounts are available for groups of 20 or more, corporate sponsors, and the elderly. Student ID cards are not being accepted for discounts this month.

To: Jennifer Rocker <jennrocker@delmontcenter.org>
From: Roger Brooke <rogerbrooke@richmondnews.com>
Subject: Tickets
Date: June 9

Dear Ms. Rocker,

My name is Roger Brooke, and I write for the *Richmond Daily News*. My stories frequently appear in the arts and culture section, and I also have a weekly column. I am planning to be in Delmont this weekend as I'm writing a story about the local museum. I wonder if there are any tickets available for the June 14 performance. I intend to write a review for publication in next Friday's edition. I was told to contact you because the Delmont Center frequently provides complimentary or low-cost tickets to members of the press.

Regards,

Roger Brooke
Richmond Daily News

An Impressive Homecoming
By Roger Brooke

Delmont (July 10) – While it wasn't my first choice of performances to watch at the Delmont Center for the Performing Arts, I had the privilege of seeing Derrek Morris put on a show last month. I'm not really one for comedy. My tastes run more to music and dramatic performances. But I thought I'd give Mr. Morris's routine a chance. I must admit I'm pleased to have done so. Mr. Morris put on a hilarious performance which had me shaking with laughter throughout all two hours. Even better, the show was family friendly, so there were numerous parents with their children at the performance. Mr. Morris impressed me so much that I think I'll try to catch another similar routine next month.

---

191. What is indicated about the June 5 performance?
    (A) Mr. Schubert will be the lead musician.
    (B) Audience participation is expected.
    (C) It will be performed by a group of musicians.
    (D) The show will last for around two hours.

192. What type of discounts are NOT being offered in June?
    (A) Discounts for students
    (B) Discounts for official sponsors
    (C) Discounts for old people
    (D) Discounts for large groups

193. In the e-mail, which performance does Mr. Brooke request a ticket for?
    (A) The comedy show
    (B) The opera
    (C) The pop concert
    (D) The classical music concert

194. When did Mr. Brooke see a performance?
    (A) On June 5
    (B) On June 14
    (C) On June 24
    (D) On June 27

195. In the review, the word "catch" in line 8 is closest in meaning to
    (A) obtain
    (B) follow
    (C) watch
    (D) enjoy

Questions 196-200 refer to the following Web page, letter, and press release.

www.twotonepublishing.com

| HOME | TWO TONE AUTHORS | TWO TONE BOOKS | TWO TONE COMMUNITY |

Two Tone Publishing has some of the top up-and-coming names in the writing industry. Here are some books we intend to publish soon:

A Feast of Goblins – Morgan Richard's latest fantasy set in his *Dulcimer* series. Follow the adventures of the wizard Sondern as he attempts to recapture an ancient treasure stolen by goblins.
Release Date: August 3

Run Away – Anna Kraven's debut work tells the story of a working mother being pursued by the law for a crime she didn't commit. *Release Date: August 16*

Nobody's Home – Don't read this horror novel by Rachel Perdue late at night. It's a really frightening story and the first in a series about ghost hunter Tom Morris. *Release Date: September 1*

Over the Bright Blue Sea – This is a fictionalized account of the first voyage of Christopher Columbus to the New World. Mark Sanders skillfully tells the story in this work of historical fiction.
Release Date: September 10

Jerry's Tale – Ben Jarvis takes you into the mind of Jerry, a Golden Retriever who gets lost on a family trip. You'll love this story of a dog that just wants to go home. *Release Date: September 21*

April 2

Dear Ms. Weathersby,

I regret to inform you that progress on my client's newest work is going more slowly than intended. While the final draft of *Jerry's Tale* was supposed to be submitted by the middle of April, you will not receive it until the end of May. My client had some personal health matters and was unable to do any work for several weeks. Fortunately, the issues are settled, so he is back to work. Still, I believe that the publishing date of the book should be moved back. Please contact me if you have any questions.

Sincerely,

Justin Maroney
Agent
Maroney and Avril

FOR IMMEDIATE RELEASE

Date: October 5

Two Tone Publishing is pleased to announce that Anna Kraven's novel has reached number one on several bestseller lists. Ms. Kraven has just signed a multi-book deal with Two Tone Publishing, ensuring that she stays a member of the Two Tone family for years to come. Ms. Kraven will be going on a book tour to promote her novel starting on October 12. Her first stop will be at Steller's Bookstore in Chicago. The tour will take her to St. Louis, Dallas, Denver, Los Angeles, Miami, and other cities.

---

196. In which section of the Web page is the information most likely found?

(A) Home
(B) Two Tone Authors
(C) Two Tone Books
(D) Two Tone Community

197. On the Web page, the word "debut" in line 6 is closest in meaning to

(A) captivating
(B) fictional
(C) initial
(D) popular

198. What problem does Mr. Maroney mention about his client?

(A) A sick child
(B) A death in the family
(C) An illness
(D) A loss of income

199. Who is Mr. Maroney's client?

(A) Anna Kraven
(B) Ben Jarvis
(C) Mark Sanders
(D) Morgan Richards

200. According to the press release, which book has become a bestseller?

(A) *A Feast of Goblins*
(B) *Run Away*
(C) *Nobody's Home*
(D) *Jerry's Tale*

Stop! This is the end of the test. If you finish before time is called, you may go back to Parts 5, 6, and 7 and check your work.

ACTUAL TEST

------------------- 3

LISTENING TEST

In the Listening test, you will be asked to demonstrate how well you understand spoken English. The entire Listening test will last approximately 45 minutes. There are four parts, and directions are given for each part. You must mark your answers on the separate answer sheet. Do not write your answers in your test book.

PART 1

Directions: For each question in this part, you will hear four statements about a picture in your test book. When you hear the statements, you must select the one statement that best describes what you see in the picture. Then find the number of the question on your answer sheet and mark your answer. The statements will not be printed in your test book and will be spoken only one time.

Statement (B), "One person is pointing at a document," is the best description of the picture, so you should select answer (B) and mark it on your answer sheet.

1.

2.

GO ON TO THE NEXT PAGE

3.

4.

5.

6.

GO ON TO THE NEXT PAGE

PART 2

Directions: You will hear a question or statement and three responses spoken in English. They will not be printed in your test book and will be spoken only one time. Select the best response to the question or statement and mark the letter (A), (B), or (C) on your answer sheet.

7. Mark your answer on your answer sheet.
8. Mark your answer on your answer sheet.
9. Mark your answer on your answer sheet.
10. Mark your answer on your answer sheet.
11. Mark your answer on your answer sheet.
12. Mark your answer on your answer sheet.
13. Mark your answer on your answer sheet.
14. Mark your answer on your answer sheet.
15. Mark your answer on your answer sheet.
16. Mark your answer on your answer sheet.
17. Mark your answer on your answer sheet.
18. Mark your answer on your answer sheet.
19. Mark your answer on your answer sheet.
20. Mark your answer on your answer sheet.
21. Mark your answer on your answer sheet.
22. Mark your answer on your answer sheet.
23. Mark your answer on your answer sheet.
24. Mark your answer on your answer sheet.
25. Mark your answer on your answer sheet.
26. Mark your answer on your answer sheet.
27. Mark your answer on your answer sheet.
28. Mark your answer on your answer sheet.
29. Mark your answer on your answer sheet.
30. Mark your answer on your answer sheet.
31. Mark your answer on your answer sheet.

PART 3

Directions: You will hear some conversations between two or more people. You will be asked to answer three questions about what the speakers say in each conversation. Select the best response to each question and mark the letter (A), (B), (C), or (D) on your answer sheet. The conversations will not be printed in your test book and will be spoken only one time.

32. Where most likely does the conversation take place?
    (A) At a bank
    (B) At a life insurance agency
    (C) At a stock brokerage
    (D) At a house

33. Why was the man's application rejected?
    (A) He has a poor credit rating.
    (B) He has not sold his home yet.
    (C) He owes too much money.
    (D) He recently lost his job.

34. What is suggested about the man?
    (A) He will reapply in a month.
    (B) He will visit another place next.
    (C) He will cancel his insurance.
    (D) He will make a new investment.

35. Why does the woman ask for assistance?
    (A) She is not sure which items are on sale.
    (B) She cannot determine which product to buy.
    (C) She is unfamiliar with some terminology.
    (D) She wants to avoid buying a low-quality item.

36. What does the man ask the woman to do?
    (A) Say which printer she uses now
    (B) Tell him how much she can spend
    (C) Name the brand that she prefers
    (D) Describe which functions she wants

37. What does the man suggest about the Rover 2000?
    (A) It was recently released.
    (B) It is a high-end product.
    (C) It can print very quickly.
    (D) It is currently on sale.

GO ON TO THE NEXT PAGE

38. Why did the man call the woman?

(A) To ask about a Web site
(B) To request a new password
(C) To inquire about getting maintenance
(D) To place an order for books

39. Why is the man in a hurry?

(A) His assignment is due in two days.
(B) The sale is going to end at noon.
(C) A limited number of items are available.
(D) He wants to receive some books today.

40. What will the man probably do next?

(A) Contact another bookstore
(B) Order the items he wants
(C) Request a refund on his order
(D) Log on to the store's Web site

41. What is the man shopping for?

(A) A birthday present
(B) A wedding present
(C) A graduation present
(D) A Christmas present

42. What does the man say about the item the woman shows him?

(A) It looks cute.
(B) It costs too much.
(C) It has a stylish design.
(D) It is ideal for winter.

43. How much of a discount can the man get with a membership card?

(A) $10
(B) $15
(C) $20
(D) $30

44. What will the woman do in the morning?

(A) Attend some meetings
(B) Have breakfast with a client
(C) Do some sightseeing
(D) Go to a conference

45. Where does the man recommend that the woman go?

(A) To an art gallery
(B) To a park
(C) To a palace
(D) To a temple

46. How long does the museum tour last?

(A) One hour
(B) One and a half hours
(C) Two hours
(D) Three hours

47. What are the speakers mainly discussing?

(A) A print shop
(B) The quality of their ads
(C) Preparations for a sale
(D) A line of clothing

48. What does the man say about Brentwood Printing?

(A) It charges cheap rates.
(B) It does quality work.
(C) It is no longer open.
(D) It is having a sale.

49. Where will the woman go after lunch?

(A) To a shopping center
(B) To a shop
(C) To her home
(D) To the subway station

50. What problem does the woman mention?

    (A) An unhappy workforce
    (B) Low salaries
    (C) A lack of space
    (D) Too much work

51. What does the woman want to do?

    (A) Move to a bigger place
    (B) Share profits with the employees
    (C) Give a bonus to Lisa and Gina
    (D) Hire some more workers

52. What does the man suggest about the office lease?

    (A) It was recently renewed.
    (B) It costs several thousand dollars a month.
    (C) It cannot be canceled for a few months.
    (D) It requires rent payments every two weeks.

53. What does the man ask the woman about?

    (A) His position
    (B) His vacation time
    (C) His stock options
    (D) His salary

54. What does the man imply when he says, "That's acceptable to me"?

    (A) He does not mind working elsewhere for a month.
    (B) He agrees to serve as Mr. Hamilton's mentor.
    (C) He is able to start at his position immediately.
    (D) He accepts the offer to work as a company manager.

55. When will the man begin his new position?

    (A) On September 30
    (B) On October 8
    (C) On October 15
    (D) On October 31

56. What are the speakers discussing?

    (A) A work project
    (B) A consulting firm
    (C) An upcoming convention
    (D) An electronic project

57. Why does the woman reject the man's offer?

    (A) The work is not in her area of expertise.
    (B) She intends to retire three months from now.
    (C) She has to finish another assignment.
    (D) The project does not pay enough money.

58. What will the men probably do next?

    (A) Go to see Mr. Parker
    (B) Call the Stetson Corporation
    (C) Discuss a potential project
    (D) Have lunch

59. Where does the conversation most likely take place?

    (A) At a farmers' market
    (B) At a grocery store
    (C) At a clothing store
    (D) At a toy store

60. What does the woman mean when she says, "That's a distinct possibility"?

    (A) The manager could possibly find the item.
    (B) Discounts may be offered on similar items.
    (C) There could be more products in the backroom.
    (D) The item might no longer be available.

61. According to the man, why is the item in a different aisle?

    (A) Because it is a luxury good
    (B) Because it is being discounted
    (C) Because the entire store was rearranged
    (D) Because the new location gets more customers

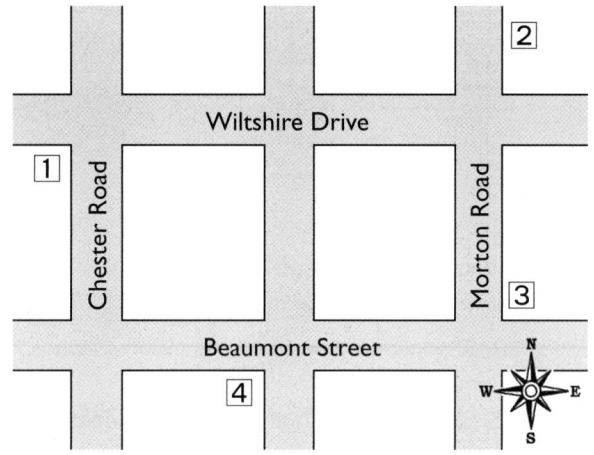

Accounting Department Directory	
Lisa McDowell	489-2029
Tina Merriweather	489-2831
Trent Lockhart	489-2876
Eric Sampson	489-2314

62. Why did the woman's company move?
(A) Customers can go there more easily.
(B) It is closer to the owner's home.
(C) There is more office space.
(D) The new place costs less.

63. Look at the graphic. Where is the woman's office?
(A) 1
(B) 2
(C) 3
(D) 4

64. What does the woman remind the man to bring?
(A) His briefcase
(B) A catalog
(C) A production manual
(D) Some samples

65. How much money does the woman need in the first month?
(A) $30,000
(B) $50,000
(C) $80,000
(D) $100,000

66. Why does the man suggest calling the Accounting Department?
(A) To ask about the development process
(B) To get approval for funding
(C) To request a budget analysis
(D) To speak with the head of the department

67. Look at the graphic. Which number will the woman call?
(A) 489-2029
(B) 489-2831
(C) 489-2876
(D) 489-2314

Animal Weight	Price
0.1-5.0 kilograms	$85
5.1-10.0 kilograms	$100
10.1-25.0 kilograms	$120
25.1+ kilograms	$150

68. What does the man need to give the airline?

(A) Confirmation his pet is healthy
(B) A copy of his passport
(C) An animal quarantine form
(D) A pet carrier for his animal

69. Look at the graphic. How much does the man need to pay for his pet?

(A) $85
(B) $100
(C) $120
(D) $150

70. What is the man going to do on Friday?

(A) Fly on an airplane
(B) Confirm a reservation
(C) See a veterinarian
(D) Pay for his ticket

GO ON TO THE NEXT PAGE

PART 4

Directions: You will hear some talks given by a single speaker. You will be asked to answer three questions about what the speaker says in each talk. Select the best response to each question and mark the letter (A), (B), (C), or (D) on your answer sheet. The talks will not be printed in your test book and will be spoken only one time.

71. What industry do the listeners most likely work in?
    (A) Construction
    (B) Manufacturing
    (C) Real estate
    (D) Education

72. According to the speaker, what is going to happen?
    (A) Local taxes are going to be increased.
    (B) Galt Industries will purchase Mehrun Technology.
    (C) Two companies will construct new buildings.
    (D) More than 1,000 employees will lose their jobs.

73. What is suggested about Lexington?
    (A) Its population will increase.
    (B) It is the biggest city in the state.
    (C) It is a major manufacturing center.
    (D) It has an unemployment problem.

74. What is the speaker mainly discussing?
    (A) A car accident
    (B) An airplane that crashed
    (C) A fire that started
    (D) A construction problem

75. Why did some people visit the hospital?
    (A) They had serious injuries.
    (B) They suddenly became ill.
    (C) They breathed too much smoke.
    (D) They suffered heart attacks.

76. What will the speaker probably do next?
    (A) Discuss another news story
    (B) Interview a city official
    (C) Announce a commercial break
    (D) Let another reporter talk

77. Where does the talk take place?

(A) In a restaurant
(B) In an office facility
(C) At a warehouse
(D) At a factory

78. What does the speaker mean when she says, "That's entirely unnecessary"?

(A) There is no need for the listeners to view the building.
(B) The listeners do not have to introduce themselves.
(C) Mr. Tucker will not meet the listeners until the end of the day.
(D) She will not give the listeners the regular orientation.

79. What will the listeners do first?

(A) Meet the CEO
(B) Visit their new bosses
(C) Go on a tour
(D) Have lunch

80. Why is the speaker surprised?

(A) Attendance was down for all genres.
(B) Horror movies were the most popular last week.
(C) Action movies were less popular than expected.
(D) Few people are interested in comedies.

81. Why does the speaker apologize?

(A) She forgot to add a genre to the chart.
(B) She does not have all the data.
(C) She came to the meeting late.
(D) She made an error on the chart.

82. What does the speaker suggest doing?

(A) Conducting a customer survey
(B) Showing horror movies less often
(C) Increasing the prices of tickets
(D) Featuring different kinds of movies

83. What is the speaker's problem?

(A) No flights are available until tomorrow.
(B) A client wants to renegotiate.
(C) There is no time to finish a project.
(D) He cannot attend a scheduled meeting.

84. Why does the speaker say, "I don't have much of a choice"?

(A) To state that he has to go out of town
(B) To mention why he is canceling a contract
(C) To complain about his heavy workload
(D) To explain why he is taking a late-night flight

85. What does the speaker suggest the listener do?

(A) Help him with a client
(B) Get in contact with him
(C) Read the e-mail he sent
(D) Introduce him to someone

86. Who most likely would need to use Lou's Logistics?

(A) A businessperson moving to a new office
(B) A car dealer transporting vehicles
(C) An artist taking paintings to a gallery
(D) A family moving across the country

87. What is mentioned about Lou's Logistics?

(A) It uses specialists to move items safely.
(B) It is the biggest moving company in the city.
(C) It has a secure warehouse for valuable items.
(D) It charges standard prices for its services.

88. What are listeners offered for free?

(A) Packing materials
(B) A moving van
(C) An estimate
(D) Moving boxes

GO ON TO THE NEXT PAGE

89. When will the store close?

(A) In five minutes
(B) In ten minutes
(C) In fifteen minutes
(D) In twenty minutes

90. Why does the speaker say, "You're going to love it"?

(A) To indicate a sale will be popular
(B) To promote a new line of items
(C) To encourage shoppers to return next week
(D) To praise a special deal for members

91. What is going to happen during the holiday season?

(A) More staff members will be on duty.
(B) Every item will be discounted by fifty percent.
(C) Customers can receive free delivery.
(D) The store will close later than usual.

92. What is the purpose of the call?

(A) To discuss an order
(B) To make an offer
(C) To respond to an inquiry
(D) To suggest a solution

93. What does the speaker tell the listener?

(A) Her item cannot be exchanged.
(B) She should visit the store to make a return.
(C) Some software she ordered has arrived.
(D) The store does not have an item she wants.

94. What is the listener given?

(A) A refund
(B) A special credit
(C) A coupon
(D) A gift

Program	Genre
The Glen Gleason Hour	Talk Radio
The World of Sports	Sports
Today in Marston	Local News
Global Hits	Music

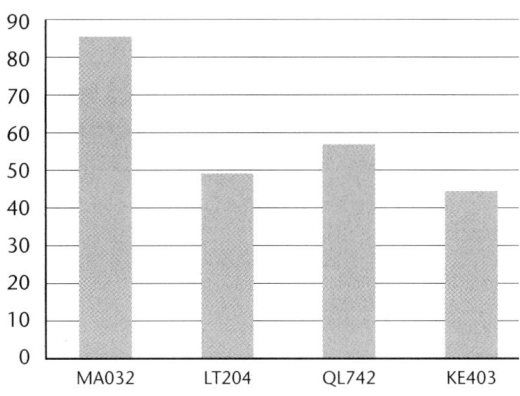

Success Rates of Killing Cancer Cells

95. What is the speaker discussing?

(A) The program schedule
(B) A special event
(C) A breaking news report
(D) The day's top news

96. Look at the graphic. What is the title of the program?

(A) *The Glen Gleason Hour*
(B) *The World of Sports*
(C) *Today in Marston*
(D) *Global Hits*

97. Who is Sue Ellis?

(A) A national news reporter
(B) A celebrity
(C) A weatherperson
(D) A local celebrity

98. Look at the graphic. What medicine is the speaker working on?

(A) MA032
(B) LT204
(C) QL742
(D) KE403

99. What will happen in six months?

(A) A product will be sold.
(B) An application will be filed.
(C) Approval will be granted.
(D) Tests will be conducted.

100. What does the speaker ask the listeners to do?

(A) Make comments on her talk
(B) Provide their opinions
(C) Wait to ask questions
(D) Discuss some results

This is the end of the Listening test. Turn to Part 5 in your test book.

GO ON TO THE NEXT PAGE

READING TEST

In the Reading test, you will read a variety of texts and answer several different types of reading comprehension questions. The entire Reading test will last 75 minutes. There are three parts, and directions are given for each part. You are encouraged to answer as many questions as possible within the time allowed.

You must mark your answers on the separate answer sheet. Do not write your answers in your test book.

Part 5

Directions: A word or phrase is missing in each of the sentences below. Four answer choices are given below each sentence. Select the best answer to complete the sentence. Then mark the letter (A), (B), (C), or (D) on your answer sheet.

101. A committee has been formed to come up with some new ways to increase employee -------.

(A) product
(B) productive
(C) productivity
(D) produce

102. All off-season clothes are ------- being sold for 50% off on the store's Web site.

(A) accurately
(B) currently
(C) considerably
(D) fully

103. Until the interns become ------- to the office environment, they will not be given major tasks.

(A) accustomed
(B) respected
(C) entitled
(D) appreciated

104. ------- documents by e-mail is a much faster way than using the post office to deliver them.

(A) Sent
(B) Sends
(C) Having sent
(D) Sending

105. The landlord decided to make several changes to the ------- that he expected each of his tenants to sign.

(A) receipt
(B) lease
(C) invoice
(D) charter

106. Applications for open positions in the factory will be ------- until all of them have been filled.

(A) proposed
(B) accepted
(C) submitted
(D) registered

107. If Mr. Johnson ------- the payment sooner, then his order would not have been canceled.
(A) makes
(B) was made
(C) had made
(D) has been making

108. Even though the weather forecast called for rain on Saturday, it was sunny the ------- weekend.
(A) entire
(B) total
(C) complete
(D) final

109. Davidson Catering, ------- by Brad Marsh, has been providing quality food in the Richmond area for more than thirty years.
(A) owns
(B) owned
(C) owning
(D) owner

110. The annual awards will be presented as soon as the CEO makes a few remarks ------- the upcoming year.
(A) around
(B) about
(C) at
(D) away

111. Several individuals at the community center declined to renew their memberships when the ------- increased last month.
(A) ratio
(B) raters
(C) rated
(D) rates

112. The PR Department will be moving to the third floor since ------- is gaining several new members in April.
(A) he
(B) she
(C) this
(D) it

113. There will be no fewer than ten interns working in the Graphics Department ------- next week.
(A) start
(B) to start
(C) starting
(D) starts

114. Olivia Nelson, a noted opera singer, ------- to her hometown to put on a performance this coming January 11.
(A) return
(B) returning
(C) has returned
(D) will be returned

115. The bank's ------- process is complicated to enable customers to avoid having their identities stolen.
(A) reserve
(B) verification
(C) announcement
(D) reimbursed

116. ------- a signed contract, no raw materials will be shipped from the mine to the company's factories.
(A) Without
(B) Unless
(C) Despite
(D) Except

117. Ms. Chung prefers to ------- outline her plans and then allows her workers to fill in the details.
(A) broaden
(B) broader
(C) broadly
(D) broadest

118. Airline management anticipates adding several new transatlantic routes ------- the next six months due to the booming economy.
(A) at
(B) in
(C) with
(D) on

GO ON TO THE NEXT PAGE

119. ------- the manufacturing industry is doing well, the same is not true for the farming sector.

(A) Around
(B) However
(C) While
(D) With

120. Melinda Jasper made the project ------- when she came up with a popular advertising slogan for it.

(A) success
(B) successful
(C) succeeded
(D) successes

121. Most of the employees are ------- looking forward to the upcoming three-day weekend.

(A) eagerly
(B) recently
(C) carelessly
(D) creatively

122. The caterer did so well ------- she was requested to do another event by Mr. Maxwell the following month.

(A) where
(B) what
(C) that
(D) which

123. The first fifty shoppers on the store's opening day will receive coupons giving ------- 20% off their entire purchase.

(A) that
(B) them
(C) these
(D) their

124. Mr. Roswell hopes to improve ------- between individuals working in different departments.

(A) result
(B) communication
(C) invention
(D) manufacture

125. Everyone involved in the incident was advised not to go ------- until the minor dispute had been settled by a manager.

(A) somewhere
(B) everywhere
(C) nowhere
(D) anywhere

126. Kilo Motors may have to issue a recall of its ------- sedan due to a problem with its seatbelts.

(A) late
(B) lately
(C) later
(D) latest

127. The majority of employees at MKT, Inc. belong to a fitness center since the company pays ------- 60% of the cost of membership.

(A) at
(B) for
(C) within
(D) beside

128. Dr. Murphy has decided to open a second clinic, which ------- in one of the city's smaller suburbs.

(A) is located
(B) located
(C) will be located
(D) was located

129. The Web site is ------- for maintenance and will not be online again until sometime after midnight.

(A) called
(B) covered
(C) down
(D) silent

130. ------- place an advertisement in the newspaper, Ms. Lane opted to announce the job opening on her firm's Web site.

(A) As opposed to
(B) Rather than
(C) Instead of
(D) Before

Part 6

Directions: Read the texts that follow. A word, phrase, or sentence is missing in parts of each text. Four answer choices for each question are given below the text. Select the best answer to complete the text. Then mark the letter (A), (B), (C), or (D) on your answer sheet.

Questions 131-134 refer to the following announcement.

Paris Delights to Open New Store

National bakery Paris Delights is opening a new franchise in Hartford. The store will open its doors ------- the first time on Saturday, April 30. It will be located on the second floor of Symington Plaza. -------. These include baguettes, sandwich bread, pies, cakes, donuts, and bagels. The store will also be selling a variety of sandwiches and hot and cold drinks. ------- most Paris Delights franchises, this one will have a small seating area. All customers ------- a 20% discount on their purchases on the first day the store is open.

131. (A) on
 (B) in
 (C) with
 (D) for

132. (A) Expect to pay lower prices than normal at the store.
 (B) The items to be sold at the store are still being determined.
 (C) The store will occupy the area beside Dreamland Clothes.
 (D) Paris Delights will sell all kinds of baked goods and pastries.

133. (A) Unlike
 (B) Despite
 (C) With respect to
 (D) Apparently

134. (A) receive
 (B) have received
 (C) will receive
 (D) could have received

Questions 135-138 refer to the following memo.

To: All Staff, Buxton Theater
From: Samantha Potter
Subject: Deacon Orchestra
Date: November 28

The Deacon Orchestra will no longer be performing here on December 5. Due to a ------- conflict
                                                                                    135.
the concert will take place on December 9. We need to get in touch with every ticketholder for

this event. -------. First, they can exchange their tickets for identical seats on the new date. Next,
            136.

they can get their money back. Last, they can trade their tickets for another event provided

------- seats are available. We need to start calling ticketholders now. All of you will be given
137.

names and phone numbers to call. We should finish by tomorrow at the -------.
                                                                    138.

135. (A) scheduled
    (B) scheduler
    (C) schedules
    (D) scheduling

136. (A) We can give them three options.
    (B) Let's do that by sending e-mails to them.
    (C) Many of them have already been calling.
    (D) I think there are two things we could do.

137. (A) what
    (B) which
    (C) that
    (D) when

138. (A) late
    (B) later
    (C) lately
    (D) latest

Questions 139-142 refer to the following letter.

February 18

Dear Mr. Templeton,

This is Mark Greenwald in Unit 3E. I regret to inform you that I need to move out of my apartment on February 28. My company is transferring me to a city out of state, so I must ------- the
139.
premises by then. I realize that I am violating my lease and that you will not return my -------
140.
deposit. -------. I apologize for moving out on such short notice. However, I was only informed of
141.
the decision to transfer me this morning. Do I need to have my apartment ------- before I leave?
142.
If you want to check it, please let me know.

Sincerely,

Mark Greenwald

139. (A) vacate
(B) remove
(C) approve
(D) move

140. (A) secure
(B) security
(C) sureness
(D) securely

141. (A) That is acceptable to me.
(B) You can send the check to my new address.
(C) I believe you owe me $350.
(D) We can sign a new contract later.

142. (A) arranged
(B) renovated
(C) inspected
(D) displayed

Questions 143-146 refer to the following e-mail.

To: Kevin Hamilton <kevin43@dnm.com>
From: Brad Warren <bwarren@dnm.com>
Subject: Preparations
Date: June 4

Kevin,

The arrangements for next week's trip have been made. Please see the attached file to look over the ------- for the trip. You need to be at the airport three hours before our flight -------. We're
    143.   **144.**
going to be gone for a week, so pack enough clothes. You'll be expected to wear a different outfit on each day of the convention. Remember that you'll be representing DNM while we're there. -------. We'll be meeting several important clients as well. This should be a good opportunity for
145.
you to get to know some of -------. Let me know if you have any questions.
                                     146.

Brad

143. (A) registration
(B) reservation
(C) ticket
(D) itinerary

144. (A) departing
(B) departs
(C) will be departed
(D) has departed

145. (A) You will give them tours when they visit our facility.
(B) Try to apply for positions with the people you meet.
(C) So please behave in an appropriate manner.
(D) This is the best way to contact new customers.

146. (A) them
(B) us
(C) ours
(D) theirs

Part 7

Directions: In this part you will read a selection of texts, such as magazine and newspaper articles, e-mails, and instant messages. Each text or set of texts is followed by several questions. Select the best answer for each question and mark the letter (A), (B), (C), or (D) on your answer sheet.

Questions 147-148 refer to the following invoice.

Albertson's
393 Break Point Road, Charlotte, NC
(393) 455-2986

- Customer Name: Wesley Cumberland
- Deliver To: 55 Dearborn Lane, Charlotte, NC
- Telephone Number: 785-2013

Order Date: April 22

Description	Quantity	Unit Price	Total Price
Henderson's Blue Paint (1 Gallon)	3	$12.00	$36.00
Gallagher Wallpaper – Ivory (1 Roll)	6	$27.00	$162.00
Roller Paintbrush w/4-Inch Handle	2	$9.00	$18.00
Paint Bucket Tray	1	$6.00	$6.00
		Total	$222.00

Please send the listed amount by April 25 to ensure that your items are delivered in a timely manner.

147. What type of store is Albertson's?

(A) A home interior company
(B) A consulting firm
(C) A landscaping company
(D) An engineering firm

148. What is Mr. Cumberland asked to do?

(A) Change his address
(B) Make a payment
(C) Confirm an order
(D) Select a new item

GO ON TO THE NEXT PAGE

Questions 149-150 refer to the following advertisement.

Coolidge and Morton

Coolidge and Morton is pleased to announce our traditional summer sale is set to begin on July 20. During that time, every single item in stock will be available at a discount of at least 20%. The following genres are being offered at even steeper discounts:

- Poetry: 30%
- Science: 25%
- Biography: 35%
- Textbooks: 30%

We have more than 50,000 books on our premises. While we specialize in fiction, we carry many other genres. We even have numerous first editions and signed books for collectors. Visit us at 684 Wilson Boulevard every day of the week from 10 A.M. to 7 P.M. Or visit us online at www.coolidgeandmorton.com to see a small sample of the books we have available. Act now because our sale only lasts until August 20.

149. What most likely is the discount on a fiction book?

(A) 20%
(B) 25%
(C) 30%
(D) 35%

150. What is indicated about Coolidge and Morton?

(A) Its hours will change during the sale period.
(B) It is having a sale for the first time.
(C) It has special events with authors.
(D) Its Web site has an incomplete list of items.

Questions 151-153 refer to the following memo.

To: All Employees
From: Susan Holloway
Re: Company Retreat

We will no longer be departing on the company retreat to the Bahamas on April 24. Instead, we will be leaving on April 23, but we will still return on April 27. If you are going on the trip, please inform your departmental supervisor so that your position can be covered for the extra day. In addition, you must make sure that your passport does not expire before October 27. If it does, you need to renew it at once, or you won't be permitted on the aircraft. For those of you still considering attending the retreat, you have to make your final decision by April 5. Contact me at extension 894 to do so or to learn more about the event.

151. When will the people going on the retreat depart?

(A) On April 5
(B) On April 23
(C) On April 24
(D) On April 27

152. What does Ms. Holloway advise some readers to do?

(A) Make airplane reservations
(B) Apply for time off from work
(C) Attend a meeting in her office
(D) Renew their passports

153. Why would a person contact Ms. Holloway?

(A) To obtain permission to be absent from work
(B) To state their willingness to go on a trip
(C) To discuss submitting a payment
(D) To learn how to make a visa for the trip

GO ON TO THE NEXT PAGE

Questions 154-155 refer to the following text message chain.

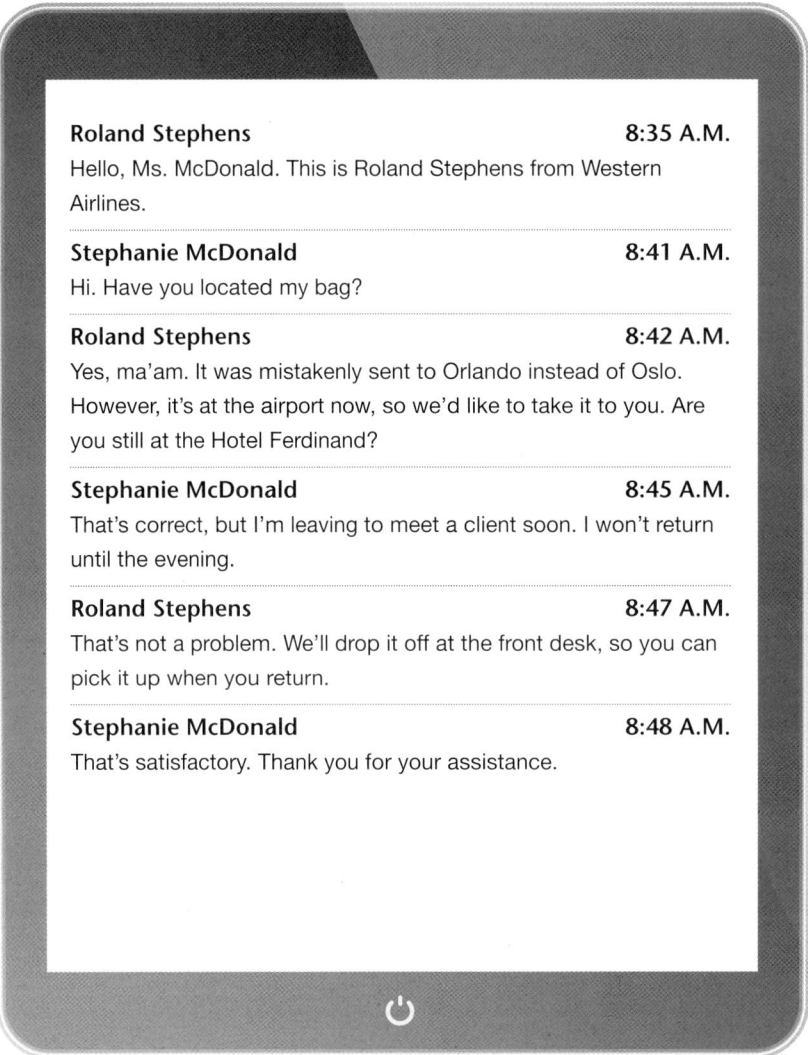

| Roland Stephens | 8:35 A.M. |

Hello, Ms. McDonald. This is Roland Stephens from Western Airlines.

| Stephanie McDonald | 8:41 A.M. |

Hi. Have you located my bag?

| Roland Stephens | 8:42 A.M. |

Yes, ma'am. It was mistakenly sent to Orlando instead of Oslo. However, it's at the airport now, so we'd like to take it to you. Are you still at the Hotel Ferdinand?

| Stephanie McDonald | 8:45 A.M. |

That's correct, but I'm leaving to meet a client soon. I won't return until the evening.

| Roland Stephens | 8:47 A.M. |

That's not a problem. We'll drop it off at the front desk, so you can pick it up when you return.

| Stephanie McDonald | 8:48 A.M. |

That's satisfactory. Thank you for your assistance.

154. What is suggested about Ms. McDonald?

(A) She does not want to visit the airport.
(B) She is taking a vacation now.
(C) She will check out of her hotel tonight.
(D) She flew to Oslo on business.

155. At 8:47 A.M., why does Mr. Stephens write, "That's not a problem"?

(A) To indicate he is willing to provide compensation
(B) To note that the Hotel Ferdinand is near the airport
(C) To state that a possession can be delivered
(D) To encourage Ms. McDonald not to leave the hotel

Questions 156-157 refer to the following e-mail.

To:	Cathy Sullivan <cathys@dynamicsystems.com>
From:	Craig Lourdes <craiglourdes@matterhorntech.com>
Subject:	Paula Daniels
Date:	March 19

Dear Ms. Sullivan,

I would like to confirm that Paula Daniels was employed at Matterhorn Technology for four years. — [1] —. Her period of employment began in February 2011 and ended in May 2015. During that time, she excelled as an employee. — [2] —. She was promoted twice, which is something that rarely happens so quickly. — [3] —. She was also popular with her colleagues. We were all sorry to see her leave. — [4] —. Should you need anything else from me, please feel free to write again. I would be more than happy to discuss Ms. Daniels further.

Regards,

Craig Lourdes
Manager, Nanotechnology Division
Matterhorn Technology

156. Why did Mr. Lourdes send the e-mail?

(A) To suggest a candidate to interview
(B) To schedule a time to meet an applicant
(C) To request employment dates for an individual
(D) To respond to an inquiry for information

157. In which of the positions marked [1], [2], [3], and [4] does the following sentence best belong?

"However, we understand that she wanted to return to her home country."

(A) [1]
(B) [2]
(C) [3]
(D) [4]

Questions 158-160 refer to the following instructions.

Kitchen Chef Super Blender Instructions

Thank you for purchasing the new Kitchen Chef Super Blender. In order to ensure the proper operating of this machine, please follow these instructions:

1. Place the blender on a level resting place. Do not operate if it is unbalanced.

2. Make sure the electric plug is firmly inserted in the socket. Do not use if the plug or socket is wet.

3. Place all of the items to be mixed into the blender container. Do not put nonedible items in the blender.

4. Put the lid on top of the container. Keep one hand on top of the lid during the operating of the machine to make sure it does not come loose.

5. Press the button for the desired operation. Do not press two buttons at the same time. Use the blender until the items placed in the container have been mixed to your satisfaction.

6. Once usage is complete, wash the blender container and the lid with warm, soapy water.

158. Where would the instructions most likely be found?

(A) On an order form
(B) In a catalog
(C) In a user's manual
(D) On a blog

159. What is NOT mentioned about the blender in the instructions?

(A) The lid must not be touched by hand while it is running.
(B) Items that are not food cannot be mixed in it.
(C) A damp plug should not be put into a socket.
(D) Hitting two buttons at once should be avoided.

160. What is indicated about the machine?

(A) It was purchased on sale.
(B) It has more than three parts.
(C) It has multiple functions.
(D) It should not be used outdoors.

Questions 161-164 refer to the following online chat discussion.

	Isabella Mendini [11:32 A.M.]	The speech by Eric Sumner just ended. It was rather enlightening. I learned a great deal about how to build a quality Web site.
	Harold Spritz [11:34 A.M.]	I wanted to attend it, but my workshop didn't finish until 11:00.
	Isabella Mendini [11:35 A.M.]	Don't worry. I not only took notes but also made an audio recording of the talk. I'll share it with everyone.
	Kenneth Bauer [11:37 A.M.]	I'm looking forward to that. So what's on the agenda for the rest of the day?
	Joanie Pitt [11:38 A.M.]	I'm attending the panel discussion being held in the Green Room.
	Kenneth Bauer [11:40 A.M.]	So am I, but that's not scheduled to start until more than an hour from now. What do you think we ought to do now?
	Isabella Mendini [11:42 A.M.]	The only other event going on at the moment is the seminar by Dr. Rodriguez, and it's ending at noon. I suppose you could catch the last quarter of an hour if you want.
	Kenneth Bauer [11:43 A.M.]	That's all right. I heard him speak before and wasn't impressed. How about getting some lunch while we figure out what to do during the rest of the conference?
	Isabella Mendini [11:44 A.M.]	Good thinking. Let's meet in the lobby in five minutes. We can cross the street and visit a place called Bergeron's.

161. What are the writers mostly discussing?

    (A) A conference they are attending
    (B) A panel discussion they will host
    (C) A seminar that they all went to
    (D) A workshop they want to participate in

162. At 11:37 A.M., what does Mr. Bauer mean when he writes, "I'm looking forward to that"?

    (A) He thinks a seminar will benefit him.
    (B) He wants to watch a video.
    (C) He is eager to hear a talk.
    (D) He would like to attend a workshop.

163. What does Ms. Pitt mention?

    (A) She recorded a session she attended.
    (B) She wants to hear Dr. Rodriguez talk.
    (C) She will attend an event after lunch.
    (D) She was just at a talk in the Green Room.

164. What most likely is Bergeron's?

    (A) A conference center
    (B) A restaurant
    (C) A health clinic
    (D) A department store

GO ON TO THE NEXT PAGE

Questions 165-168 refer to the following article

Business Conditions in Burlington

Burlington (December 7) – While this is a festive time of the year, that's not the case for retailers thus far. Against all expectations, the busy shopping season has yet to materialize. — [1] —. Sales at stores in downtown Burlington are almost always the highest during the period between Thanksgiving and New Year. Nevertheless, estimates of sales in the two-week period following Thanksgiving are nearly 20% less than they were at the same time last year. — [2] —. And they are more than 35% off the record-breaking sales period two years ago. Especially hard hit are the clothing and toy sectors. — [3] —. As for electronics and home supply stores, they are reporting sales roughly equivalent to last year's. The president of the Burlington Small Business Owners' Association (BSBOA) said, "Times are tough for us this year, but we're not sure why since the economy is doing so well in general." — [4] —. He then added, "I'm planning to offer steeper discounts at Burton's to entice customers to visit." Steve Burton pointed out that there's still time for retailers to make up for their current poor showing as the holiday season will last over three more weeks.

165. What is the article mainly about?

    (A) Sales events in Burlington
    (B) A group of business owners
    (C) Annual sales performances
    (D) Poor sales conditions

166. What is indicated about stores in Burlington?

    (A) Several of them are going to close in January.
    (B) They had their best holiday season two years ago.
    (C) They are outperforming the local economy.
    (D) Conditions at them are driving away customers.

167. Who probably is Mr. Burton?

    (A) A Burlington politician
    (B) The founder of the BSBOA
    (C) A regular shopper
    (D) A local businessman

168. In which of the positions marked [1], [2], [3], and [4] does the following sentence best belong?

    "They are each down more than 30%."

    (A) [1]
    (B) [2]
    (C) [3]
    (D) [4]

Questions 169-171 refer to the following schedule.

Tax Law Conference Schedule
for
Employees at Marcone Legal Services

The following schedule is for the three-day conference on the new tax laws which will be held in Washington, D.C., from Friday, November 3, to Sunday, November 5. We will depart together on Thursday, November 2. The conference will be hosted by the Stanford Hotel. Please contact Shirley Watson, who will be accompanying everyone, with any questions.

Item	Date & Time	Location
Departure	Nov. 2, 7:30 A.M.	Chicago, O'Hare Airport
Arrival	Nov. 2, 11:05 A.M.	Washington, D.C., Dulles Airport
Check In	Nov. 2, 1:00 P.M.	Stanford Hotel
Conference – Day 1	Nov. 3, 10:00 A.M. – noon	Blue Room
	Nov. 3, 2:00 P.M. – 5:00 P.M.	Orange Room
Conference – Day 2	Nov. 4, 10:00 A.M. – 1:00 P.M.	Orange Room
	Nov. 4, 3:00 P.M. – 7:30 P.M.	Blue Room
Conference – Day 3	Nov. 5, 9:00 A.M. – 11:00 A.M.	Blue Room
Checkout	Nov. 5, 11:30 A.M.	Stanford Hotel
Departure	Nov. 5, 3:35 P.M.	Washington, D.C., Dulles Airport

169. What is mentioned about the conference?

(A) Registration is required.
(B) It will take place on a weekend.
(C) Government officials will speak there.
(D) A fee must be paid for it.

170. What is suggested about Ms. Watson?

(A) She is a conference organizer.
(B) Her speaking time is on November 4.
(C) She works in the legal profession.
(D) Her office is in Washington, D.C.

171. When will the attendees be in the Blue Room?

(A) On November 3 at 3:00 P.M.
(B) On November 4 at 11:00 A.M.
(C) On November 4 at 1:00 P.M.
(D) On November 5 at 10:00 A.M.

GO ON TO THE NEXT PAGE

Questions 172-175 refer to the following letter.

February 12

Dear Mr. Lambert,

Hello. My name is Katherine Jordan. I was given your name and contact information by Brad Smiley, who was extremely pleased with the work you did in helping him obtain housing in the Columbus area. Brad and I work at the same company, and, as luck would have it, I'm being transferred to his branch. As such, I need to find a satisfactory residence. Unlike Brad, I am not interested in purchasing a home as my time there will be limited to two years. I will therefore only consider properties available to rent. I would be willing to sign a two-year contract with the landlord, and my firm will pay the entire amount due up front.

My family—my husband, daughter, and two sons—will be moving with me. We require a house with four bedrooms and at least two bathrooms. A large backyard would be a plus. The place must be within 10 minutes of the Westmoreland School by car as my children will all be attending it. We are moving on March 31, so there is a limited amount of time. Would you please find at least half a dozen homes for us to look at by February 28? My husband and I will be visiting on that day, and we would like to be shown some residences then. Please call me at (493) 545-9383 anytime you wish to discuss this matter further.

Sincerely,

Katherine Jordan

172. What is NOT indicated about Mr. Smiley?

(A) He used the services of Mr. Lambert.
(B) He purchased a home.
(C) He works in Columbus.
(D) He is Ms. Jordan's manager.

173. What is mentioned about Ms. Jordan's employer?

(A) It is sending her on a temporary assignment.
(B) It is increasing her salary to pay for rent.
(C) It has some offices in foreign countries.
(D) It must approve any home that she rents.

174. What does Ms. Jordan suggest about her children?

(A) They all play sports at school.
(B) They are attending elementary school.
(C) They perform well at their school.
(D) They will be driven to school daily.

175. What is going to happen on February 28?

(A) A contract will be signed.
(B) Houses will be viewed.
(C) A move will be made.
(D) A payment will be sent.

GO ON TO THE NEXT PAGE

Questions 176-180 refer to the following order form and e-mail.

Stillman Office Furniture
Online Order Form

Send To: Ricardo Hazel
387 Palm Street
Charleston, SC 29407

Telephone Number: (843) 812-9483

Order Number: 48485930

Order Date: June 12

Delivery Date: June 14

Description	Item Number	Quantity	Total Price
Folding Card Table	8494-33	2	$70.00
Metal Folding Chair	2928-91	10	$120.00
Leather Desk Chair	2974-84	2	$285.00
Black Office Desk	1275-44	1	$135.00
		Subtotal	$610.00
		Delivery	$25.00
		Tax	$38.10
		Total	$673.10

*Orders of $300 or more will receive free standard delivery. For expedited 2-day delivery, add $25 to your order.

*Your order has been paid for with the credit card ending in the numbers 4983.

*You may change your order prior to it being delivered. Simply call (874) 847-1922 or e-mail us at orders@stillmanfurniture.com.

TO orders@stillmanfurniture.com
FROM rhazel@thismail.com
SUBJECT June 13
DATE Order #48485930

Dear Sir/Madam,

My name is Ricardo Hazel. I placed an order (#48485930) on your Web site last night; however, my boss has instructed me to make a change to it. Apparently, we have two new employees starting soon, so we need another desk sent to us. Could you please add an additional one to our order? You can go ahead and charge it to the same card I used to pay for the initial order. If you need confirmation of the card, please contact me at my office at (843) 812-9483. I may not be in the office during the day, but you can speak with Susan Rimes, my personal assistant. She has been advised on this matter and can answer any questions you may have.

Best,

Ricardo Hazel

176. What is indicated on the invoice?

(A) Mr. Hazel paid for the items with a check.
(B) Mr. Hazel has ordered from the company before.
(C) Mr. Hazel ordered more tables than chairs.
(D) Mr. Hazel paid for 2-day delivery.

177. What item does Mr. Hazel order another of?

(A) 8494-33
(B) 2928-91
(C) 2974-84
(D) 1275-44

178. What does Mr. Hazel request the company do?

(A) Send him an additional bill
(B) Change the color of an item he ordered
(C) Put the extra expense on his credit card
(D) Confirm the order by calling him

179. What does Mr. Hazel mention about Ms. Rimes?

(A) She paid for the items that were ordered.
(B) She is authorized to speak for him.
(C) She will be traveling with him on a trip.
(D) She is going to start working at his company.

180. In the e-mail, the words "advised on" in line 7 are closest in meaning to

(A) punished for
(B) reported on
(C) taught with
(D) told about

GO ON TO THE NEXT PAGE

Questions 181-185 refer to the following Web site and letter.

---

www.cumberlandforestpark.com

| HOME | ABOUT US | LOCATION | ACTIVITIES | RULES | CONTACT |

Visitors at Cumberland Forest Park can do a wide variety of activities, including the following:

Hiking: There are trails throughout the entire park. The most popular ones can be found in the Richmond, Cold Springs, and Hillside areas.

Water Activities: There are numerous ponds and three lakes (Lakes Washington, Clover, and Redwood) in the park. Fishing is allowed in every pond and lake although a license is required for individuals ages 13 or older. Swimming is banned in the ponds but permitted in the lakes. Boating and water activities, including water skiing, are allowed on the lakes.

Camping: The park has three campgrounds. However, the campgrounds by Lake Washington and Willis Pond are closed for renovations and will not open until May. The campground near the Baskerville entrance is open and has space for 30 tents or campers. Reservations must be made in advance.

Mountain Climbing: Several mountains are located in the park. They are in the northern part near the Chesterfield area. The steep cliffs present challenges for climbers. Permission from park rangers must be granted to all climbers. Only those with experience are permitted to climb due to the perilous nature of the cliffs.

For more information regarding these and other activities, e-mail activities@cumberlandforestpark.org.

To: activities@cumberlandforeseetpark.org
From: leonharris@mymail.com
Subject: Trip
Date: April 16

To Whom It May Concern,

Hello. I'm planning to spend some time at the park with my family next weekend on April 23 and 24. We hope to camp there, so I would like to make a reservation. Is there a fee involved? This will be our first time camping at the park, so I'm not sure about that. We also intend to walk on some of the trails and climb up Mount Shaker. Everyone in my family has gone there before, so we are aware of the dangers of that mountain. We usually go water skiing, but our boat is being repaired, so we won't have time this week.

Would you please contact me as soon as you can so that I can finalize the preparations for our trip? I look forward to hearing from you soon.

Regards,

Leon Harris

181. What section of the Web site is the information most likely found on?

(A) Home
(B) Location
(C) Activities
(D) Contact

182. What is suggested about mountain climbing in the park?

(A) Park rangers must accompany all climbers.
(B) People can be injured easily by doing it.
(C) Only climbers who have taken classes may do it.
(D) It is not permitted during the winter months.

183. Why did Mr. Harris send the e-mail?

(A) To request a license
(B) To report to a park ranger
(C) To make a booking
(D) To ask about water conditions

184. Which part of the park will Mr. Harris's family stay at?

(A) Baskerville
(B) Lake Washington
(C) Hillside
(D) Willis Pond

185. Which activity will Mr. Harris's family NOT do?

(A) Hiking on trails
(B) Go water skiing
(C) Do some camping
(D) Go mountain climbing

Questions 186-190 refer to the following schedule, e-mail, and announcement.

Are you interested in arts and crafts?

Then you should take classes at the

Chandler Institute

Our arts and crafts instructors are some of the finest in the city.

This month, in addition to our regular classes,
we are offering the following special one-day classes each Saturday.

- August 2: Needlepoint
- August 9: Sewing
- August 16: Oil Painting
- August 23: Pottery
- August 30: Embroidery

It only costs $25 to enroll in each class.
Supplies are included with the fee.

Go to
www.chandlerinstitute.com
to reserve your seat now.

To: Martina Schnell <martinas@homemail.com>
From: Sheila Thomas <sheila@chandlerinstitute.com>
Subject: Class
Date: July 31

Dear Ms. Schnell,

Thank you for your online reservation. Your payment of $25 has been received, so you have been enrolled in the class. To answer the question that you asked, no, you do not need to bring any supplies of your own. Everything you need will be provided for you. You may wish to bring a notebook and a pen if you want to write down any information that Mr. Harper tells the class about making ceramics. Students often find his classes rather educational.

Best,

Sheila Thomas
Chandler Institute

Chandler Institute to Close for One Week

The entire staff at the Chandler Institute is going to be attending the Moline Arts Festival, so the institute has to close its doors for a week. From August 24 to 30, no classes are going to be held at the institute. Those individuals who paid for classes during that time can either receive refunds on the missed classes or may use the credit they receive and apply it to classes they wish to take in the future. For more information, call 841-4842.

186. What is indicated about the Chandler Institute?
    (A) It is located near a local university.
    (B) It charges the same rate for its special classes.
    (C) It makes students pay for their supplies.
    (D) It teaches classes only on weekdays.

187. Why did Ms. Thomas send the e-mail?
    (A) To acknowledge payment
    (B) To request clarification
    (C) To provide a class schedule
    (D) To apologize for a mistake

188. What does Ms. Thomas advise Ms. Schnell to do?
    (A) Bring his own supplies
    (B) Apply for a credit
    (C) Take notes
    (D) Speak with an instructor

189. When is Ms. Schnell going to take a class?
    (A) On August 2
    (B) On August 9
    (C) On August 16
    (D) On August 23

190. According to the announcement, which class is going to be canceled?
    (A) Sewing
    (B) Oil painting
    (C) Pottery
    (D) Embroidery

GO ON TO THE NEXT PAGE

Questions 191-195 refer to the following e-mails and announcement.

To:	Tom Thornton <tomt@valencedistributors.com>
From:	Alice McBride <alice@valencedistributors.com>
Subject:	Wang Fung, Inc.
Date:	March 21

Tom,

I spoke with our contact at Wang Fung, Inc. and got some alarming news. Apparently, the shipment we ordered is going to be arriving one month from now rather than in two months. I spoke with George Frazier down at our warehouse, and he remarked that we don't have enough storage space for everything that's going to come in. He stated that we can either cancel the shipment, which will cost us $50,000 according to the contract, or we can rent a warehouse. He mentioned that we'll need at least 12,000 square feet of storage space. Let me know what you want me to do.

Alice

Presidio Storage

Providing the finest writing instruction in the city

Presidio Storage has a number of facilities that can store your products for you. We not only provide storage space but also provide 24-hour-a-day security (both personnel and electronics) for your items. Our warehouses are clean and climate controlled. We have some refrigerated spaces available for perishable goods. Check out some of our warehouses:

Location	Size	Refrigerated Areas	Price/Month
1912 Sycamore Lane	9,000 Square Feet	No	$7,000
54 Beaver Street	40,000 Square Feet	Yes	$29,000
89 W. Pacific Street	15,000 Square Feet	Yes	$16,000
811 Lake Road	7,500 Square Feet	Yes	$8,000

Call 594-9300 for more information. Some prices are negotiable. The longer you rent, the less you pay.

> To: alice@valencedistributors.com
> From: wademartin@presidiostorage.com
> Subject: Your Request
> Date: March 25

Dear Ms. McBride,

Thank you for inquiring about renting a warehouse at Presidio Storage. I am sorry to let you know that the warehouse about which you inquired has already been rented by another customer. At present, we do not have any available spaces that fit your precise needs. However, a former employee of ours, Dwight Stephenson, recently opened his own storage facility. It's located adjacent to our largest warehouse. I believe he might be able to help you. Please contact him at 847-3922 and be sure to tell him that I sent you. That should provide you with a reduction in price.

Sincerely,

Wade Martin
Facilities Manager
Presidio Storage

191. What problem does Ms. McBride mention?

(A) A contract has been canceled.
(B) A company will assess a financial penalty.
(C) A shipment is coming ahead of schedule.
(D) A warehouse suffered some damage.

192. What is mentioned about Presidio Storage?

(A) It employs people to guard its facilities.
(B) All of its warehouses have refrigeration units.
(C) It went into business in the past year.
(D) Dwight Stephenson currently works there.

193. What is indicated about the warehouse at 1912 Sycamore Lane?

(A) It cannot store frozen items.
(B) It is located near the harbor.
(C) It is the largest at Presidio Storage.
(D) It is available for purchase.

194. What is the monthly rent of the warehouse Ms. McBride inquired about?

(A) $7,000
(B) $8,000
(C) $16,000
(D) $29,000

195. Where most likely is Mr. Stephenson's warehouse located?

(A) On Sycamore Lane
(B) On Beaver Street
(C) On W. Pacific Street
(D) On Lake Road

Questions 196-200 refer to the following advertisement, letter, and article.

WM Electronics Is Having a Big Sale

Visit WM Electronics at 598 Carpenter Road anytime between September 10 and 16, and you can enjoy savings of up to 50% on selected items. We've got products by PTR, Wilson Electronics, Carver, Washington Power, and more. And everything is on sale. Here are a few of the special deals you can get:

- Carver Refrigerator: Was $800 / Now $550
- PTR Microwave Oven: Was $120 / Now $65
- Wilson Desktop Computer (w/26-Inch Monitor): Was $1,800 / Now $1,200
- Washington 60-Inch Television: Was $3,100 / Now $2,000

You can't top prices like these. We'll also provide free delivery if you spend more than $400. But you need to hurry. These low prices are only valid for as long as supplies last. All sales are final.

September 18

To Whom It May Concern,

I visited your store on September 13 and purchased several items. I was rather pleased by the prices and wanted to get some appliances for my new home. The person who delivered and installed the items was polite and knowledgeable. He connected the air conditioner, washing machine, and refrigerator—all Carver products on sale—very quickly and showed me how to use them properly. Disappointingly, I have experienced several problems with the microwave oven I bought. I was led to believe that PTR products are of exceptional quality, but the oven keeps overheating food, causing it to burn, and the timer doesn't work properly either. How can I go about returning or replacing this item?

Sincerely,

Calvin Hale

Manufacturing Company Initiates Recall

Portland (October 3) – Canada-based manufacturer PTR, Inc. has announced a recall on its most recent line of products. These items belong to its Ironclad line and include refrigerators, stoves, microwave ovens, toasters, and other kitchen appliances. According to a company spokesperson, wiring problems in the machines have been detected. As a result, they are not only liable to work improperly but may also spark fires. PTR requests that owners of its Ironclad line of appliances cease using them and return them to wherever they were purchased. There, they may receive a credit for the sale price of each item that may be used for the purchase of any PTR products.

---

196. In the advertisement, the word "top" in paragraph 3, line 1 is closest in meaning to

(A) compare with
(B) do better than
(C) negotiate for
(D) be surprised by

197. What is NOT indicated about the sale?

(A) Items on the Web site are on sale.
(B) All items at the store are included.
(C) It is for a limited amount of time.
(D) Some items are half off.

198. What does Mr. Hale compliment in his letter?

(A) The quality of all the products he bought
(B) The service he received at the store
(C) The work done by a technician
(D) The item made by Wilson that he bought

199. What is suggested about Mr. Hale?

(A) He has lived in the same home for years.
(B) He did not pay for home delivery.
(C) He is a native of Portland.
(D) His request for an exchange was granted.

200. How much will Mr. Hale receive in credit from PTR, Inc.?

(A) $65
(B) $120
(C) $550
(D) $1,200

Stop! This is the end of the test. If you finish before time is called, you may go back to Parts 5, 6, and 7 and check your work.

ANSWER SHEET

TOEIC 실전 테스트

수험번호

성명 한글
한자

확인

LISTENING COMPREHENSION (Part 1-4)

No.	ANSWER	No.	ANSWER	No.	ANSWER	No.	ANSWER	No.	ANSWER
1	Ⓐ Ⓑ Ⓒ Ⓓ	21	Ⓐ Ⓑ Ⓒ	41	Ⓐ Ⓑ Ⓒ Ⓓ	61	Ⓐ Ⓑ Ⓒ Ⓓ	81	Ⓐ Ⓑ Ⓒ Ⓓ
2	Ⓐ Ⓑ Ⓒ Ⓓ	22	Ⓐ Ⓑ Ⓒ	42	Ⓐ Ⓑ Ⓒ Ⓓ	62	Ⓐ Ⓑ Ⓒ Ⓓ	82	Ⓐ Ⓑ Ⓒ Ⓓ
3	Ⓐ Ⓑ Ⓒ Ⓓ	23	Ⓐ Ⓑ Ⓒ	43	Ⓐ Ⓑ Ⓒ Ⓓ	63	Ⓐ Ⓑ Ⓒ Ⓓ	83	Ⓐ Ⓑ Ⓒ Ⓓ
4	Ⓐ Ⓑ Ⓒ Ⓓ	24	Ⓐ Ⓑ Ⓒ	44	Ⓐ Ⓑ Ⓒ Ⓓ	64	Ⓐ Ⓑ Ⓒ Ⓓ	84	Ⓐ Ⓑ Ⓒ Ⓓ
5	Ⓐ Ⓑ Ⓒ Ⓓ	25	Ⓐ Ⓑ Ⓒ	45	Ⓐ Ⓑ Ⓒ Ⓓ	65	Ⓐ Ⓑ Ⓒ Ⓓ	85	Ⓐ Ⓑ Ⓒ Ⓓ
6	Ⓐ Ⓑ Ⓒ Ⓓ	26	Ⓐ Ⓑ Ⓒ	46	Ⓐ Ⓑ Ⓒ Ⓓ	66	Ⓐ Ⓑ Ⓒ Ⓓ	86	Ⓐ Ⓑ Ⓒ Ⓓ
7	Ⓐ Ⓑ Ⓒ Ⓓ	27	Ⓐ Ⓑ Ⓒ	47	Ⓐ Ⓑ Ⓒ Ⓓ	67	Ⓐ Ⓑ Ⓒ Ⓓ	87	Ⓐ Ⓑ Ⓒ Ⓓ
8	Ⓐ Ⓑ Ⓒ Ⓓ	28	Ⓐ Ⓑ Ⓒ	48	Ⓐ Ⓑ Ⓒ Ⓓ	68	Ⓐ Ⓑ Ⓒ Ⓓ	88	Ⓐ Ⓑ Ⓒ Ⓓ
9	Ⓐ Ⓑ Ⓒ Ⓓ	29	Ⓐ Ⓑ Ⓒ	49	Ⓐ Ⓑ Ⓒ Ⓓ	69	Ⓐ Ⓑ Ⓒ Ⓓ	89	Ⓐ Ⓑ Ⓒ Ⓓ
10	Ⓐ Ⓑ Ⓒ Ⓓ	30	Ⓐ Ⓑ Ⓒ	50	Ⓐ Ⓑ Ⓒ Ⓓ	70	Ⓐ Ⓑ Ⓒ Ⓓ	90	Ⓐ Ⓑ Ⓒ Ⓓ
11	Ⓐ Ⓑ Ⓒ Ⓓ	31	Ⓐ Ⓑ Ⓒ	51	Ⓐ Ⓑ Ⓒ Ⓓ	71	Ⓐ Ⓑ Ⓒ Ⓓ	91	Ⓐ Ⓑ Ⓒ Ⓓ
12	Ⓐ Ⓑ Ⓒ Ⓓ	32	Ⓐ Ⓑ Ⓒ Ⓓ	52	Ⓐ Ⓑ Ⓒ Ⓓ	72	Ⓐ Ⓑ Ⓒ Ⓓ	92	Ⓐ Ⓑ Ⓒ Ⓓ
13	Ⓐ Ⓑ Ⓒ Ⓓ	33	Ⓐ Ⓑ Ⓒ Ⓓ	53	Ⓐ Ⓑ Ⓒ Ⓓ	73	Ⓐ Ⓑ Ⓒ Ⓓ	93	Ⓐ Ⓑ Ⓒ Ⓓ
14	Ⓐ Ⓑ Ⓒ Ⓓ	34	Ⓐ Ⓑ Ⓒ Ⓓ	54	Ⓐ Ⓑ Ⓒ Ⓓ	74	Ⓐ Ⓑ Ⓒ Ⓓ	94	Ⓐ Ⓑ Ⓒ Ⓓ
15	Ⓐ Ⓑ Ⓒ Ⓓ	35	Ⓐ Ⓑ Ⓒ Ⓓ	55	Ⓐ Ⓑ Ⓒ Ⓓ	75	Ⓐ Ⓑ Ⓒ Ⓓ	95	Ⓐ Ⓑ Ⓒ Ⓓ
16	Ⓐ Ⓑ Ⓒ Ⓓ	36	Ⓐ Ⓑ Ⓒ Ⓓ	56	Ⓐ Ⓑ Ⓒ Ⓓ	76	Ⓐ Ⓑ Ⓒ Ⓓ	96	Ⓐ Ⓑ Ⓒ Ⓓ
17	Ⓐ Ⓑ Ⓒ Ⓓ	37	Ⓐ Ⓑ Ⓒ Ⓓ	57	Ⓐ Ⓑ Ⓒ Ⓓ	77	Ⓐ Ⓑ Ⓒ Ⓓ	97	Ⓐ Ⓑ Ⓒ Ⓓ
18	Ⓐ Ⓑ Ⓒ Ⓓ	38	Ⓐ Ⓑ Ⓒ Ⓓ	58	Ⓐ Ⓑ Ⓒ Ⓓ	78	Ⓐ Ⓑ Ⓒ Ⓓ	98	Ⓐ Ⓑ Ⓒ Ⓓ
19	Ⓐ Ⓑ Ⓒ Ⓓ	39	Ⓐ Ⓑ Ⓒ Ⓓ	59	Ⓐ Ⓑ Ⓒ Ⓓ	79	Ⓐ Ⓑ Ⓒ Ⓓ	99	Ⓐ Ⓑ Ⓒ Ⓓ
20	Ⓐ Ⓑ Ⓒ Ⓓ	40	Ⓐ Ⓑ Ⓒ Ⓓ	60	Ⓐ Ⓑ Ⓒ Ⓓ	80	Ⓐ Ⓑ Ⓒ Ⓓ	100	Ⓐ Ⓑ Ⓒ Ⓓ

READING COMPREHENSION (Part 5-7)

No.	ANSWER	No.	ANSWER	No.	ANSWER	No.	ANSWER	No.	ANSWER
101	Ⓐ Ⓑ Ⓒ Ⓓ	121	Ⓐ Ⓑ Ⓒ Ⓓ	141	Ⓐ Ⓑ Ⓒ Ⓓ	161	Ⓐ Ⓑ Ⓒ Ⓓ	181	Ⓐ Ⓑ Ⓒ Ⓓ
102	Ⓐ Ⓑ Ⓒ Ⓓ	122	Ⓐ Ⓑ Ⓒ Ⓓ	142	Ⓐ Ⓑ Ⓒ Ⓓ	162	Ⓐ Ⓑ Ⓒ Ⓓ	182	Ⓐ Ⓑ Ⓒ Ⓓ
103	Ⓐ Ⓑ Ⓒ Ⓓ	123	Ⓐ Ⓑ Ⓒ Ⓓ	143	Ⓐ Ⓑ Ⓒ Ⓓ	163	Ⓐ Ⓑ Ⓒ Ⓓ	183	Ⓐ Ⓑ Ⓒ Ⓓ
104	Ⓐ Ⓑ Ⓒ Ⓓ	124	Ⓐ Ⓑ Ⓒ Ⓓ	144	Ⓐ Ⓑ Ⓒ Ⓓ	164	Ⓐ Ⓑ Ⓒ Ⓓ	184	Ⓐ Ⓑ Ⓒ Ⓓ
105	Ⓐ Ⓑ Ⓒ Ⓓ	125	Ⓐ Ⓑ Ⓒ Ⓓ	145	Ⓐ Ⓑ Ⓒ Ⓓ	165	Ⓐ Ⓑ Ⓒ Ⓓ	185	Ⓐ Ⓑ Ⓒ Ⓓ
106	Ⓐ Ⓑ Ⓒ Ⓓ	126	Ⓐ Ⓑ Ⓒ Ⓓ	146	Ⓐ Ⓑ Ⓒ Ⓓ	166	Ⓐ Ⓑ Ⓒ Ⓓ	186	Ⓐ Ⓑ Ⓒ Ⓓ
107	Ⓐ Ⓑ Ⓒ Ⓓ	127	Ⓐ Ⓑ Ⓒ Ⓓ	147	Ⓐ Ⓑ Ⓒ Ⓓ	167	Ⓐ Ⓑ Ⓒ Ⓓ	187	Ⓐ Ⓑ Ⓒ Ⓓ
108	Ⓐ Ⓑ Ⓒ Ⓓ	128	Ⓐ Ⓑ Ⓒ Ⓓ	148	Ⓐ Ⓑ Ⓒ Ⓓ	168	Ⓐ Ⓑ Ⓒ Ⓓ	188	Ⓐ Ⓑ Ⓒ Ⓓ
109	Ⓐ Ⓑ Ⓒ Ⓓ	129	Ⓐ Ⓑ Ⓒ Ⓓ	149	Ⓐ Ⓑ Ⓒ Ⓓ	169	Ⓐ Ⓑ Ⓒ Ⓓ	189	Ⓐ Ⓑ Ⓒ Ⓓ
110	Ⓐ Ⓑ Ⓒ Ⓓ	130	Ⓐ Ⓑ Ⓒ Ⓓ	150	Ⓐ Ⓑ Ⓒ Ⓓ	170	Ⓐ Ⓑ Ⓒ Ⓓ	190	Ⓐ Ⓑ Ⓒ Ⓓ
111	Ⓐ Ⓑ Ⓒ Ⓓ	131	Ⓐ Ⓑ Ⓒ Ⓓ	151	Ⓐ Ⓑ Ⓒ Ⓓ	171	Ⓐ Ⓑ Ⓒ Ⓓ	191	Ⓐ Ⓑ Ⓒ Ⓓ
112	Ⓐ Ⓑ Ⓒ Ⓓ	132	Ⓐ Ⓑ Ⓒ Ⓓ	152	Ⓐ Ⓑ Ⓒ Ⓓ	172	Ⓐ Ⓑ Ⓒ Ⓓ	192	Ⓐ Ⓑ Ⓒ Ⓓ
113	Ⓐ Ⓑ Ⓒ Ⓓ	133	Ⓐ Ⓑ Ⓒ Ⓓ	153	Ⓐ Ⓑ Ⓒ Ⓓ	173	Ⓐ Ⓑ Ⓒ Ⓓ	193	Ⓐ Ⓑ Ⓒ Ⓓ
114	Ⓐ Ⓑ Ⓒ Ⓓ	134	Ⓐ Ⓑ Ⓒ Ⓓ	154	Ⓐ Ⓑ Ⓒ Ⓓ	174	Ⓐ Ⓑ Ⓒ Ⓓ	194	Ⓐ Ⓑ Ⓒ Ⓓ
115	Ⓐ Ⓑ Ⓒ Ⓓ	135	Ⓐ Ⓑ Ⓒ Ⓓ	155	Ⓐ Ⓑ Ⓒ Ⓓ	175	Ⓐ Ⓑ Ⓒ Ⓓ	195	Ⓐ Ⓑ Ⓒ Ⓓ
116	Ⓐ Ⓑ Ⓒ Ⓓ	136	Ⓐ Ⓑ Ⓒ Ⓓ	156	Ⓐ Ⓑ Ⓒ Ⓓ	176	Ⓐ Ⓑ Ⓒ Ⓓ	196	Ⓐ Ⓑ Ⓒ Ⓓ
117	Ⓐ Ⓑ Ⓒ Ⓓ	137	Ⓐ Ⓑ Ⓒ Ⓓ	157	Ⓐ Ⓑ Ⓒ Ⓓ	177	Ⓐ Ⓑ Ⓒ Ⓓ	197	Ⓐ Ⓑ Ⓒ Ⓓ
118	Ⓐ Ⓑ Ⓒ Ⓓ	138	Ⓐ Ⓑ Ⓒ Ⓓ	158	Ⓐ Ⓑ Ⓒ Ⓓ	178	Ⓐ Ⓑ Ⓒ Ⓓ	198	Ⓐ Ⓑ Ⓒ Ⓓ
119	Ⓐ Ⓑ Ⓒ Ⓓ	139	Ⓐ Ⓑ Ⓒ Ⓓ	159	Ⓐ Ⓑ Ⓒ Ⓓ	179	Ⓐ Ⓑ Ⓒ Ⓓ	199	Ⓐ Ⓑ Ⓒ Ⓓ
120	Ⓐ Ⓑ Ⓒ Ⓓ	140	Ⓐ Ⓑ Ⓒ Ⓓ	160	Ⓐ Ⓑ Ⓒ Ⓓ	180	Ⓐ Ⓑ Ⓒ Ⓓ	200	Ⓐ Ⓑ Ⓒ Ⓓ

ANSWER SHEET

TOEIC 실전테스트

LISTENING COMPREHENSION (Part 1-4)

READING COMPREHENSION (Part 5-7)

ANSWER SHEET

TOEIC 실전테스트

확 인

수험번호
성명 한글
한자

LISTENING COMPREHENSION (Part 1-4)

No.	ANSWER	No.	ANSWER	No.	ANSWER	No.	ANSWER
1	Ⓐ Ⓑ Ⓒ Ⓓ	21	Ⓐ Ⓑ Ⓒ	41	Ⓐ Ⓑ Ⓒ Ⓓ	81	Ⓐ Ⓑ Ⓒ Ⓓ
2	Ⓐ Ⓑ Ⓒ Ⓓ	22	Ⓐ Ⓑ Ⓒ	42	Ⓐ Ⓑ Ⓒ Ⓓ	82	Ⓐ Ⓑ Ⓒ Ⓓ
3	Ⓐ Ⓑ Ⓒ Ⓓ	23	Ⓐ Ⓑ Ⓒ	43	Ⓐ Ⓑ Ⓒ Ⓓ	83	Ⓐ Ⓑ Ⓒ Ⓓ
4	Ⓐ Ⓑ Ⓒ Ⓓ	24	Ⓐ Ⓑ Ⓒ	44	Ⓐ Ⓑ Ⓒ Ⓓ	84	Ⓐ Ⓑ Ⓒ Ⓓ
5	Ⓐ Ⓑ Ⓒ Ⓓ	25	Ⓐ Ⓑ Ⓒ	45	Ⓐ Ⓑ Ⓒ Ⓓ	85	Ⓐ Ⓑ Ⓒ Ⓓ
6	Ⓐ Ⓑ Ⓒ Ⓓ	26	Ⓐ Ⓑ Ⓒ	46	Ⓐ Ⓑ Ⓒ Ⓓ	86	Ⓐ Ⓑ Ⓒ Ⓓ
7	Ⓐ Ⓑ Ⓒ	27	Ⓐ Ⓑ Ⓒ	47	Ⓐ Ⓑ Ⓒ Ⓓ	87	Ⓐ Ⓑ Ⓒ Ⓓ
8	Ⓐ Ⓑ Ⓒ	28	Ⓐ Ⓑ Ⓒ	48	Ⓐ Ⓑ Ⓒ Ⓓ	88	Ⓐ Ⓑ Ⓒ Ⓓ
9	Ⓐ Ⓑ Ⓒ	29	Ⓐ Ⓑ Ⓒ	49	Ⓐ Ⓑ Ⓒ Ⓓ	89	Ⓐ Ⓑ Ⓒ Ⓓ
10	Ⓐ Ⓑ Ⓒ	30	Ⓐ Ⓑ Ⓒ	50	Ⓐ Ⓑ Ⓒ Ⓓ	90	Ⓐ Ⓑ Ⓒ Ⓓ
11	Ⓐ Ⓑ Ⓒ	31	Ⓐ Ⓑ Ⓒ	51	Ⓐ Ⓑ Ⓒ Ⓓ	91	Ⓐ Ⓑ Ⓒ Ⓓ
12	Ⓐ Ⓑ Ⓒ	32	Ⓐ Ⓑ Ⓒ Ⓓ	52	Ⓐ Ⓑ Ⓒ Ⓓ	92	Ⓐ Ⓑ Ⓒ Ⓓ
13	Ⓐ Ⓑ Ⓒ	33	Ⓐ Ⓑ Ⓒ Ⓓ	53	Ⓐ Ⓑ Ⓒ Ⓓ	93	Ⓐ Ⓑ Ⓒ Ⓓ
14	Ⓐ Ⓑ Ⓒ	34	Ⓐ Ⓑ Ⓒ Ⓓ	54	Ⓐ Ⓑ Ⓒ Ⓓ	94	Ⓐ Ⓑ Ⓒ Ⓓ
15	Ⓐ Ⓑ Ⓒ	35	Ⓐ Ⓑ Ⓒ Ⓓ	55	Ⓐ Ⓑ Ⓒ Ⓓ	95	Ⓐ Ⓑ Ⓒ Ⓓ
16	Ⓐ Ⓑ Ⓒ	36	Ⓐ Ⓑ Ⓒ Ⓓ	56	Ⓐ Ⓑ Ⓒ Ⓓ	96	Ⓐ Ⓑ Ⓒ Ⓓ
17	Ⓐ Ⓑ Ⓒ	37	Ⓐ Ⓑ Ⓒ Ⓓ	57	Ⓐ Ⓑ Ⓒ Ⓓ	97	Ⓐ Ⓑ Ⓒ Ⓓ
18	Ⓐ Ⓑ Ⓒ	38	Ⓐ Ⓑ Ⓒ Ⓓ	58	Ⓐ Ⓑ Ⓒ Ⓓ	98	Ⓐ Ⓑ Ⓒ Ⓓ
19	Ⓐ Ⓑ Ⓒ	39	Ⓐ Ⓑ Ⓒ Ⓓ	59	Ⓐ Ⓑ Ⓒ Ⓓ	99	Ⓐ Ⓑ Ⓒ Ⓓ
20	Ⓐ Ⓑ Ⓒ	40	Ⓐ Ⓑ Ⓒ Ⓓ	60	Ⓐ Ⓑ Ⓒ Ⓓ	100	Ⓐ Ⓑ Ⓒ Ⓓ

READING COMPREHENSION (Part 5-7)

No.	ANSWER	No.	ANSWER	No.	ANSWER	No.	ANSWER
101	Ⓐ Ⓑ Ⓒ Ⓓ	121	Ⓐ Ⓑ Ⓒ Ⓓ	141	Ⓐ Ⓑ Ⓒ Ⓓ	181	Ⓐ Ⓑ Ⓒ Ⓓ
102	Ⓐ Ⓑ Ⓒ Ⓓ	122	Ⓐ Ⓑ Ⓒ Ⓓ	142	Ⓐ Ⓑ Ⓒ Ⓓ	182	Ⓐ Ⓑ Ⓒ Ⓓ
103	Ⓐ Ⓑ Ⓒ Ⓓ	123	Ⓐ Ⓑ Ⓒ Ⓓ	143	Ⓐ Ⓑ Ⓒ Ⓓ	183	Ⓐ Ⓑ Ⓒ Ⓓ
104	Ⓐ Ⓑ Ⓒ Ⓓ	124	Ⓐ Ⓑ Ⓒ Ⓓ	144	Ⓐ Ⓑ Ⓒ Ⓓ	184	Ⓐ Ⓑ Ⓒ Ⓓ
105	Ⓐ Ⓑ Ⓒ Ⓓ	125	Ⓐ Ⓑ Ⓒ Ⓓ	145	Ⓐ Ⓑ Ⓒ Ⓓ	185	Ⓐ Ⓑ Ⓒ Ⓓ
106	Ⓐ Ⓑ Ⓒ Ⓓ	126	Ⓐ Ⓑ Ⓒ Ⓓ	146	Ⓐ Ⓑ Ⓒ Ⓓ	186	Ⓐ Ⓑ Ⓒ Ⓓ
107	Ⓐ Ⓑ Ⓒ Ⓓ	127	Ⓐ Ⓑ Ⓒ Ⓓ	147	Ⓐ Ⓑ Ⓒ Ⓓ	187	Ⓐ Ⓑ Ⓒ Ⓓ
108	Ⓐ Ⓑ Ⓒ Ⓓ	128	Ⓐ Ⓑ Ⓒ Ⓓ	148	Ⓐ Ⓑ Ⓒ Ⓓ	188	Ⓐ Ⓑ Ⓒ Ⓓ
109	Ⓐ Ⓑ Ⓒ Ⓓ	129	Ⓐ Ⓑ Ⓒ Ⓓ	149	Ⓐ Ⓑ Ⓒ Ⓓ	189	Ⓐ Ⓑ Ⓒ Ⓓ
110	Ⓐ Ⓑ Ⓒ Ⓓ	130	Ⓐ Ⓑ Ⓒ Ⓓ	150	Ⓐ Ⓑ Ⓒ Ⓓ	190	Ⓐ Ⓑ Ⓒ Ⓓ
111	Ⓐ Ⓑ Ⓒ Ⓓ	131	Ⓐ Ⓑ Ⓒ Ⓓ	151	Ⓐ Ⓑ Ⓒ Ⓓ	191	Ⓐ Ⓑ Ⓒ Ⓓ
112	Ⓐ Ⓑ Ⓒ Ⓓ	132	Ⓐ Ⓑ Ⓒ Ⓓ	152	Ⓐ Ⓑ Ⓒ Ⓓ	192	Ⓐ Ⓑ Ⓒ Ⓓ
113	Ⓐ Ⓑ Ⓒ Ⓓ	133	Ⓐ Ⓑ Ⓒ Ⓓ	153	Ⓐ Ⓑ Ⓒ Ⓓ	193	Ⓐ Ⓑ Ⓒ Ⓓ
114	Ⓐ Ⓑ Ⓒ Ⓓ	134	Ⓐ Ⓑ Ⓒ Ⓓ	154	Ⓐ Ⓑ Ⓒ Ⓓ	194	Ⓐ Ⓑ Ⓒ Ⓓ
115	Ⓐ Ⓑ Ⓒ Ⓓ	135	Ⓐ Ⓑ Ⓒ Ⓓ	155	Ⓐ Ⓑ Ⓒ Ⓓ	195	Ⓐ Ⓑ Ⓒ Ⓓ
116	Ⓐ Ⓑ Ⓒ Ⓓ	136	Ⓐ Ⓑ Ⓒ Ⓓ	156	Ⓐ Ⓑ Ⓒ Ⓓ	196	Ⓐ Ⓑ Ⓒ Ⓓ
117	Ⓐ Ⓑ Ⓒ Ⓓ	137	Ⓐ Ⓑ Ⓒ Ⓓ	157	Ⓐ Ⓑ Ⓒ Ⓓ	197	Ⓐ Ⓑ Ⓒ Ⓓ
118	Ⓐ Ⓑ Ⓒ Ⓓ	138	Ⓐ Ⓑ Ⓒ Ⓓ	158	Ⓐ Ⓑ Ⓒ Ⓓ	198	Ⓐ Ⓑ Ⓒ Ⓓ
119	Ⓐ Ⓑ Ⓒ Ⓓ	139	Ⓐ Ⓑ Ⓒ Ⓓ	159	Ⓐ Ⓑ Ⓒ Ⓓ	199	Ⓐ Ⓑ Ⓒ Ⓓ
120	Ⓐ Ⓑ Ⓒ Ⓓ	140	Ⓐ Ⓑ Ⓒ Ⓓ	160	Ⓐ Ⓑ Ⓒ Ⓓ	200	Ⓐ Ⓑ Ⓒ Ⓓ

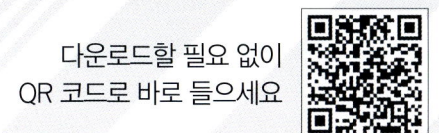

다운로드할 필요 없이
QR 코드로 바로 들으세요

시험 직전에 풀어 보는

속전속결
速戰速決

신(新)토익
실전 모의고사
600題 ①

정답 및 해석

다락원

시험 직전에 풀어 보는

정답 및 해석

정답 및 해석
Test 1

PART 1
| 1 (B) | 2 (D) | 3 (A) | 4 (D) | 5 (C) |
| 6 (C) | | | | |

PART 2
7 (B)	8 (A)	9 (C)	10 (B)	11 (B)
12 (A)	13 (C)	14 (A)	15 (A)	16 (B)
17 (C)	18 (A)	19 (B)	20 (A)	21 (A)
22 (C)	23 (C)	24 (B)	25 (A)	26 (A)
27 (B)	28 (B)	29 (C)	30 (B)	31 (A)

PART 3
32 (B)	33 (D)	34 (C)	35 (B)	36 (C)
37 (B)	38 (D)	39 (A)	40 (B)	41 (C)
42 (A)	43 (D)	44 (D)	45 (B)	46 (A)
47 (B)	48 (A)	49 (C)	50 (B)	51 (D)
52 (C)	53 (A)	54 (A)	55 (C)	56 (B)
57 (D)	58 (B)	59 (D)	60 (A)	61 (C)
62 (C)	63 (D)	64 (D)	65 (B)	66 (C)
67 (B)	68 (A)	69 (C)	70 (B)	

PART 4
71 (A)	72 (B)	73 (D)	74 (B)	75 (A)
76 (A)	77 (B)	78 (A)	79 (C)	80 (B)
81 (A)	82 (C)	83 (B)	84 (C)	85 (A)
86 (B)	87 (C)	88 (A)	89 (A)	90 (C)
91 (D)	92 (C)	93 (A)	94 (A)	95 (B)
96 (A)	97 (B)	98 (D)	99 (C)	100 (B)

PART 5
101 (C)	102 (B)	103 (B)	104 (B)	105 (B)
106 (C)	107 (A)	108 (A)	109 (C)	110 (A)
111 (D)	112 (B)	113 (C)	114 (A)	115 (C)
116 (C)	117 (B)	118 (B)	119 (D)	120 (B)
121 (D)	122 (A)	123 (B)	124 (A)	125 (A)
126 (C)	127 (C)	128 (A)	129 (D)	130 (A)

PART 6
131 (B)	132 (C)	133 (A)	134 (B)	135 (D)
136 (B)	137 (C)	138 (A)	139 (D)	140 (B)
141 (C)	142 (A)	143 (D)	144 (D)	145 (B)
146 (A)				

PART 7
147 (C)	148 (D)	149 (D)	150 (A)	151 (B)
152 (A)	153 (A)	154 (D)	155 (B)	156 (B)
157 (A)	158 (D)	159 (B)	160 (C)	161 (D)
162 (C)	163 (D)	164 (B)	165 (A)	166 (C)
167 (B)	168 (D)	169 (D)	170 (C)	171 (A)
172 (B)	173 (D)	174 (B)	175 (A)	176 (B)
177 (D)	178 (B)	179 (A)	180 (C)	181 (C)
182 (A)	183 (A)	184 (B)	185 (A)	186 (C)
187 (A)	188 (D)	189 (A)	190 (B)	191 (C)
192 (D)	193 (B)	194 (A)	195 (A)	196 (B)
197 (C)	198 (A)	199 (D)	200 (C)	

PART 1

1

(A) They are all facing the same direction.
(B) There are laptops on the table.
(C) Some people are getting up from their seats.
(D) One person is writing on a blackboard.

(A) 그들은 모두 같은 방향을 향해 있다.
(B) 테이블 위에 컴퓨터들이 있다.
(C) 몇몇 사람들은 그들의 자리에서 일어나고 있다.
(D) 한 사람이 칠판에 글을 쓰고 있다.

어휘 face 향하다 blackboard 칠판

2

(A) Fruit has been displayed at a store.
(B) People are eating at the buffet table.
(C) Snacks have been packaged for sale.
(D) Different types of foods are in bowls.

(A) 과일이 상점에 진열되어 있다.
(B) 사람들이 뷔페 테이블에서 식사를 하고 있다.
(C) 간단한 식사가 판매를 위해 포장되어 있다.
(D) 서로 다른 종류의 음식들이 여러 그릇 안에 있다.

어휘 display 진열하다 package 포장하다 bowl 그릇

3

(A) Each man is wearing a jacket and a hardhat.
(B) They are all looking at a projector.
(C) The men are constructing a building.
(D) The men are working on some electrical wires.

(A) 각각의 남자가 재킷과 안전모를 착용하고 있다.
(B) 그들은 모두 프로젝터를 보고 있다.
(C) 남자들이 건물을 건설하고 있다.
(D) 남자들이 전선 작업을 하고 있다.

어휘 hardhat 안전모 construction site 공사장 electrical wires 전선

4

(A) Some diners are being seated at the tables.
(B) All of the tables have glasses and plates on them.
(C) The windows in the building have been opened.
(D) Several tables have been set up by the wall.

(A) 몇몇 손님들이 테이블에 착석하는 중이다.
(B) 모든 테이블에 유리잔과 접시들이 있다.
(C) 건물의 창문들이 열려 있다.
(D) 몇몇 테이블이 벽 옆에 놓여 있다.

어휘 diner 식사하는 사람, 식당의 손님   plate 접시   set up 설치하다, 놓다

5

(A) The man is checking in his bag at the airport.
(B) The passenger is picking up his suitcase.
(C) Luggage has been placed on a carousel.
(D) Suitcases are undergoing security checks.

(A) 남자가 공항에서 그의 가방을 부치고 있다.
(B) 승객이 그의 여행 가방을 찾고 있다.
(C) 짐들이 수하물 컨베이어 벨트에 놓여 있다.
(D) 여행 가방들이 안전 검사를 받고 있는 중이다.

어휘 check in (짐 등을) 부치다   passenger 승객   pick up (짐 등을) 찾다
suitcase 여행 가방   carousel 수하물 컨베이어 벨트   security check 보안 검사

6

(A) The men are writing a check for the car.
(B) The men are checking the car's engine.
(C) The men are working underneath the vehicle.
(D) The men are riding in the car to the garage.

(A) 남자들은 수표를 끊어 차량의 값을 지불하고 있다.
(B) 남자들은 차량의 엔진을 점검하는 중이다.
(C) 남자들은 차량의 아래에서 작업을 하고 있다.
(D) 남자들이 차를 타고 차고로 가고 있다.

어휘 write a check 수표를 끊다   underneath ~의 아래에   vehicle 차량
garage 차고

PART 2

7 How do you feel about leasing this property?
(A) Yes, we are renting out our property.
(B) Let's look for something else.
(C) It's located at 47 East Street.

이 건물을 임대하는 것에 대해 어떻게 생각해요?
(A) 네, 우리는 우리의 토지를 임차하고 있어요.
(B) 다른 곳을 찾아 보도록 하죠.
(C) 그것은 East 가 47번지에 위치해 있어요.

어휘 lease 빌리다, 임대하다   property 부동산, 토지, 건물

8 What is the name of our new line of cosmetics?
(A) That hasn't been decided yet.
(B) Mostly lipstick and makeup.
(C) Around the first of December.

우리의 신제품 화장품의 명칭은 무엇인가요?
(A) 그것은 아직 결정되지 않았어요.
(B) 대부분 립스틱과 화장품이에요.
(C) 12월 1일쯤이요.

어휘 line (상품의) 종류   cosmetics 화장품   makeup 화장품

9 Is Jennifer planning to attend this morning's meeting?
(A) I haven't made plans for it.
(B) At 9:30 in conference room C.
(C) To the best of my knowledge.

Jennifer는 오늘 아침 회의에 참석할 예정인가요?
(A) 저는 아직 그것에 대한 계획을 세우지 않았어요.
(B) 9시 30분에 C 회의실에서요.
(C) 제가 알기로는 그래요.

어휘 attend 참석하다   make a plan 계획을 세우다   to the best of ~하는 한

10 The train is scheduled to depart in five minutes.
(A) In seats 44B and 44C.
(B) We'd better hurry and board then.
(C) To Houston in a couple of hours.

기차가 5분 후에 출발할 예정이에요.
(A) 좌석 44B와 44C에요.
(B) 그렇다면 우리는 서둘러 탑승하는 것이 좋겠어요.
(C) 두 시간 후에 휴스턴으로요.

어휘 depart 출발하다

11 Where should we get off the subway?
(A) I took it to Park Station.
(B) Let's check the map.
(C) I've got my transportation card.

우리는 어느 지하철 역에서 하차해야 하나요?
(A) 저는 그것을 Park 역으로 가져갔어요.
(B) 지도를 확인해 보도록 해요.
(C) 저는 제 교통카드를 갖고 있어요.

어휘 get off 내리다, 하차하다   transportation card 교통 카드

12 You can handle this assignment by yourself, can't you?
(A) I'll do my best, Mr. Mathers.
(B) She is working on the assignment.
(C) Something is wrong with the door handle.

당신은 이 업무를 혼자서 할 수 있어요, 그렇지 않나요?
(A) 최선을 다 할게요, Mathers 씨.
(B) 그녀는 임무를 수행하고 있어요.
(C) 문의 손잡이에 뭔가 문제가 있어요.

어휘 handle 처리하다; 손잡이　assignment 임무, 과제, 업무　by oneself 혼자서

13 What time was the meeting supposed to begin?
(A) In the room on the third floor.
(B) With several managers.
(C) Right after lunch ended.

회의는 몇 시에 시작되기로 했죠?
(A) 3층에 있는 방에서요.
(B) 몇몇 관리자들과 함께요.
(C) 점심시간이 끝난 직후였어요.

어휘 be supposed to ~하기로 되어 있다　several 몇몇의　manager 관리자

14 Will you be organizing next month's company outing?
(A) Like I always do.
(B) At the local park.
(C) She organized everything.

당신이 다음 달 회사 야유회를 준비할 것인가요?
(A) 늘 그렇듯이요.
(B) 동네 공원에서요.
(C) 그녀는 모든 것을 준비했어요.

어휘 organize 준비하다; 정리하다　outing 야유회

15 How often do city inspectors visit the manufacturing plant?
(A) At least twice every six months.
(B) Many dangerous chemicals.
(C) Tomorrow morning at nine.

시의 감독관들은 제조 공장에 얼마나 자주 방문하나요?
(A) 최소한 6개월에 두 번이요.
(B) 다량의 위험한 화학 물질이요.
(C) 내일 아침 9시에요.

어휘 inspector 조사관, 감독관　manufacture 제조하다　plant 공장　at least 최소한　chemicals 화학 물질

16 My carry-on doesn't have enough space for this shirt.
(A) Sure, I've got space for it.
(B) Then I'll put it in my bag.
(C) You'd better pack more shirts then.

제 기내 휴대용 가방에는 이 셔츠를 넣을 공간이 충분하지 않아요.
(A) 물론이죠, 저에게는 그것을 위한 공간이 있어요.
(B) 그렇다면 그것을 제 가방에 넣을게요.
(C) 그렇다면 당신은 셔츠를 조금 더 챙기는 것이 좋겠어요.

어휘 carry-on 기내 휴대용 가방　had better ~하는 것이 좋다

17 Who knows how to assemble this office chair?
(A) It comes in four separate parts.
(B) That's the office Sara wants.
(C) You ought to ask Tom for help.

누가 이 사무용 의자를 조립하는 방법을 알고 있나요?
(A) 그것은 네 부분으로 구분되어 있어요.
(B) 그것이 Sara가 원하는 사무실이에요.
(C) 당신은 Tom에게 도움을 요청하는 것이 좋겠어요.

어휘 assemble 조립하다　separate 분리된

18 Would you prefer a table near the front or by the kitchen?
(A) It doesn't really matter to me.
(B) Sure, I'll order the special.
(C) The kitchen is near the back.

당신은 앞쪽 가까이에 있는 테이블과 주방 옆에 있는 것 중에서 어느 것이 더 좋은가요?
(A) 그것은 사실 저에게 중요하지 않아요.
(B) 물론이죠, 저는 특별 메뉴를 주문할게요.
(C) 주방은 뒤쪽 근처에 있어요.

어휘 prefer ~을 더 좋아하다　matter 중요하다　special 특별 메뉴

19 Can you lend me a hand with all of these tourists?
(A) I'll hand them out to you soon.
(B) What would you like me to do?
(C) Yes, all of these people are tourists.

모든 이 관광객들과 관련된 일을 도와주실 수 있나요?
(A) 저는 그것들을 곧 당신께 드릴게요.
(B) 제가 무엇을 하기를 원하나요?
(C) 네, 모든 사람들은 관광객이에요.

어휘 lend a hand 도와주다　lend 빌려주다　hand out 나누어 주다

20 Hasn't this customer's order been processed yet?
(A) I believe Karen is doing it.
(B) The process was complicated.
(C) I'll order some sandwiches.

이 고객의 주문은 아직 처리되지 않았나요?
(A) Karen이 그것을 하고 있는 것 같아요.
(B) 그 과정은 복잡했어요.
(C) 저는 샌드위치를 몇 개 주문할 거예요.

어휘 customer 고객　process 처리하다　complicated 복잡한

21 Does Ms. Abrams still work on the fifth floor?
(A) As far as I am aware.
(B) Take the elevator up.
(C) Yes, she's Ms. Abrams.

Abrams 씨는 여전히 5층에서 일하고 있나요?
(A) 제가 아는 한 그래요.
(B) 엘리베이터를 타고 올라 오세요.
(C) 네, 그녀는 Abrams 씨예요.

어휘 as far as ~하는 한

22 Which way should we turn at the intersection?
(A) She went straight ahead.
(B) By the gas station there.
(C) To the right, I believe.

우리는 교차로에서 어느 길로 회전해야 하나요?
(A) 그녀는 똑바로 갔어요.
(B) 저기 주유소 옆에요.
(C) 오른쪽인 것 같아요.

어휘 intersection 교차로　gas station 주유소

23 Would you care for some coffee while you wait?
(A) I haven't been waiting long.
(B) They don't care about that.
(C) Black with sugar, please.

기다리시는 동안 커피를 드시겠어요?
(A) 저는 오래 기다리지 않았어요.
(B) 그들은 그것에 대해 신경 쓰지 않아요.
(C) 설탕이 들어간 블랙커피 부탁해요.

24 My keycard won't open the door to my room.
(A) Yes, you're in room 256, Mr. Jenkins.
(B) Let me get you a replacement then.
(C) No, the door hasn't been opened yet.

제 키 카드로 제 방의 문을 열 수가 없네요.
(A) 네, 당신의 방은 256번입니다, Jenkins 씨.
(B) 그렇다면 제가 교체해 드리겠습니다.
(C) 아니요, 문은 아직 열리지 않았어요.

어휘 replacement 교체, 교체물

25 Whose registration form hasn't been submitted yet?
(A) Tom's and Lucy's.
(B) Yes, he submitted.
(C) By the 25th.

누구의 신청서가 아직 제출되지 않았나요?
(A) Tom의 것과 Lucy의 것이요.
(B) 네, 그는 제출했어요.
(C) 25일까지요.

어휘 registration form 신청서 submit 제출하다

26 The price of farmland is dropping considerably these days.
(A) You should consider buying some.
(B) It broke when you dropped it.
(C) No, that price is a bit too high.

농지의 가격이 요새 상당히 하락하고 있어요.
(A) 당신은 어느 정도를 구매하는 것을 고려해야 해요.
(B) 당신이 그것을 떨어뜨렸을 때 그것이 깨졌어요.
(C) 아니요, 그 가격은 너무 높아요.

어휘 farmland 농지, 경지 considerably 상당히

27 When will the contract be available to sign?
(A) For one million dollars.
(B) No later than tomorrow.
(C) Okay, I can sign it.

언제쯤 계약서에 서명할 수 있을까요?
(A) 백만 달러에요.
(B) 늦어도 내일까지요.
(C) 좋아요, 저는 그것에 서명할 수 있어요.

어휘 available 이용할 수 있는 no later than 늦어도 ~까지

28 I can't decide between working in Athens or Rome.
(A) When did you decide on that?
(B) You need to make up your mind.
(C) I've never been to Athens.

저는 아테네와 로마 중 어디에서 근무할지를 결정하지 못했어요.
(A) 당신은 그것에 대해 언제 결정했나요?
(B) 당신은 결정을 내려야 해요.
(C) 저는 아테네에 가 본 적이 없어요.

어휘 make up one's mind 결심하다

29 Why didn't you fax the letter to Mr. Randolph?
(A) The number is 954-3945.
(B) That's not his correct address.
(C) I sent it by express mail instead.

당신은 왜 Randolph 씨에게 팩스로 서신을 보내지 않았나요?
(A) 번호는 954-3945예요.
(B) 그것은 그의 올바른 주소가 아니에요.
(C) 대신에 저는 그것을 빠른 우편으로 보냈어요.

어휘 address 주소 express mail 빠른 우편

30 Shouldn't we ask Mr. Morris for permission first?
(A) No, it's not the first time.
(B) He gave it to me last night.
(C) Yes, Mr. Morris is coming soon.

우리는 Morris 씨에게 먼저 허가를 요청해야 하나요?
(A) 아니요, 이번이 처음은 아니에요.
(B) 그가 어젯밤에 저에게 승인해 주었어요.
(C) 네, Morris 씨는 곧 올 거예요.

어휘 permission 허가, 허가증

31 Where are we going after we meet Ms. Miller?
(A) To the coffee shop down the street.
(B) Right after lunch ends, I believe.
(C) Yes, you've met Ms. Miller before.

우리는 Miller 씨를 만난 후에 어디로 갈 예정인가요?
(A) 길 아래쪽에 있는 커피숍이에요.
(B) 점심시간이 끝난 직후일 것 같아요.
(C) 네, 당신은 Miller 씨를 예전에 만난 적이 있어요.

어휘 right after 직후

PART 3

p.013

[32-34]

W Good afternoon. My company is transferring me here in summer, so I'd like to find a place for my family. What would you recommend?
M What type of residence are you looking for? And do you have children who are of school age?
W My husband and I have two daughters, both of whom attend elementary school. We'd prefer a place with three bedrooms, and it should be located close to a good school.
M I know precisely the neighborhood for you then. It's called Red Springs, and it's filled with young professionals with children like yourself. Let me tell you about a couple of available places.

W 안녕하세요. 저의 회사에서 저를 여름에 이곳으로 전근 조치할 것이어서, 저는 가족들을 위한 집을 찾으려고 해요. 어느 집을 추천해 주시겠어요?
M 어떤 종류의 집을 찾고 계시나요? 학교에 다니고 있는 자녀가 있나요?
W 우리 부부에게는 두 명의 딸이 있는데, 둘 다 초등학교에 다니고 있어요. 우리는 침실이 세 개인 집을 원하고, 좋은 학교에서 가까운 곳에 위치해야 해요.
M 그렇다면 고객님을 위한 지역을 제가 정확히 알고 있어요. 그곳은 Red Springs라고 하며, 그곳에는 고객님과 같이 자녀가 있는 젊은 직장인들이 많아요. 제가 입주 가능한 집 두 곳에 대해 알려 드릴게요.

어휘 transfer 전근시키다 precisely 정확하게 neighborhood 지역

32 대화는 어디에서 이루어지고 있는가?
(A) 학교에서
(B) 부동산 중개업소에서
(C) 직업소개소에서
(D) 여행사에서

33 여자는 그녀의 가족에 대해 무엇을 말하는가?
(A) 그녀의 남편은 교사이다.
(B) 그녀에게는 아들과 딸이 있다.
(C) 그녀와 그녀의 남편은 함께 일한다.
(D) 그녀의 딸들은 학생이다.

34 남자는 이어서 무엇을 할 것인가?
(A) 여자와 학교에 대해 이야기한다
(B) 여자에게 일자리를 제안한다
(C) 여자에게 몇몇 집들을 보여준다
(D) 여자와 계약을 협의한다

[35-37]

M Excuse me. I arrived on Flight TK75 more than an hour ago. My luggage was supposed to come out carousel 14, but it never arrived.
W All the bags for that flight have already been unloaded, so chances are that yours got put on the wrong plane. Could I see your baggage claim tags, please?
M Sure. They're somewhere in my bag . . . Ah, yes, here they are.

W	Thank you. It will take a few minutes for me to conduct a search, so why don't you sit down over there? I'll let you know the moment that I learn something.
M	실례합니다. 저는 한 시간 전에 TK75 항공편으로 도착했어요. 저의 짐이 14번 수하물 컨베이어벨트로 나왔어야 하는데, 도착하지 않네요.
W	그 항공편의 모든 가방들은 이미 내려졌으니, 고객님의 가방들은 다른 비행기에 실렸을 가능성이 있어요. 수하물 보관표를 보여주시겠어요?
M	네. 그것들이 제 가방 어딘가에 있을 거예요... 아, 여기 있어요.
W	감사합니다. 제가 조회하는 데 몇 분의 시간이 걸릴 것이니, 저쪽에 앉아 계시는 것이 어떨까요? 제가 무엇인가를 알게 되면 즉시 알려 드릴게요.

어휘 carousel 수하물 컨베이어벨트 unload (짐을) 내리다 baggage claim tag 수하물 보관표

35 남자의 문제는 무엇인가?
  (A) 그는 항공편을 놓쳤다.
  (B) 그의 가방들이 분실되었다.
  (C) 그의 소지품들이 도난 당했다.
  (D) 그는 그의 휴대용 가방을 분실했다.

36 남자가 여자에게 준 것은 무엇인가?
  (A) 그의 여권
  (B) 그의 탑승권
  (C) 그의 수하물 보관표
  (D) 그의 짐

37 여자는 남자에게 무엇을 하라고 말하는가?
  (A) 양식을 작성한다
  (B) 자리에 앉는다
  (C) 그녀의 상사와 이야기한다
  (D) 다음에 다시 온다

[38-40]

M	Welcome back to the store, Ms. Mansfield. Did you come here regarding the wallpapering of your house you want done?
W	That's right. But my husband and I decided that we'd only like to get the bedrooms in our home done instead of the kitchen and living room.
M	That sounds fine. Since you came today, you qualify for the special offer. So you'll receive 25% off the wallpaper you buy and 20% off on labor charges. Have you chosen a style yet?
W	We'd like the same type that's currently on our walls. I brought a sample, so perhaps you can help me find the proper match.
M	상점에 다시 방문해 주신 것을 환영합니다. Mansfield 씨. 댁에 시공하고자 하는 도배와 관련해서 이곳에 오셨지요?
W	맞아요. 하지만 남편과 저는 부엌과 거실 대신 저희 집 침실들에만 하는 것으로 결정했어요.
M	좋습니다. 오늘 오셨기 때문에, 고객님은 특가 제공을 받을 자격이 되세요. 구매하시는 벽지에 대해 25%와 공임에 대해 20%의 할인을 받으실 거예요. 이미 스타일을 선택하셨나요?
W	지금 저희 벽에 있는 것과 동일한 스타일이었으면 좋겠어요. 견본을 가져왔으니, 제가 완전히 일치하는 것을 찾도록 도와 주실 수 있으실 거예요.

어휘 regarding ~에 관하여 wallpapering 도배 qualify 자격이 있다 labor charge 공임, 인건비

38 여자의 집의 어느 공간이 도배될 것인가?
  (A) 거실
  (B) 욕실
  (C) 부엌
  (D) 침실

39 여자에 대해 암시되고 있는 것은 무엇인가?
  (A) 그녀는 할인을 받을 것이다.
  (B) 그녀는 상점에서 근무했었다.
  (C) 그녀는 남자를 만난 적이 없다.
  (D) 그녀는 현금을 지불할 것이다.

40 여자는 남자에게 무엇을 할 것을 요청하는가?
  (A) 그녀에게 가장 인기 있는 벽지를 보여준다
  (B) 그녀가 선택하는 것을 도와준다
  (C) 그녀에게 할인을 해준다
  (D) 작업할 시간을 정한다

[41-43]

W	Mr. Gonzalez, has a decision been made regarding whether we're going to bring on additional help soon? Most of us are getting tired of working so much overtime.
M	I got word from the Accounting Department that I've been authorized to hire two new employees. So your workload should start decreasing soon.
W	That's great news. Have we placed any ads yet?
M	The first ad is set to run in tomorrow's local paper. And there will be several ads online as well as an announcement on our Web site later in the week. With luck, we'll have some help by the start of next month.
W	Gonzalez 씨, 저희가 곧 추가 인력을 받을 수 있는지 여부가 결정되었나요? 우리들 대부분은 너무 많은 초과 근무에 점점 지치고 있어요.
M	저에게 두 명의 신입사원을 채용할 권한이 있다는 얘기를 회계부서로부터 들었어요. 그래서 여러분들의 업무량은 곧 줄어들기 시작할 거예요.
W	좋은 소식이군요. 벌써 공고를 낸 건가요?
M	첫 번째 공고는 내일자 지역 신문에 실릴 거예요. 그리고 이번 주에 우리 웹 사이트의 공고문뿐만 아니라 몇 건의 온라인 공고가 게재될 거예요. 일이 잘 되면, 우리는 다음 달 초에 몇 명의 사원들을 받게 될 거예요.

어휘 authorize 권한을 주다 workload 업무량

41 무엇이 논의되고 있는가?
  (A) 초과근무 일정
  (B) 직원들의 승진
  (C) 신규 직원들의 채용
  (D) 오류의 수정

42 여자는 왜 기뻐하는가?
  (A) 그녀는 더 적은 양의 일을 하게 될 것이다.
  (B) 그녀의 친구가 면접을 위한 연락을 받았다.
  (C) 공고가 제작되었다.
  (D) 허가가 요청되었다.

43 내일은 어떤 일이 있을 예정인가?
  (A) 전근 조치가 완료될 것이다.
  (B) 공지가 있을 것이다.
  (C) 면접이 있을 것이다.
  (D) 광고가 게재될 것이다.

[44-46]

M	Hello. I bought this blouse for my wife three days ago, but she told me I didn't purchase the one she wants. I'd like to return this and get the correct one.
W	That won't be a problem, sir, so long as you have the receipt. Do you also know which one she'd like you to get?
M	Here's a picture I downloaded from your Web site. Can you show me where it is?
W	Oh, we don't currently have that style in stock, and it's not due to arrive until next week. I recommend getting a refund and ordering the item online.

M 여보세요. 저는 3일 전에 제 아내를 위해 블라우스를 구입했는데, 아내는 제가 자신이 원하지 않는 것을 샀다고 하더군요. 이것을 반품하고 적절한 것으로 사고 싶어요.
W 문제 없습니다, 고객님, 영수증을 소지하고 계시기만 하다면요. 아내 분께서 고객님이 무엇을 사오기를 원하시는지도 알고 계신가요?
M 여기 웹사이트에서 받은 사진이 있어요. 그것이 어디에 있는지 보여 주실 수 있나요?
W 오, 이 스타일은 지금 보유하고 있지 않고, 다음 주에나 입고될 예정이에요. 환불을 받으시고 온라인으로 상품을 주문하시는 것을 권합니다.

어휘 receipt 영수증 in stock 보유 중인 recommend 추천하다 refund 환불하다 be due to ~할 예정이다 laundromat 빨래방

44 대화는 어디에서 이루어질 것 같은가?
(A) 빨래방에서
(B) 구내식당에서
(C) 사무실에서
(D) 백화점에서

45 남자는 여자에게 무엇을 보여주는가?
(A) 영수증
(B) 사진
(C) 쿠폰
(D) 신분증

46 여자는 남자에게 무엇을 하라고 권하는가?
(A) 웹사이트에서 물건을 구매한다
(B) 교환을 요청한다
(C) 물품이 도착하기를 기다린다
(D) 다른 스타일을 구매한다

[47-49]

W Hello. This is Susan Weston. I'm calling about the laptop I dropped off.
M Oh, hello, Ms. Weston. Unfortunately, I haven't fixed the problem yet. I need a couple more days.
W Two more days? But you told me last week it would be ready by Monday, and today is Wednesday. I must have that machine as quickly as possible.
M I completely understand. I ordered a special part for it last Thursday. It was supposed to arrive on Monday, but the supplier said it will get here on Friday morning. Once it arrives, I can fix your machine at once.

W 여보세요. 저는 Susan Weston이에요. 저는 맡겨 둔 노트북 때문에 전화했어요.
M 아, 안녕하세요, Weston 씨. 유감스럽게도, 제가 아직 문제를 해결하지 못했어요. 이틀 정도 더 필요해요.
W 이틀 더요? 하지만 지난 주에 월요일까지 준비될 거라고 저에게 말씀하셨고, 오늘은 수요일이에요. 저는 최대한 빨리 그 기기가 있어야 해요.
M 충분히 이해해요. 저는 지난 목요일에 특수 부품을 주문했어요. 그것은 월요일에 도착하기로 되어 있었는데, 공급 업체에서는 부품이 금요일 아침에 도착할 거라고 하더군요. 그것이 도착하면, 제가 즉시 고객님의 기기를 수리할 수 있어요.

어휘 drop off 내려놓다, 두다 be supposed to ~하기로 되어 있다

47 남자는 누구일 것 같은가?
(A) 자동차 정비사
(B) 전자제품 수리기사
(C) 인테리어 디자이너
(D) 드라이클리닝 업자

48 여자에 따르면, 그녀의 물건은 언제 준비되었어야 하는가?
(A) 월요일에
(B) 화요일에
(C) 수요일에
(D) 목요일에

49 무엇이 문제인가?
(A) 남자는 최근에 바빴다.
(B) 물품이 잘못된 주소로 배송되었다.
(C) 주문된 물품이 도착하지 않았다.
(D) 청구서가 제때에 지불되지 않았다.

[50-52]

W Is there anything else I can assist you with, sir?
M No, I believe we're all finished here. Could you please give me the check?
W Of course. If you don't mind waiting, I will prepare it for you.
M That's not a problem at all. Oh, and please give my compliments to the chef. That was one of the best meals I've had in a long time.
W I'll let him know you said that. It's always nice to hear good things from our diners.
M This was the first time I've been here, but it definitely won't be the last time.
W That's great news. Thank you.

W 제가 더 도와드릴 것이 있나요, 손님?
M 아니요, 우리는 모두 마무리된 것 같네요. 계산서를 갖다 주시겠어요?
W 물론이죠. 기다려 주실 수 있다면, 제가 그것을 준비하겠습니다.
M 전혀 문제되지 않아요. 오, 그리고 요리사에게 찬사의 말씀을 전해 주세요. 제가 오랫동안 먹었던 음식들 중에서 이것이 최고의 것들 중 하나였어요.
W 손님이 그렇게 말씀하신 것을 그에게 알려 드릴게요. 저희의 고객들로부터 호평을 듣는 것은 항상 좋은 일입니다.
M 제가 이곳에 온 것은 처음이었지만, 이번이 마지막이 될 것 같지는 않네요.
W 잘됐군요. 감사합니다.

어휘 check 청구서 compliment 칭찬, 찬사 comment 지적, 비판; 논평, 언급 pass on 전달하다

50 남자가 여자에게 요청한 것은 무엇인가?
(A) 후식 메뉴
(B) 계산서
(C) 한 잔의 물
(D) 상품권

51 여자가 "I'll let him know you said that"이라고 말할 때, 그녀가 의미하는 것은 무엇인가?
(A) 그녀는 남자의 친구에게 메시지를 보낼 것이다.
(B) 그녀는 남자가 말한 것을 웨이터에게 말할 것이다.
(C) 그녀는 사장에게 지적 사항을 알릴 것이다.
(D) 그녀는 요리사에게 칭찬의 말을 전달할 것이다.

52 남자는 무엇을 하겠다고 말하는가?
(A) 후식을 주문한다
(B) 내일 예약한다
(C) 식당에 다시 온다
(D) 매니저와 이야기한다

[53-55]

W You two remember we're having an orientation session for the new hires next month, don't you?
M1 Sure. Are we running it again?
W That's right. Mr. Bannon said he wants to change a few things though. He didn't like how we conducted the introduction, the tour, or the lesson on utilizing the computer system.
M2 How does he want us to do those activities then?
W He didn't provide any specific directions. He wants us to brainstorm and then tell him what we came up with.

M1 We can handle that. What's the deadline?
W The end of the week. So we need to get started at once.

W 여러분 두 사람은 우리가 다음 달에 신입사원 예비교육 시간을 가질 것이라는 사실을 기억하고 있을 거예요, 그렇지 않나요?
M1 물론이죠. 다시 저희가 행사를 운영하나요?
W 그래요. Bannon 씨가 몇 가지 변경하기를 원하기는 하지만요. 그는 우리가 컴퓨터 시스템을 활용해서 소개, 견학, 그리고 강좌를 진행했던 방식을 좋아하지 않았어요.
M2 그렇다면 그는 우리가 어떤 식으로 그러한 활동들을 하기를 원하는 거죠?
W 그는 구체적인 지시는 하지 않았어요. 우리가 아이디어를 짜낸 다음 생각해낸 것들을 그에게 말해 주기를 원하는 거죠.
M1 그렇게 처리하면 되겠네요. 기한은 언제죠?
W 이번 주 마지막 날이요. 그래서 우리는 즉시 시작해야 해요.

어휘 orientation 오리엔테이션, 예비교육   brainstorm 브레인스토밍하다   come up with 생각해내다   keynote speaker 기조연설자

53 화자들이 주로 논의하는 것은 무엇인가?
 (A) 업무 행사를 위한 준비
 (B) 회사의 컴퓨터 시스템
 (C) 그들이 참여하는 견학
 (D) 회의 장소로 가는 방향

54 Bannon 씨는 누구일 것 같은가?
 (A) 화자의 상사
 (B) 입사 지원자
 (C) 여행 가이드
 (D) 기조연설자

55 화자들은 금요일까지 무엇을 해야 하는가?
 (A) 회의 일정을 세운다
 (B) 서면 보고서를 제출한다
 (C) 아이디어를 생각해낸다
 (D) 강의 계획을 완성한다

[56-58]

M Good morning, Ms. Ronin. This is Jermaine in Customer Service. How may I be of assistance to you today?
W Hi. I'm calling regarding a charge on my credit card that I'd like to have removed.
M All right. Could you please tell me what the exact problem is?
W I went to a restaurant and had lunch last month, but it appears as though I was charged twice for the same meal.
M That happens sometimes. I've got your information on the screen right now. Are you referring to the charges on October 11?
W Yes, that's when it happened. What steps do I need to take to solve this problem?

M 안녕하세요, Ronin 씨. 저는 고객서비스부의 Jermaine입니다. 오늘은 어떻게 도와 드릴까요?
W 안녕하세요, 저는 삭제하고자 하는 신용카드 청구 내역과 관련해서 전화를 드리고 있어요.
M 그러시군요. 정확한 문제가 무엇인지 말씀해 주시겠어요?
W 저는 지난 달에 한 식당에서 점심식사를 했는데, 동일한 식사에 대해 두 번 청구된 것 같아요.
M 가끔 그런 일이 발생합니다. 지금 화면에 고객님의 정보가 있어요. 10월 11일의 금액을 말씀하시는 건가요?
W 네, 그때 그 일이 있었어요. 이 문제를 해결하기 위해서 제가 취해야 할 조치들은 무엇인가요?

어휘 as though ~인 것처럼   statement 입출금 내역서

56 무엇이 논의되고 있는가?
 (A) 분실된 물품
 (B) 청구 관련 문제
 (C) 분실한 신용카드
 (D) 잘못된 은행 입출금 내역서

57 남자는 왜 "That happens sometimes"라고 하는가?
 (A) 그가 여자의 해명을 믿는다는 것을 말하기 위해서
 (B) 그가 신규 카드 발급을 쉽게 할 수 있다는 것을 언급하기 위해서
 (C) 그가 예전에 유사한 문제를 겪었다는 것을 인정하기 위해서
 (D) 사람들이 가끔 이중 결제를 겪는다는 것을 언급하기 위해서

58 남자는 이후에 무엇을 할 것 같은가?
 (A) 여자를 그의 관리자에게 연결한다
 (B) 여자가 무엇을 해야 하는지 설명한다
 (C) 여자에게 다시 전화하겠다고 한다
 (D) 여자의 신용카드를 취소한다

[59-61]

M1 Greg, how busy are you? Do you have time to take a couple of hours off?
M2 Not really, Mr. Howard. Ms. Sanderson has got me working on last month's budget report, and she wants it at once. But out of curiosity, what do you need?
M1 I was hoping you could drive me to the airport. I've got to catch a plane to Dublin at 5:30.
W I can probably get my boss to give me the time off, Mr. Howard. But, uh, I don't have a car.
M1 In that case, you can drive one of the company cars.
W Okay. Let me speak with Ms. Quartermain and find out if she minds.

M1 Greg, 많이 바쁜가요? 두 시간 정도 내줄 수 있나요?
M2 안될 것 같아요, Howard 씨. Sanderson 씨가 저에게 지난 달의 예산 보고서 업무를 맡겼고, 그녀는 그것을 즉시 원하고 있어요. 하지만 궁금해서 그러는데, 무엇이 필요한가요?
M1 당신이 저를 공항까지 태워다 줬으면 했어요. 저는 5시 30분에 더블린행 항공기에 탑승해야 하거든요.
W 저에게 시간을 달라고 상사에게 말할 수 있을 것 같아요, Howard 씨. 하지만, 음, 저에게는 차가 없어요.
M1 그렇다면, 당신은 회사 차량을 운전하면 돼요.
W 좋아요. Quartermain 씨에게 그렇게 해도 되는지 얘기해 볼게요.

어휘 take time off ~하기 위해 시간을 내다

59 Greg는 왜 Howard 씨의 요청을 거절하는가?
 (A) 그는 곧 사무실에서 나가야 한다.
 (B) 그는 차를 갖고 있지 않다.
 (C) 그는 Quartermain 씨를 만나야 한다.
 (D) 그는 보고서를 완성해야 한다.

60 Howard 씨는 5시 30분에 무엇을 하는가?
 (A) 비행기에 탑승한다
 (B) 퇴근한다
 (C) 저녁 약속이 있다
 (D) 보고서를 완성한다

61 여자는 무엇을 할 것을 제안하는가?
 (A) Greg의 업무를 도와준다
 (B) Quartermain 씨에게 제출할 보고서를 작성한다
 (C) Howard 씨를 목적지까지 태워다 준다
 (D) Howard 씨를 위해 차량을 예약한다

[62-64]

W How are the preparations for the completion ceremony going, Todd? Are you almost done with them?
M Yes, I believe I have nearly everything covered. We've only got 30 people attending this time, so that's a bit fewer than normal.
W We're holding it in the auditorium again, aren't we?
M No, I decided to have it outdoors this year. I thought that would be the best thing to do.
W Well, we might have to change those plans. In case you're unaware, we're scheduled to have stormy weather on that day.
M Okay, I'll be sure to have the auditorium ready as a backup plan. Thanks for letting me know.

W 준공식 준비는 어떻게 되어 가나요, Todd? 거의 다 마무리했나요?
M 네, 저는 거의 모든 것들을 한 것 같네요. 이번에는 참석하는 사람이 30명뿐이어서, 평소보다 조금 적어요.
W 우리는 또다시 강당에서 행사를 하겠군요, 그렇지 않나요?
M 아니에요, 올해에는 야외에서 하기로 결정했어요. 저는 이것이 최선일 거라고 생각했어요.
W 음, 우리는 그 계획을 변경해야 할지도 모르겠어요. 당신이 모르고 있는 것 같아서 말씀을 드리자면, 그날 폭풍우가 몰아치는 날씨가 예상되고 있어요.
M 알겠어요, 저는 대안으로 강당을 준비해 두도록 할게요. 알려줘서 고마워요.

어휘 preparation 준비 completion ceremony 준공식

62 화자들은 주로 무엇을 논의하는가?
(A) 시상식
(B) 강당 보수 공사
(C) 행사의 계획
(D) 파티 초대 목록

63 여자가 암시하는 것은 무엇인가?
(A) 남자는 일을 더 빨리 해야 한다.
(B) 보통 그녀가 준비 업무를 담당한다.
(C) 그녀는 최근에 사무실에 없었다.
(D) 행사는 대개 실내에서 열린다.

64 시각자료를 보시오. 행사가 예정된 요일은 언제인가?
(A) 수요일
(B) 목요일
(C) 금요일
(D) 토요일

[65-67]

M We need to do something about sales of the Sylvester. They've gone into a steep decline in the last couple of months.
W I simply don't understand why that's happening. It cleans carpets and floors better than anything else on the market.
M That's true, yet ever since the Walken Corporation released its new product, sales of our product have been affected.
W But the Mercer is vastly inferior to ours.
M True. Have you seen the ads that are running for it though? They're hilarious, so people remember them easily. They're much better than ours.
W That must be the reason the Sylvester isn't selling much anymore. We need to talk to some people in Marketing at once.

M 우리는 Sylvester의 판매에 대해 무언가 해야 할 필요가 있어요. 판매는 지난 두 달 동안 급격하게 하락했어요.
W 저는 왜 그런 일이 발생했는지 정말로 이해하지 못하겠어요. 그것은 시중의 어떠한 것들보다도 카펫과 바닥을 잘 청소하거든요.
M 맞아요, 그렇지만 Walken 사에서 신제품을 출시한 이후로, 우리 제품의 판매가 영향을 받고 있어요.
W 하지만 Mercer는 우리 제품에 비해 훨씬 좋지 않아요.
M 그래요, 하지만 그 제품에 대한 광고들을 보셨죠? 광고들이 재미있어서, 사람들이 그것들을 쉽게 기억해요. 그 광고들이 우리 것들보다 훨씬 나아요.
W Sylvester가 더 이상 많이 팔리지 않는 이유가 바로 그것이겠군요. 우리는 즉시 마케팅부서의 직원들에게 얘기를 해야겠어요.

어휘 steep 급격한 decline 감소 vastly 대단히 inferior 열등한, 질이 더 낮은 hilarious 재미있는

65 Sylvester는 무엇일 것 같은가?
(A) 노트북 컴퓨터
(B) 진공청소기
(C) SUV
(D) 사무용 책상

66 시각자료를 보시오. Walken 사의 제품은 언제 출시되었는가?
(A) 1월
(B) 2월
(C) 3월
(D) 4월

67 남자가 Mercer에 대해 말하는 것은 무엇인가?
(A) 그것은 Sylvester보다 좋은 제품이다.
(B) 그것의 광고들은 재미있다.
(C) 그것은 매우 낮은 가격에 판매되고 있다.
(D) 그것과 관련된 몇몇 문제점들이 발견되었다.

[68-70]

M Good afternoon. I'm Dave, and I'll be your waiter today. Have you had enough time to look over the menu?
W Well, I've read through it, but I've never been here before. What do you recommend that I order?
M Honestly, virtually everything here tastes amazing. Do you prefer pasta, seafood, or salad?
W I'm in the mood for pasta today. What do you think I ought to have?
M You should definitely try the eggplant lasagna. You'll love it. And since it's lunch, it comes with a free soup of your choice.
W That sounds incredible. I'll take that with mushroom soup, please.

M 안녕하세요, 저는 Dave이며, 제가 오늘 고객님의 웨이터입니다. 메뉴를 볼 시간은 충분하셨나요?
W 음, 전체적으로 봤는데, 저는 처음 이곳에 왔어요. 제가 무엇을 주문해야 할지 추천해 주시겠어요?
M 솔직히, 사실 이곳의 모든 음식은 굉장히 맛있습니다. 파스타, 해산물, 샐러드 중 어느 것을 좋아하시나요?
W 오늘은 파스타를 먹고 싶네요. 제가 어느 것을 먹는 게 좋을까요?
M 가지 라자냐를 드셔 보셔야 해요. 좋아하실 겁니다. 그리고 점심식사이므로, 선택하시는 무료 수프가 함께 제공됩니다.
W 잘 됐군요. 가지 라자냐와 버섯 수프로 할게요.

어휘 in the mood ~할 생각인, ~할 기분인 eggplant 가지

68 남자가 식당에 대해 말하는 것은 무엇인가?
(A) 그곳의 음식은 훌륭하다.
(B) 2주 전에 개업했다.
(C) 단골 고객은 할인을 받는다.
(D) 매일 특별 메뉴를 제공한다.

69 여자는 무엇을 무료로 받게 되는가?
(A) 음료
(B) 샐러드
(C) 수프
(D) 후식

70 시각자료를 보시오. 여자의 식사 비용은 얼마가 될 것인가?
(A) 12.99달러
(B) 15.99달러
(C) 16.99달러
(D) 21.99달러

PART 4   p.018

[71-73]

W I called this emergency meeting because of some alarming news which we got this morning. As you may have heard, three more employees turned in their letters of resignation today. That brings the total to eleven in the past six business days. This is something we don't want to see happen. Obviously, we've got a big problem on our hands, but we're not exactly sure what it is since none of the employees is giving a detailed explanation of why they are quitting. So I want everyone to be totally open now. If there are any problems at this company, I must know about them at once. Well, what do you have to say?

W 저는 오늘 아침에 우리가 접한 몇 가지 걱정스러운 소식 때문에 이 긴급 회의를 소집했어요. 여러분들도 들었겠지만, 세 명의 직원들이 오늘 추가로 사직서를 제출했어요. 이로써 지난 6일의 영업일 동안 모두 11명이 되었군요. 이는 우리가 일어나기를 바라지 않는 일이에요. 분명히, 우리는 큰 문제를 떠안게 되었지만, 어떤 직원들도 왜 그만두게 되었는지 자세히 설명해주지 않아서 우리는 그 문제가 무엇인지 정확히 알 수 없어요. 그래서 저는 이제 모두가 완전히 마음을 열었으면 해요. 회사에 어떠한 문제들이 있다면, 저는 그것들에 대해 알아야만 해요. 자, 여러분들은 어떤 말을 하고 싶나요?

어휘 call a meeting 회의를 소집하다 alarming 걱정스러운 turn in 제출하다 resignation 사임

71 화자는 회의에 대해 무엇을 암시하고 있는가?
(A) 예정된 일정에 의한 것이 아니다.
(B) 점심시간까지 계속될 것이다.
(C) 최고 경영자가 참석하고 있다.
(D) 더 많은 직원들을 채용하는 것에 대한 회의가 될 것이다.

72 화자가 "This is something we don't want to see happen"이라고 말할 때 그녀가 암시하는 것은 무엇인가?
(A) 그녀는 직원들의 급여 인상에 대해 관심이 없다.
(B) 그녀는 사무실에서의 사건에 대해 속상해 한다.
(C) 많은 직원들이 그들의 불만을 표현하고 있다.
(D) 몇몇 직원들이 전근을 요청했다.

73 이어서 어떤 일이 일어날 것 같은가?
(A) 몇몇 직원들의 기록이 분석될 것이다.
(B) 화자가 최고 경영자를 소개할 것이다.
(C) 몇몇 새로운 자료들이 논의될 것이다.
(D) 청자들이 그들의 의견을 낼 것이다.

[74-76]

M Hello, everybody. This is Chuck Thomas speaking live from the WKTE weather center. Are you tired of all this rain? I know I sure am. Well, in that case, I've got some great news for you. Tomorrow's going to be the last day of this rainy weather. Expect the rain to end tomorrow afternoon, and then it should be fairly cloudy in the evening and at night. But things are going to look much better on Wednesday. We're going to have sunny skies, so it's going to be a perfect day to spend some time outdoors. In fact, it should be sunny for the remainder of the week. Now, back to Diana with the local news.

M 안녕하세요, 여러분. 저는 WKTE 기상청의 Chuck Thomas입니다. 지금 내리는 비에 지치셨나요? 저는 확실히 그렇습니다. 자, 그렇다면, 제가 여러분들을 위해 좋은 소식을 몇 가지 갖고 있습니다. 내일은 비가 내리는 마지막 날이 될 것입니다. 내일 오후에 비가 그칠 것으로 예상되며, 저녁과 밤에는 구름이 많이 끼겠습니다. 하지만 수요일에는 날씨가 훨씬 좋아질 것입니다. 맑은 하늘이 예상되기 때문에, 야외 활동을 하기에 완벽한 날씨가 되겠습니다. 사실상, 이번 주 남은 기간 동안은 화창한 날이 되겠습니다. 이제, 지역 뉴스의 Diana에게 다시 돌아가 보도록 하겠습니다.

어휘 weather center 기상청 in that case 그러한 경우라면 remainder 나머지

74 화자가 날씨에 대해 암시하는 것은 무엇인가?
(A) 추웠다.
(B) 비가 내렸다.
(C) 따뜻했다.
(D) 화창했다.

75 내일 밤 날씨가 어떨 것 같은가?
(A) 구름이 낄 것이다.
(B) 비가 내릴 것이다.
(C) 눈이 내릴 것이다.
(D) 안개가 낄 것이다.

76 청자들은 이어서 무엇을 듣게 될 것인가?
(A) 뉴스 보도
(B) 광고
(C) 인터뷰
(D) 스포츠 뉴스

[77-79]

M Thanks for coming tonight, everyone. As you know, we are here to say goodbye to an old friend of ours. After twenty-seven years here at VFM, Inc., Jason Stewart has decided to step down from his position as vice president. Instead of working, he intends to live a life of leisure from now on. I know several of you really want to tell Jason how much you enjoyed working with him over the years, so why don't we get started doing that right now? Henry Popov, I've been told that you would like to make a few comments. How about coming on up here and telling us a story or two about Jason? I'm sure you've got several.

M 오늘밤에 와주신 모든 분께 감사를 드립니다. 아시다시피, 우리는 오랜 친구에게 작별 인사를 하기 위해 이곳에 있습니다. VFM 사에서 27년을 보낸 후, Jason Stewart는 부사장 직에서 물러나기로 결심했습니다. 일하는 대신, 그는 지금부터 여유로운 삶을 즐길 생각입니다. 저는 여러분들이 여러 해에 걸쳐 Jason과 함께 일하는 것이 얼마나 즐거웠는지 그에게 말해주고 싶어 한다는 것을 잘 알고 있는데, 지금 우리가 그것을 시작하는 것이 어떨까요? Henry Popov, 저는 당신에게 몇 가지 하고 싶은 말이 있다는 얘기를 들었습니다. 이쪽으로 와서 Jason에 대한 얘기를 우리에게 해주시겠어요? 여러 가지 얘기들이 있을 것 같군요.

어휘 step down 물러나다 intend 의도하다, ~하려고 생각하다 leisure 여가

77 Jason Stewart는 누구인가?
(A) 최고 경영자
(B) 부사장
(C) 관리자
(D) 고객

78 화자는 왜 "He intends to live a life of leisure"라고 말하는가?
(A) 이 사람이 은퇴하는 이유를 설명하기 위해서
(B) 이 사람이 전근을 거절하는 이유를 설명하기 위해서
(C) 이 사람이 더 적은 시간 동안 근무하는 이유를 설명하기 위해서
(D) 이 사람이 채용 제안을 거절했던 이유를 언급하기 위해서

어휘 turn down 거절하다

79 화자는 Henry Popov에게 무엇을 해 달라고 하는가?
(A) 다과를 제공한다
(B) 영상을 시작한다
(C) 연설을 한다
(D) Stewart 씨를 돕는다

[80-82]

W May I have your attention, please? I just got word from Leslie in the IT Department that a work crew is scheduled to start looking at the computer system ten minutes from now. That means the entire network is going to go offline. If you're working on anything sensitive, save it at once and then log off your computers. If you fail to do that, you'll get kicked off the system automatically, and there's a good chance you're going to lose whatever it is you were working on. Leslie said everything should be back up and running about an hour after they begin working. If you have any questions, call her at extension 89.

W 잠시 주목해 주시겠습니까? 저는 IT 부서의 Leslie로부터 10분 뒤에 컴퓨터 시스템 점검이 예정되어 있다는 통지를 받았습니다. 이는 네트워크 전체가 오프라인 상태가 된다는 의미입니다. 신중하게 다뤄야 하는 업무를 하고 있다면, 즉시 저장하고 나서 컴퓨터를 꺼 주세요. 그렇게 하지 않으면, 여러분은 자동적으로 시스템으로부터의 접속이 끊기게 되며, 이로 인해 여러분들이 하고 있던 어떠한 작업이든 잃게 될 수도 있습니다. Leslie는 그들이 작업을 시작한 후 한 시간 뒤에 모든 것이 복구되어 작동될 것이라고 말했습니다. 문의 사항이 있는 분들은 내선번호 89번으로 그녀에게 연락하시면 됩니다.

어휘 get word 통지를 받다 sensitive 신중하게 다뤄야 하는 be back up 되돌아오다 extension 내선번호

80 화자에 따르면, 10분 뒤에 어떤 일이 발생할 것인가?
(A) 회사의 인트라넷이 업그레이드될 것이다.
(B) 컴퓨터 시스템에 대한 작업이 시작될 것이다.
(C) 몇몇 장비들이 교체될 것이다.
(D) 신규 소프트웨어가 컴퓨터에 업로드될 것이다.

81 화자는 청자들에게 무엇을 하라고 말하는가?
(A) 그들의 작업을 저장한다
(B) 그들의 고객들에게 연락한다
(C) 건물에서 떠난다
(D) 그들의 일정표를 작성한다

82 청자는 왜 Leslie에게 전화해야 할 것 같은가?
(A) 문제를 보고하기 위해서
(B) 조언을 얻기 위해서
(C) 질문을 하기 위해서
(D) 도움을 요청하기 위해서

[83-85]

W Before we conclude today's meeting, I need to bring up something else. Because of all the orders we've gotten in the past two weeks, we simply have to keep the assembly lines running twenty-four hours a day starting now. Unfortunately, we don't have enough workers at the moment, so everyone is going to start getting assigned overtime. This is not optional. Until we can hire thirty new workers, every single employee here has to start working at least ten hours a day. Please inform your team members about this. Be sure to let them know that they'll be getting paid time and a half and that this is a temporary measure. That should keep them from getting too upset.

W 우리가 오늘 회의를 마치기 전에, 저는 다른 얘기를 한 가지 꺼내야겠습니다. 지난 2주일 동안 받았던 모든 주문들 때문에, 우리는 이제 정말로 조립라인을 24시간 내내 가동시켜야 합니다. 유감스럽게도, 우리는 지금 충분히 많은 수의 직원들을 채용하고 있지 않아서, 모든 직원은 야근을 할당 받기 시작하게 될 것입니다. 이는 선택 사항이 아닙니다. 우리가 30명의 신규 직원을 채용할 수 있을 때까지, 이곳의 모든 직원은 최소한 하루에 10시간을 근무하기 시작해야만 합니다. 여러분들의 팀원들에게 이를 알려 주시기 바랍니다. 그들은 1.5배의 수당을 받게 될 것이며 이는 일시적인 조치라는 사실을 확실하게 알려 주셔야 합니다. 이로 인해 그들은 지나치게 마음 상하지 않게 될 것입니다.

어휘 conclude 마치다, 끝내다 bring up (화제를) 꺼내다 assembly line 조립라인 simply 그야말로, 정말로 time and a half 1.5배의 수당

83 회사에서 일어날 일은 무엇인가?
(A) 30명 이상의 직원들을 해고할 것이다.
(B) 하루 종일 조립라인을 가동시킬 것이다.
(C) 경쟁사에 매각될 것이다.
(D) 신규 고객과 계약을 맺게 될 것이다.

어휘 lay off 해고하다

84 화자가 "This is not optional"이라고 말했을 때 그녀가 의미하는 것은 무엇인가?
(A) 모든 회의는 전원 참석되어야 한다.
(B) 모든 보고서는 제시간에 제출되어야 한다.
(C) 모든 직원은 야근을 해야만 한다.
(D) 모든 상부들은 검토되어야 한다.

85 화자가 우려하는 것은 무엇인가?
(A) 직원들이 기분 나빠 할 것이다.
(B) 물품이 충분하지 않다.
(C) 장비가 고장 날 것이다.
(D) 회사가 이윤을 남기지 못하고 있다.

[86-88]

M If you are considering having some work done around your home or business, then you should call Franklin and Sons. We're new in town, but we do quality work. Let us cut your grass, trim any bushes and shrubs on your property, and take care of your trees and other plants. For the entire month of May, we're having a special offer. If you sign a six-month contract with us, we'll give you a seventh month for free. That's right. You won't have to pay a thing for our services for thirty days. Call 565-0439 for more information. Then, we can arrange for one of our employees to go to your home or business and provide you with an estimate.

M 가정이나 업체 주변의 작업을 의뢰하는 것을 고려하고 계시다면, Franklin and Sons로 전화하세요. 저희가 이 도시에 새로 생긴 업체이기는 하지만, 저희는 양질의 서비스를 제공합니다. 여러분의 잔디를 깎고, 소유지에 있는 덤불과 관목을 다듬고, 나무와 그 밖의 식물들을 돌봐 드리겠습니다. 5월 한 달 동안, 저희는 특별 행사를 제공하고 있습니다. 저희와 6개월 계약을 하시면, 일곱 번째 달에는 무료입니다. 맞습니다. 여러분은 30일 동안 저희의 서비스에 대해 비용을 지불하지 않게 됩니다. 더 많은 정보를 원하시면 565-0439로 전화하세요. 그러면, 저희가 직원들 중 한 명을 여러분의 가정이나 업체로 보내서 견적을 제공해 드릴 수 있습니다.

어휘 trim 다듬다, 손질하다 bush 관목, 덤불 shrub 관목 estimate 견적서

86 화자는 어떤 종류의 회사에 근무하는가?
(A) 부동산 중개 업체
(B) 조경 회사
(C) 인테리어 디자인 회사
(D) 건설 회사

어휘 landscaping 조경 interior design 실내 장식

87 6개월 계약을 체결한 고객들에게 제공되는 것은 무엇인가?
(A) 추가적인 서비스
(B) 더 낮은 가격
(C) 무료 서비스

(D) 쿠폰북

어휘 booklet 소책자

88 화자는 왜 청자들에게 전화하라고 말하는가?
(A) 회사의 서비스 비용이 얼마가 될 것인지 알아보기 위해서
(B) 서비스의 정규 일정을 세우기 위해서
(C) 제공되는 서비스의 종류를 논의하기 위해서
(D) 서비스가 제공되는 빈도에 대해 논의하기 위해서

[89-91]

W Thank you for calling Beachside Bank. We're sorry, but all of our operators are currently assisting customers at this moment. However, if you stay on the line, your call will be answered in the order in which it was received. If you know the extension of the person you are trying to reach, you may feel free to dial it at any time during this message. To check your account balance, press 1. To learn about how you can open an account, press 2. To inquire about either a personal or business loan, press 3. If you would like to hear this message again, press 4. Thank you.

W Beachside 은행에 전화해 주셔서 감사합니다. 죄송하지만, 지금은 교환원 전원이 고객들을 도와 드리고 있는 중입니다. 하지만, 전화를 끊지 않고 기다리시면, 수신된 순서에 따라 고객님의 전화를 받을 것입니다. 고객님이 연락하고자 하는 사람의 내선번호를 알고 계시다면, 이 메시지를 듣는 동안 언제든지 그 번호로 전화를 걸어 주세요. 고객님의 계좌 잔액을 확인하시려면 1번을 누르세요. 계좌 개설에 대해 알고 싶으실 경우, 2번을 누르세요. 개인 대출이나 기업 대출을 문의하시려면, 3번을 누르세요. 이 메시지를 다시 들으시려면, 4번을 누르세요. 감사합니다.

어휘 stay on the line 전화를 끊지 않고 기다리다   reach 연락하다   account 계좌   balance 잔액

89 왜 메시지가 재생되고 있는가?
(A) 현재 통화할 수 있는 교환원이 없다.
(B) 청자가 주말에 전화를 했었다.
(C) 은행은 오늘 문을 닫았다.
(D) 전화 시스템에 문제가 있다.

90 화자는 내선번호를 알고 있는 사람에게 무엇을 하라고 말하는가?
(A) 번호를 말한다
(B) 전화를 끊고 다시 전화한다
(C) 그 번호로 전화를 건다
(D) 4번을 누른다

어휘 hang up 전화를 끊다

91 청자는 왜 3번을 눌러야 하는가?
(A) 메시지를 다시 듣기 위해서
(B) 계좌의 개설에 대해 알아 보기 위해서
(C) 계좌 잔액을 확인하기 위해서
(D) 대출에 대해 알아 보기 위해서

[92-94]

M All right, everyone, I'd like to inform you about how the interview process will work this afternoon. You're going to be called into the interview room one by one. Each of you will be asked questions for approximately twenty minutes. We're also going to have you take a computerized personality test. Some of you will take it before your interview while others will take it afterward. Please remember that there are no right or wrong answers on the personality test. We merely request that you speak truthfully. Lastly, once everyone is finished with those activities, you'll have to do some role-playing scenarios to see how you handle certain situations. Everything should be finished no later than five o'clock.

M 좋습니다, 여러분. 저는 오늘 오후에 면접이 어떻게 진행되는지에 대해 알려 드리고자 합니다. 여러분은 차례대로 면접실로 들어가게 될 것입니다. 여러분은 한 사람당 약 20분 동안 질문을 받게 될 것입니다. 우리는 또한 여러분들에게 컴퓨터 성격 검사를 실시할 예정입니다. 여러분들 중 몇몇은 면접 전에 시험을 보게 될 것이며 다른 사람들은 면접 이후에 보게 될 것입니다. 성격 검사에는 정답과 오답이 없다는 사실을 기억해 주시기 바랍니다. 우리는 단지 여러분들이 솔직하게 말해 줄 것을 요청합니다. 마지막으로, 여러분이 이러한 것들을 모두 마치고 나면, 특정한 상황들을 어떻게 해결하는지 알아보기 위해서 여러분은 몇 가지 역할극을 해야 할 것입니다. 모든 활동들은 늦어도 5시까지는 마무리될 것입니다.

어휘 call into ~로 불러들이다   computerized 컴퓨터화된

92 화자는 주로 무엇을 논하고 있는가?
(A) 채용될 사람들의 유형
(B) 집중해야 할 필요성
(C) 면접의 일정
(D) 청자들이 완성해야 하는 양식들

93 화자가 성격 검사에 대해 청자들에게 요청하는 것은 무엇인가?
(A) 솔직한 답변을 한다
(B) 모든 질문에 답한다
(C) 개인적인 경험을 제공한다
(D) 매우 상세히 해야 한다

94 청자들을 위한 마지막 활동은 무엇이 될 것인가?
(A) 역할 연기 시간
(B) 성격 검사
(C) 서류 작성
(D) 면접

[95-97]

W Okay, it sounds like each of you is ready for this Saturday's seminar a few days from now. We all need to make sure that we do a good job in the classes we're teaching. If we receive enough positive reviews from our customers, we'll probably get even more people to sign up for next month's seminar. We'd like to have at least double the forty people who are currently signed up for Saturday's event. I'd also like you all to know that there's going to be one change in the schedule. Jane, I've got to get to the airport by 4:30, so you and I are going to change places. I hope that you don't mind.

W 좋아요, 여러분들 각자는 앞으로 며칠 뒤인 토요일의 세미나를 위한 준비를 마친 것 같군요. 우리는 모두 우리가 가르치고 있는 수업에서 양질의 강의를 해야 할 필요가 있어요. 만일 우리가 고객들로부터 긍정적인 평가를 받게 된다면, 우리는 다음 달 세미나에 더 많은 사람들로부터 등록을 받을 수 있을 거예요. 우리는 현재 토요일 수업에 등록한 40명보다 최소 두 배의 사람들을 더 받았으면 해요. 저는 또한 여러분들 모두 한 가지 일정 변경에 대해 알고 계셨으면 해요. Jane, 저는 4시 30분까지 공항에 가야 해서, 당신과 제가 시간을 맞바꿔야 할 것 같아요. 당신이 꺼려하지 않기를 바라요.

어휘 sign up for 등록하다   double 두 배로 만들다   mind 꺼려하다

95 언제 행사가 열릴 것인가?
(A) 내일
(B) 이번 주말
(C) 다음 주
(D) 다음 달

96 화자가 받고 싶어 하는 것은 무엇인가?
(A) 좋은 평가
(B) 언론 보도
(C) 승진
(D) 보너스

어휘 coverage 보도

97 시각자료를 보시오. 화자는 그녀의 강의를 언제 하게 될 것인가?
(A) 오전 10시 – 오전 11시
(B) 오전 11시 – 오후 12시
(C) 오후 1시 – 오후 2시 30분
(D) 오후 2시 30분 – 오후 4시

[98-100]

> W Hi, Clarice. This is Kate calling. For your information, I'm running a few minutes late. I got caught in some awful traffic about half an hour ago, but it cleared up a moment ago, so I'm making pretty good time now. According to a sign that I just saw, I've got eighteen more kilometers to go until I arrive at my turnoff. From there, it should only take five minutes for me to reach your office. So I think I can make it there in about twenty minutes. I'll be sure to get there as quickly as I can. See you in a few minutes. I'm so sorry to make you wait.
>
> W 안녕하세요, Clarice. 저는 Kate예요. 참고로 말하자면, 저는 몇 분 늦을 것 같아요. 저는 약 30분 전부터 지독한 교통 체증에 갇혀 있었지만, 조금 전에 이것이 해결되어서, 지금은 빨리 가고 있는 중이에요. 조금 전에 본 표지판에 따르면, 저는 18킬로미터를 더 가야 고속도로 출구에 도착하게 돼요. 그곳으로부터, 당신의 사무실까지 5분 정도밖에 걸리지 않을 거예요. 그래서 저는 약 20분 후에 그곳에 도착할 것 같아요. 최대한 빨리 그곳에 가도록 할게요. 잠시 후에 봐요. 기다리게 해서 정말 미안해요.

어휘 awful 지독한, 끔찍한 make good time 빨리 가다 turn off 고속도로 출구

98 화자는 왜 회의에 늦는가?
(A) 그녀의 차에 기름이 바닥났다.
(B) 그녀의 타이어에 펑크가 났다.
(C) 그녀는 사무실에서 늦게 떠났다.
(D) 교통 혼잡이 있었다.

어휘 flat tire 펑크 난 타이어

99 시각자료를 보시오. 화자는 어디로 가고 있는가?
(A) 메들린
(B) 센터빌
(C) 코블스킬
(D) 휘트선

100 화자가 Clarice의 사무실에 가려면 시간이 얼마나 걸릴 것인가?
(A) 약 10분
(B) 약 20분
(C) 약 30분
(D) 약 40분

PART 5   p.022

101 Ermine 사의 대변인은, 내일 오후에 회사의 미래에 대한 중대 발표를 할 것이다.
(A) 발표하다
(B) 발표하는 것
(C) 발표
(D) 발표했다

어휘 spokesperson 대변인

102 500명 이상의 사람들이 다음 주에 Schnell 씨가 진행하는 세미나에 등록하려고 했다.
(A) 참석하다
(B) 등록하다
(C) 서명하다
(D) 요청하다

103 여름의 몇 개월 동안 대부분의 도심 지역의 교통은 꾸준히 악화되었다.
(A) 부분적으로
(B) 꾸준히
(C) 소문에 의하면
(D) 마침내

104 향후 3개월에 걸쳐서 최소한 50명의 정규직 사원들이 TRP 사에 채용될 것이다.
(A) 채용되어 왔다
(B) 채용될 것이다
(C) 채용하는 중이었다
(D) 채용하는 중이다

어휘 at least 적어도, 최소한   full-time position 정규직

105 David Chamberlain은 그의 뛰어난 지도력 때문에 단체장으로 선출되었다.
(A) 그는
(B) 그의
(C) 그를
(D) 그 자신

어휘 on account of ~ 때문에

106 Claude's 제과점은 국경일과 새해 첫날을 제외하고 1년 내내 영업을 한다.
(A) ~ 대신에
(B) ~을 경유하여
(C) ~을 제외하고
(D) ~쯤에

107 신제품 라인의 출시에 따라서, Frontier 기술의 매출은 45% 이상 증가했다.
(A) 매출
(B) 판매하는
(C) 판매
(D) 판매된

어휘 launch 출시

108 최대한 열심히 일해서, Johannsson 씨는 가까스로 보고서를 마무리하여 제시간에 제출했다.
(A) 열심히
(B) 거의 ~ 않게
(C) 더 열심히
(D) 굳다

어휘 manage to 간신히 ~하다   on time 제시간에

109 사용자 설명서에 몇 가지 오류가 있어서, 작성자들은 그것들을 수정하라는 지시를 받았다.
(A) 그들의
(B) 그들은
(C) 그것들을
(D) 그들의 것

어휘 manual 설명서   instruct 지시하다   fix 수정하다

110 세상에서 가장 유명한 영화 감독들 중 한 명이 잠시 후에 기조연설을 할 것이다.
(A) 많지 않은
(B) 거의 없는
(C) 더 많은
(D) 몇몇의

어휘 keynote speech 기조연설

111 Wesley 전자의 모든 구입품들은 고객이 100% 만족하지 못했을 경우 환불이 보장된다.
(A) 만족시키는
(B) 만족
(C) 만족스러운
(D) 만족한

어휘 purchase 구입품 come with ~이 딸려 있다 money-back 환불해주는 guarantee 보장

112 배달원이 도착했을 때 사무실에 아무도 없었기 때문에, 소포는 수령되지 못했다.
(A) 안에
(B) ~에서 떨어져
(C) 옆에
(D) ~와 함께
어휘 deliveryman 배달원 drop off 두다, 놓다

113 Meyers 씨는 내일이 되면 지난 3주 동안 Horford 사를 위해 근무하는 것이 된다.
(A) 일하는 중이었다
(B) 일하고 있을 것이다
(C) 일하는 것이 된다
(D) 일해왔었다

114 그 공원은 최근 다양한 스포츠 시설의 건설 덕분에 주 전체에서 가장 인기 있는 곳이 되었다.
(A) ~ 덕분에
(B) 신용거래로
(C) ~에 대하여
(D) ~에 따르면
어휘 facility 시설

115 그곳에서의 낮은 세율을 활용하기 위해 본사를 털사로 이전하는 것에 대한 논의가 있었다.
(A) 관심
(B) 개선
(C) 이점
(D) 좌천
어휘 relocate 이전시키다 head office 본사

116 Rogers 씨는 소프트웨어가 문제들을 일으켰기 때문에 그것이 컴퓨터에서 삭제되도록 지시했다.
(A) 삭제하다
(B) 삭제
(C) 삭제된
(D) 삭제할 수 있는

117 Raymond 조선은 상반기 동안 모두 합쳐 13억 달러의 가치가 있는 계약들을 체결했다.
(A) 결합한
(B) 합친
(C) 조합
(D) 결합하다
어휘 worth ~의 가치가 있는

118 작업장에서의 부상은 이것들을 예방하려는 사람들의 최선의 노력에도 불구하고 매일 발생한다.
(A) 솔직한
(B) 매일 일어나는
(C) 극심한
(D) 부분적인
어휘 injury 부상 workplace 작업장, 일터 on a daily basis 매일

119 시의회는 경기장 관련 작업의 대부분을 담당하도록 하기 위해 Morris 건설을 선정했다.
(A) ~에
(B) ~ 위에
(C) ~와 함께
(D) ~의

120 투표가 모두 끝났지만, 정확하게 집계가 되려면 몇 시간이 걸릴 것이다.
(A) 정확성
(B) 정확하게
(C) 정확한
(D) 정확성들
어휘 ballot 투표용지 cast ~에게 표를 던지다

121 셸비빌의 거주자들 대부분은 시의 주 도로에 자전거 차선을 만드는 것에 대해 찬성하는 투표를 했다.
(A) 건설된
(B) 건설
(C) 건설적인
(D) 건설하는 것
어휘 in favor of ~에 찬성하여

122 Reynolds 씨는 넓은 회의실을 하루 종일 예약했고 다과가 배달될 수 있도록 준비했다.
(A) 전체의
(B) 모든
(C) 완전한
(D) 종합적으로
어휘 refreshment 다과, 가벼운 식사

123 폭설이 곧 누그러들지 않는다면, 공항의 모든 항공기는 앞으로 몇 시간 동안 취소될 것이다.
(A) ~ 동안 내내
(B) 만약 ~하지 않으면
(C) 그렇기 때문에
(D) 게다가
어휘 let up 약해지다, 누그러지다

124 운반원은 그녀가 15분 뒤에 그의 사무실에 도착할 것이라는 사실을 알려 주기 위해서 Marsh 씨에게 전화했다.
(A) 그녀는
(B) 그녀 자신
(C) 그녀의 것
(D) 그녀 혼자서
어휘 courier 운반원, 배달원

125 좋지 않은 날씨에도 불구하고, 아침 10시에 기공식이 열릴 것이다.
(A) ~에도 불구하고
(B) ~에 관해서는
(C) 그 결과
(D) ~에 대하여
어휘 groundbreaking ceremony 기공식

126 이달의 우수사원 표창을 위한 추천서는 인력관리부서의 Betsy Ito 씨에게 즉시 제출되어야 한다.
(A) 즉각적인
(B) 직접성
(C) 즉시
(D) 직접성
어휘 nomination 추천 award 상 submit 제출하다

127 E 등급의 운전면허를 소지한 사람들만 이 직책에 고려될 것이다.
(A) ~한 것
(B) ~한 것
(C) ~한 사람
(D) ~의 것

128 Janet Harding은 그 소문이 사실이었다는 것과 그녀의 회사가 Meltzer 사에 매각될 것이라는 사실을 확인했다.
(A) 확인했다

(B) 확인할 것이다
(C) 확인되었었다
(D) 확인하고 있다

129 Matthias 씨는 직원들이 제시간에 그들의 담당 업무를 완료하도록 하기 위해서 그들에게 사무실에 늦게까지 남아 있으라고 지시했다.
(A) 말했다
(B) 보고했다
(C) 지지했다
(D) 지시했다

130 강당은 화요일부터 한 달의 기간 동안 개조 공사가 시행될 예정이다.
(A) 기간
(B) 단계
(C) 기간
(D) 문제

PART 6

[131-134]

수신: 〈gthomas@thismail.com〉
발신: 〈appointments@smileclinic.com〉
날짜: 9월 22일
제목: 검진

친애하는 Thomas 씨께,

귀하는 9월 24일 금요일 오후 4시 15분에 정기검진이 예정되어 있습니다. 늦어도 예정된 시간의 10분 전에 도착해 주시기 바랍니다. 귀하께서 작성하셔야 할 몇 가지 서류 작업이 있습니다.

모르고 계시겠지만, 저희는 최근에 위치를 변경했습니다. 저희는 여전히 Cross 가 784번지의 Anderson 빌딩에 있지만, 이제는 4층에 위치하고 있지 않습니다. 대신, 저희는 10층으로 옮겼습니다. 저희를 찾으시려면, 엘리베이터에서 내려 왼쪽으로 돌아서 오세요. 의원은 오른편 두 번째 출입구에 있습니다. 저희의 전화번호는 변경되지 않았기 때문에, 도움이 필요하시다면 943-1282로 전화해 주시면 됩니다.

Julie Smythe 드림
Smile 진료소

어휘 regular checkup 정기검진 paperwork 서류 작업 fill out 작성하다 location 위치

131 (A) 도착하는
(B) 도착하는 것
(C) 도착할 것이다
(D) 도착했던 것

132 (A) 위치시키다
(B) 위치한
(C) 위치
(D) 위치

133 (A) 대신, 저희는 10층으로 옮겼습니다.
(B) 그래서, 귀하는 다른 건물에서 저희를 찾아야 합니다.
(C) 다시 말해, 우리를 찾는 것은 어렵지 않습니다.
(D) 그래서, 귀하는 1층에 있는 저희의 새로운 장소에 방문할 수 있습니다.

134 (A) 제거하다
(B) 필요로 하다
(C) 보고하다
(D) 요청하다

[135-138]

단신
7월 11일 - Oswego 제조사는 폴란드 바르샤바에 공장을 신설할 계획이다. 이 시설은 시의 북쪽을 차지하고 있는 대지에 위치하게 될 것이다. 공장의 건설은 7월의 마지막 주에 시작될 것이며 완공되는 데 약 8개월이 소요될 것으로 예상된다. 공장에서는 340명 이상의 정규직 사원을 채용할 것이며, 공장 내부의 조립 라인은 최첨단의 기술을 활용하게 될 것이다. Oswego의 최신 생산 라인이 그곳에 만들어질 것이다. 이는 폴란드뿐만 아니라 유럽 전역에서 최초로 문을 여는 Oswego의 시설이 될 것이다.

어휘 Warsaw 바르샤바 plot 터, 대지 acquire 얻다, 취득하다 anticipate 예상하다 state-of-art 최첨단의

135 (A) 평가된
(B) 구매된
(C) 발견된
(D) 위치한

136 (A) 후자
(B) 마지막의
(C) 마지막으로
(D) 최신의

137 (A) 그 회사는 현재 유럽에 다섯 곳의 시설을 보유하고 있다.
(B) 그곳에서 얼마나 많은 사람들이 일하게 될지는 아직 결정되지 않았다.
(C) Oswego의 최신 생산 라인이 그곳에 만들어질 것이다.
(D) 조립 라인은 지금 건설되고 있는 중이다.

138 (A) 그러나 또한
(B) 그리고
(C) 둘 다
(D) ~도 아니다

[139-142]

11월 2일

친애하는 Randolph 씨께,

지난 달에 귀사의 한 직원이 저희 집에 있는 방 몇 곳의 개조 공사를 했습니다. 저는 결과에 대해 더할 나위 없이 만족했습니다. 주 침실은 이전보다 훨씬 더 좋아 보이고, 주 침실에 딸려 있는 욕실은 상당히 개선되었습니다. 주방에 대해 말하자면, 정말 놀랍습니다. 저의 부인과 저는 둘 다 요리하는 것을 즐기고 있으며, 변경된 것들 덕분에, 우리는 요리를 할 때와 요리를 마친 후에 식사를 할 공간을 충분히 확보하게 되었습니다. 저는 당신의 우수한 작업에 대하여 제 동료들 몇 명에게 이야기했기 때문에, 당신은 나중에 그들에게서 전화를 받게 될 수도 있습니다. 저 역시 머지않아 당신에게 연락을 할 것입니다.

Craig Jordan 드림

어휘 renovate 개조하다 vastly 엄청나게 colleage 동료

139 (A) 모든 것이 제가 원했던 것처럼 보이는 것은 아닙니다.
(B) 우리는 작업에 대한 계산서를 아직 받지 못했습니다.
(C) 제가 언급해야 할 몇 가지 문제점이 있습니다.
(D) 저는 결과에 대해 더할 나위 없이 만족했습니다.

140 (A) ~에도 불구하고
(B) ~에 대해 말하자면
(C) ~에 관하여
(D) ~ 때문에

141 (A) 어느 하나
(B) ~도 아니고
(C) 둘 다
(D) 각각

142 (A) 질
(B) 신청서
(C) 상태
(D) 관심

[143-146]

수신: 연구개발부 전 직원
발신: 인력관리부 Judy Rutledge
제목: 변경 사항

연구개발부서에 두 명의 신규 직원이 채용되었습니다. 그들의 이름은 Marco Romano와 Eric Schafer입니다. 두 사람 모두 1월 12일 월요일에 이곳 Roth 기술에서 근무를 시작하게 될 것입니다. 그들은 로봇 공학 분야의 전문가들이기 때문에 Creighton 씨의 팀에 배정될 것입니다. 그들은 모두 이 지역 출신이 아닙니다. 실제로 Romano 씨의 경우 이탈리아 피렌체에서 이곳으로 왔습니다. 그래서 저는 여러분이 모두 가능한 한 그들이 편안하게 느낄 수 있도록 해 주기를 바랍니다. 저는 또한 그 두 사람이 이곳 오스틴에서 편안하게 생활을 변화시킬 수 있도록 하기 위해 요청하는 도움을 여러분이 제공해 준다면 그에 대해 매우 감사 드리겠습니다.

어휘 assign 배정하다 robotics 로봇 공학 encourage 권장하다, 장려하다 transition 변화 comfortable 편안한

143 (A) 우리는 그들이 이직할 무렵이면 두 명의 직원들을 잃게 될 것입니다.
(B) 여러분들에게 발표할 사항들이 몇 가지 있습니다.
(C) 12월 시상식의 후보자 명단은 곧 제출되어야 합니다.
(D) 연구개발부서에 두 명의 신규 직원이 채용되었습니다.

144 (A) 지역
(B) 장르
(C) 유형
(D) 분야

145 (A) 엄격하게
(B) 실제로
(C) 마침내
(D) 고의로

146 (A) 그들은
(B) 그들을
(C) 그들의
(D) 그들의 것

PART 7   p.029

[147-148]

안내문

건물의 엘리베이터 보수 작업이 9월 14일부터 16일까지 진행될 것입니다. 3개의 모든 엘리베이터가 점검될 것이지만 모두 동시에 운행이 중지되지는 않을 것입니다. 거주자들은 엘리베이터 1호기가 9월 14일 오후 1시부터 6시까지 사용될 수 없다는 사실을 숙지해야 합니다. 엘리베이터 2호기는 9월 15일 오전 8시부터 정오까지 작업이 진행될 것입니다. 엘리베이터 3호기는 9월 16일 오후 1시부터 6시까지 점검이 진행될 것입니다. 이 시간에는 엘리베이터들을 완전히 사용할 수 없다는 사실을 숙지해 주시기 바랍니다. 대규모 수리 작업이 필요할 경우, 더 오랜 시간 동안 운행이 중단될 수도 있습니다.

어휘 maintenance 유지, 보수 inspect 점검하다 resident 거주자 advise (정식으로) 알리다

147 안내문은 누구를 위한 것인가?
(A) 엘리베이터 수리 기사들
(B) 고객들
(C) 건물에 사는 사람들
(D) 유지 보수 직원들

148 보수 작업에 대해 옳은 것은 무엇인가?
(A) 4일 동안 진행될 것이다.
(B) 아침에만 진행될 것이다.
(C) 부품의 교체가 필요할 것이다.
(D) 건물의 모든 엘리베이터에 작업이 있을 것이다.

[149-150]

4월 5일

관계자 분께,

제 이름은 Dennis Stearns입니다. 저는 귀 은행의 신용 카드를 보유하고 있습니다. 계좌의 마지막 네 자리 숫자는 9803입니다. 저는 오늘 아침에 내역서를 받았는데 거기에 오류가 있는 것 같습니다. 지난 달 17일에, Wilson 플라자에서 19시 13분에 72.31달러가 청구되었습니다. 1분 뒤, 동일한 장소에서 정확히 같은 금액이 다시 한 번 청구되었습니다. 분명히, 두 번째 청구는 잘못 이루어진 것 같습니다. 확인을 위해, 귀하는 저의 서명이 된 영수증을 하나밖에 찾을 수 없을 것이며, 그 영수증은 한 번의 청구에 대해서만 제가 서명했다는 것을 보여 줄 것입니다. 제 내역서에서 두 번째 청구 내역을 삭제해 주시기 바랍니다. 또한 그렇게 하신 다음 수정된 청구서를 저에게 보내 주시기 바랍니다.

Dennis Stearns 드림

어휘 statement 내역서 billing 청구서 amount 금액 confirmation 확인 receipt 영수증

149 편지의 목적은 무엇인가?
(A) 계좌를 해지하기 위해서
(B) 할인을 요청하기 위해서
(C) 새로운 카드를 신청하기 위해서
(D) 오류를 알리기 위해서

150 [1], [2], [3], 그리고 [4]로 표시된 위치 중에서 다음 문장이 들어가기에 가장 알맞은 곳은 어디인가?

"계좌의 마지막 네 자리 숫자는 9803입니다."

(A) [1]
(B) [2]
(C) [3]
(D) [4]

[151-152]

Dana Roberts 4:55 P.M.
왜 벌써 떠났어요? 당신의 항공편은 오늘밤 늦게 출발한다고 생각했어요.

Mark Dawson 4:57 P.M.
저는 더 빠른 항공기의 좌석을 겨우 구했어요. 이제 탑승할 준비를 하고 있어요.

Dana Roberts 5:01 P.M.
최소한 자정이 지날 때까지는 도착하지 못하겠군요. 계약서를 가져가는 것은 잊지 않았죠?

Mark Dawson 5:03 P.M.
네, 하지만 수정이 필요할 것 같아요. 자세한 사항들에 대해 이메일을 보낼게요.

Dana Roberts 5:05 P.M.
모든 변경 사항에 대해서는 변호사들의 승인이 필요하니 가능한 빨리 저에게 파일을 보내 주세요.

Mark Dawson 5:07 P.M.
제가 호텔에 도착하고 나면 몇 시간 후에 그렇게 할게요.

어휘 manage to 가까스로 ~하다 board 탑승하다 amend 수정하다 lawyer 변호사 alteration 변경

151 Dawson 씨가 Roberts 씨에게 문자를 보낼 때 그는 어디에 있을 것 같은가?
(A) 그의 사무실에

(B) 공항에
(C) 버스에
(D) 호텔에

152 오후 5시 7분에, Dawson 씨가 "I'll do that in a few hours"라고 썼을 때 그가 의미하는 것은 무엇인가?
(A) 그는 여자에게 파일을 보낼 것이다.
(B) 그는 계약서에 서명할 것이다.
(C) 그는 변호사와 이야기할 것이다.
(D) 그는 호텔에 체크인할 것이다.

[153-155]

> https://www.homeimprovement.org/removingpaint
>
> 벽에서 페인트를 제거하는 것과 관련하여 3단계의 간단한 과정이 있습니다. 개조 공사를 할 때, 페인트를 확실히 제거하기 위해서 다음의 설명을 확실하게 따르세요. 시작하기 전에, 떨어지는 페인트 조각들을 받기 위해서 수건이나 신문지를 바닥에 깔아 두세요. 이렇게 하면 나중에 청소하는 것이 덜 힘듭니다. 첫째로, 이미 벗겨진 페인트를 제거해야 합니다. 표면을 문지르기 위해서 쇠솔을 사용하기만 하면 됩니다. 접시를 닦는 것과 비슷하게 문질러 주세요. 다음에는, 대부분의 페인트를 제거하기 위해서 페인트 긁개를 사용하세요. 나무의 손상을 방지하기 위해서 벽과 거의 평행하게 되도록 긁개를 조심해서 잡아 주세요. 마지막으로, 남아 있는 작은 페인트 조각을 제거하기 위해 사포를 사용하세요. 수직 방향으로만 작업하도록 하세요.

어휘 be involved in ~에 관계되다   ensure 반드시 ~하게 하다   flake 조각   loose 풀린, 헐거워진   wire brush 쇠솔   scrub 문지르다   paint scraper 페인트 긁개   practically 거의   parallel 평행한   sandpaper 사포   vertical 수직의

153 설명에 관심을 가질 사람은 누구일 것 같은가?
(A) 실내 장식가
(B) 건축가
(C) 공사현장 인부
(D) 목수

154 페인트 제거를 위해 필요한 도구로 언급되지 않은 것은 무엇인가?
(A) 페인트 긁개
(B) 사포
(C) 쇠솔
(D) 페인트 붓

155 과정의 첫 단계는 무엇인가?
(A) 벽 전체 닦기
(B) 벗겨진 페인트 제거하기
(C) 페인트 건조시키기
(D) 표면을 부드럽게 만들기

[156-157]

> **새크라멘토 박물관에서 포유류에 대해 배우세요**
>
> 새크라멘토 박물관은 새 전시회를 열게 된 것을 알려 드리게 되어 기쁩니다. 6월 1일부터 9월 1일까지, "포유류의 역사"가 동관에서 진행될 것입니다. 야행성 천공동물에서 시작했던 2억 2천만년 전부터 오늘날까지, 포유류의 기원을 추적해 보세요. 사람들이 개, 쥐, 그리고 박쥐의 눈을 통해 세상을 볼 수 있도록 해주는 고글과 같은 쌍방향의 볼거리는 방문객들이 포유류의 생활방식과 능력에 대해 배우는 데 도움이 될 것입니다. 과학 애호가들은 과거 모든 시기의 포유류 화석의 전시를 추가적으로 관람할 수 있을 것입니다. 포유류에 대한 강의가 주말마다 지역의 전문가들에 의해 진행될 것입니다. 입장료는 어른의 경우 8달러이며 고령자와 학생들의 경우 5달러입니다.

어휘 mammal 포유   open an exhibit 전시회를 열다   trace 추적하다   origin 기원   nocturnal 야행성의   burrowing creature 천공동물(땅속에 굴을 파고 사는 새)   interactive 쌍방향의   fossil 화석

156 전시회에 대해 언급된 것은 무엇인가?
(A) 전 층을 다 사용한다.
(B) 기간이 정해져 있다.
(C) 방문객들에게 무료이다.
(D) 영화를 상영할 것이다.

157 발표에 따르면, 방문객들은 전시회에서 무엇을 할 수 있는가?
(A) 포유류에 대한 강연을 듣는다
(B) 우리 안에 살아 있는 포유류들을 관람한다
(C) 포유류의 집들을 전시해둔 것을 관람한다
(D) 포유류들이 서로 소통하는 법을 관찰한다

어휘 observe 관찰하다   interact 소통하다

[158-160]

> 수신: Herbert Johnson 〈herbertj@earthweb.com〉
> 발신: Ralph Carson 〈ralphcar@sunshinehotel.com〉
> 제목: 인테리어 개조 공사
> 날짜: 5월 17일
>
> 친애하는 Johnson 씨께,
>
> 저는 한 시간 전에 4층에 있는 주 회의실에 가서 현장 감독과 이야기를 나누었습니다. 그는 저에게 개조 공사가 일정보다 늦게 진행되고 있다는 사실을 알려주었습니다. 계약에 따르면, 귀사는 5월 20일 이전까지 모든 것을 완료하는 것에 동의했습니다. 우리는 그때 국제 관계와 관련된 세미나를 진행하기로 예정되어 있어서 그 회의실을 반드시 사용할 수 있어야만 합니다. 하지만, 그곳에는 아직도 페인트칠이 되어 있지 않습니다. 벽에 페인트칠이 될 때까지는 새로운 카펫을 설치할 수도 없고, 조명 또한 설치할 수 없습니다. 귀하는 회의실을 세미나에 사용될 수 있도록 하기 위해 가능한 것이라면 무엇이든 해야 합니다. 그렇지 않으면, 귀사는 저희가 부담할 손실에 대한 책임을 지게 될 것입니다. 즉시 저에게 연락해 주시기 바랍니다. 이 문제를 해결할 제안이라면 무엇이든 환영합니다.
>
> Ralph Carson 드림
> Sunshine 호텔 매니저

어휘 pay a visit 방문하다   foreman 현장 감독   behind schedule 예정보다 늦게   as per ~에 따라   light fixture 조명 기구   liable (지불할) 법적인 책임이 있는   rectify 바로잡다

158 Carson 씨가 언급한 문제는 무엇인가?
(A) 몇 건의 개조 공사가 예산을 초과했다.
(B) 작업자들이 벽에 페인트칠을 형편없이 했다.
(C) 작업반에 인원이 충분하지 않다.
(D) 회의실 작업이 너무 느리게 진행되고 있다.

159 5월 20일에 어떤 일이 일어날 것인가?
(A) 벽에 페인트칠이 될 것이다.
(B) 행사가 개최될 것이다.
(C) 계약서가 다시 작성될 것이다.
(D) 소송이 제기될 것이다.

어휘 lawsuit 소송

160 Carson 씨는 Johnson 씨에게 무엇을 할 것을 요청하는가?
(A) 실행 중인 작업의 질을 향상시킨다
(B) 인부들을 24시간 내내 일하게 한다
(C) 해결책에 대해 논의하기 위해 그에게 연락한다
(D) 오늘 반드시 벽에 페인트칠을 한다

[161-164]

> **시의회가 재원 확보 방안을 승인하다**
>
> 오번 (5월 2일) – 어젯밤 주례 회의에서, 오번 시의회는 Main가와 First 거리에 있는 도심 지역에 미터기를 설치하는 건에 대해 투표를 실시했다. 뿐만 아니라 의회는 미터기가 설치된 지역의 주차에 대해 시간당 2달러의 비용이 부과된다는 결정을 내렸다. 의회의 상원 의원이자 시장인 Lucia Woodrow에 따르면, 시에서는 올해 미터기를 통해 올해 예상되는 예산 적자를 25% 정도 감소시키기에 충분한 자금을 확보할 수 있을 것이다.

시의원인 Rob Sage와 Carla Mather가 반대표를 던져, 투표의 결과는 3-2였다. 또한 투표 전에는 장시간의—그리고 때로는 격렬했던—토론이 있었다. 회의에는 250명 이상의 사람들이 참석했다. 대부분은 주차 미터기 설치로 인해 부정적인 영향을 받을 것이라고 주장한 지역의 상공인들이었다. "사람들이 주차 요금을 지불해야 하기 때문에, 저는 아마 더 적은 수의 손님을 받게 될 거예요,"라고 시내에서 인기 있는 음식점인 Sal's 델리의 주인 Sal Napolitano가 말했다. 몇몇 다른 도시의 주민들은 몇 군데의 도로에만 미터기를 설치하기로 한 결정은 시내에서 근무하는 사람들에게 불공평하다는 불만을 제기했다. "저는 매일 근무하러 갈 때 주차 요금을 내야 하지만, 시의 다른 지역에서 근무하는 사람들은 그렇지 않아도 된다는 것은 옳지 않아요,"라고 Sheppard 백화점에 근무하는 Sheila Morris가 말했다. "힘든 때이기도 한데, 이제는 제 차를 주차한다는 것만으로도 엄청나게 많은 양의 돈을 지불하게 되겠군요."

어휘 parking meter 주차 미터기 deficit 적자 negatively 부정적으로 eatery 음식점 resident 주민, 거주자 complain 항의하다, 불평하다

161 기사에 따르면, 주차 미터기는 왜 설치될 것인가?
(A) 대중교통의 이용을 촉진하기 위해서
(B) 지역의 사회 기반 시설을 위한 모금을 위해서
(C) 사람들이 시내에서 운전하는 것을 억제하기 위해서
(D) 시에서 빚지고 있는 돈을 감소시키기 위해서

어휘 raise money 모금하다 infrastructure 사회 기반 시설

162 어제의 회의에 대해 언급된 것은 무엇인가?
(A) 사람들이 거의 참석하지 않았다.
(B) 오후에 개최되었다.
(C) 몇몇 참석자들이 걱정을 했다.
(D) 두 시간 이상 계속되었다.

163 Sal Napolitano는 누구인가?
(A) 시의회 의원
(B) 오번 시의 시장
(C) 오번 시의 주민
(D) 지역의 가게 주인

164 Sheppard 백화점에 대해 암시되고 있는 것은 무엇인가?
(A) 소규모의 주차 공간을 보유하고 있다.
(B) 오번 시내에 위치해 있다.
(C) 직원들의 주차 요금을 지불해 줄 것이다.
(D) 오번에서 가장 오래된 업체이다.

[165-167]

https://www.kitelebank.com

| HOME | SERVICE | JOB | CONTACT US |

Kitele 은행에서는 현재 아래의 공석을 충원하고자 합니다:

신용위험분석가: 이 직원은 우리의 고객들을 위한 대출 서비스 계획 설계를 담당하게 될 것입니다. 가장 적합한 지원자는 통계 분석 분야의 학사 학위 소지자, 위험 분석 분야의 3년 경력자, 그리고 능숙한 컴퓨터 활용 능력 보유자입니다.

포트폴리오 매니저: 이 직원은 안정적인 유동성을 확보하고 수익을 극대화하기 위해서 Kitele 은행의 현금과 투자 자금을 관리하게 될 것입니다. 지원자들은 재정이나 경영학 분야의 석사 학위를 소지해야 하며, 5년간의 자금 관리와 투자 관련 경력, 그리고 경제 동향에 관한 지식을 갖고 있어야 합니다.

마케팅 어드바이저: 이 직원은 신규 고객을 확보하는 새로운 기법 개발 분야에서 마케팅 팀을 보조하게 될 것입니다. 지원자들은 마케팅 학사 학위와 뛰어난 컴퓨터 활용 능력을 보유하고 있어야 합니다.

텔러: 이 직원은 고객들을 대면하여 상대하면서 기본적인 은행 서비스를 제공하게 됩니다. 고등학교 졸업자여야 하고, 지원자들은 반드시 금융업계 경력을 보유하고 있어야 하며 용모 단정해야 합니다.

*기대 급여와 근무 시간을 포함하여 보다 자세한 정보를 위해, 여러분이 관심을 갖고 있는 직책을 클릭하세요.
**지원서는 반드시 온라인으로 제출되어야 합니다. 모든 개개인은 자신들의 지원서가 접수된 지 24시간 이내에 이메일 확인서를 받게 될 것입니다.

어휘 opening 공석 be responsible for ~에 책임이 있다 lending 대출, 대부 candidate 후보자, 지원자 bachelor 학사 statistical analysis 통계 분석 proficient 능숙한 stable 안정적인 liquidity 유동성 return 수익 business administration 경영학 personable 매력적인

165 포트폴리오 매니저 직책에 대해 언급되지 않은 것은 무엇인가?
(A) 전직 관리자로서의 근무 경험이 우대된다.
(B) 해당 직원은 자금을 투자해야 한다.
(C) 해당 직원은 관련 근무 경력을 보유하고 있어야 한다.
(D) 고급 학위를 소지한 사람만 지원해야 한다.

어휘 advanced degree 고급 학위(석사, 박사)

166 은행의 고객 수를 늘리는 데 초점을 맞추고 있는 직책은 어느 것인가?
(A) 신용위험분석가
(B) 포트폴리오 매니저
(C) 마케팅 어드바이저
(D) 텔러

167 링크를 누르면 어떠한 정보를 얻을 수 있는가?
(A) 공석 중인 다른 직책
(B) 직책의 급여 액수
(C) 은행이 위치한 장소
(D) 지원서 제출 방법

[168-171]

다음 휴가는 Holiday 항공사와 함께 하세요

여러분이 너무 비싼 비행기 티켓 값을 지불하고 그에 대해 형편없는 서비스를 받는 데 지치셨다면, Holiday 항공사에 예약을 하셔야 합니다. 저희는 승객 1인당 99달러부터 시작되는 낮은 가격에 친절하고 효율적인 서비스를 제공합니다. 여러분은 다른 주요 항공사에서 이보다 나은 조건을 찾지 못하실 것입니다. 저희는 미국과 캐나다의 거의 모든 대도시의 항공편을 보유하고 있으며, 멕시코와 카리브해 지역의 30곳 이상의 화창한 여행지에 비행하고 있습니다. 저희는 하루에 두 번 마이애미, 로스엔젤레스, 뉴욕, 시카고, 토론토, 그리고 하루에 두 번 애틀랜타와 칸쿤, 아카풀코, 자메이카, 바베이도스, 아루바, 그리고 이국적인 열대 지역 여러 곳을 연결해 주는 비행편을 보유하고 있습니다. 저희의 교환원과 통화하시려면 1-777-484-1928로 전화하세요. 그들에게 어디에 가기를 원하시는지 말하시면, 그들이 모든 준비를 해 드릴 것입니다. 그들과 이야기를 하시면서 호텔 객실과 렌터카를 예약하실 수도 있습니다. 온라인 이용을 원하실 경우, www.holidayairlines.com을 확인하시면, 그곳에서 저희가 연중 매일 제공하는 특가 상품에 즉시 접속하실 수 있을 것입니다. 햇살 속에서의 즐거움이 여러분을 기다리고 있습니다. Holiday 항공사가 여러분들을 원하는 곳으로 모시도록 해 주세요.

어휘 overpriced 너무 비싼 in return 보답으로, 답례로 bargain 거래; 특가품 destination 목적지 exotic 이국적인 tropical 열대 지방의 operator 교환원 arrangement 준비 check out 확인하다

168 Holiday 항공사에 대해 암시되고 있는 것은 무엇인가?
(A) 본사가 캐나다에 있다.
(B) 올해 확장될 것이다.
(C) 단골 고객 클럽을 보유하고 있다.
(D) 티켓에 낮은 가격을 부과한다.

169 광고에 따르면, Holiday 항공사가 비행하지 않는 나라는 어디인가?
(A) 미국
(B) 자메이카
(C) 멕시코
(D) 브라질

170 사람들은 Holiday 항공사의 웹사이트에서 무엇을 할 수 있는가?
(A) 지역의 호텔을 검색한다
(B) 가이드 투어를 준비한다
(C) 가격을 할인 받는다
(D) 렌터카를 예약한다

171 [1], [2], [3], 그리고 [4]로 표시된 위치 중에서 다음 문장이 들어가기에 가장 알맞은 곳은 어디인가?

"여러분은 다른 주요 항공사에서 이보다 나은 조건을 찾지 못하실 것입니다."

(A) [1]
(B) [2]
(C) [3]
(D) [4]

[172-175]

| Kenneth Wilson | 10:04 A.M. |

Crosstown 사의 Jack Waters가 그의 배송에 대해 전화를 했어요. 제 생각에는 3일 전에 배송이 되었어야 하는 것 같아요.

| Nancy Stonewall | 10:06 A.M. |

주말 동안 공장에 문제가 있었어요.

| Kenneth Wilson | 10:07 A.M. |

더 구체적으로 말해봐요. Jack이 설명을 기다리는 중이에요.

| Russel Black | 10:09 A.M. |

관리로 제대로 하지 못해서 조립라인 하나가 고장 났어요. 그래서 거의 3분의 1에 해당하는 고객들의 배송이 지연되고 있어요.

| Kenneth Wilson | 10:10 A.M. |

기계 수리 작업에는 진전이 있는 것인가요? 언제쯤 다시 작동될 것이라고 예상되나요?

| Nancy Stonewall | 10:11 A.M. |

내일이면 될 것 같아요. Crosstown의 주문을 확인해 볼게요. 잠시만 기다려 주세요.

| Nancy Stonewall | 10:15 A.M. |

공장의 Lee Ellis는 Crosstown의 모든 주문이 금요일에 완료될 것이라고 제게 말했어요. 하지만 그것은 다음 주 월요일이 되어야 선적될 거예요.

| Kenneth Wilson | 10:16 A.M. |

우리는 매달 15일까지 배송해야 하는 계약상의 의무가 있어요. 그 일정에 따르면 우리는 일주일 이상 늦게 되는 거예요. Crosstown은 그것으로 인해 계약을 해지할 수도 있어요.

| Russel Black | 10:17 A.M. |

제가 Lee에게 가서 상황을 설명하도록 할게요. 1시간 내에 전화할게요.

어휘 specific 구체적인   behind 늦어, 뒤떨어져   ship 운송하다, 선적하다
contractually 계약상으로   obligated 의무가 있는

172 작성자들은 어떤 종류의 기업에 근무하고 있을 것 같은가?

(A) 선박 제조 회사
(B) 제조 회사
(C) 배송 회사
(D) 건설 회사

173 어떤 문제가 논의되고 있는가?

(A) 계약이 해지되었다.
(B) 가격이 변경되었다.
(C) 수리반이 도착하지 않았다.
(D) 선적이 지연되었다.

174 Black 씨는 이어서 무엇을 할 것인가?

(A) 계약서를 확인한다
(B) 공장에 방문한다
(C) 전화를 건다
(D) Crosstown 사에 간다

175 오전 10시 11분에, Stonewall 씨는 왜 "That's going to happen tomorrow"라고 썼는가?

(A) 조립 라인이 언제 가동될 것인지를 언급하기 위해서
(B) 언제 배송이 될 것인지를 언급하기 위해서

(C) 보수 작업이 언제 시작될 것인지를 언급하기 위해서
(D) 제품이 언제 완료되는지를 언급하기 위해서

[176-180]

4월 14일,

친애하는 Sims 씨께,

채용위원회 일동은 Ransom 테크놀로지에서 소프트웨어 개발 직책을 위한 면접에서 당신을 만나 기뻤습니다. 우리는 모두 당신의 능력과 예의 바른 품행에 깊은 인상을 받았습니다. 하지만 우리가 당신보다 더 많은 직무 경험을 가진 사람을 그 직책에 충원하기로 결정했다는 소식을 알리게 되어 유감입니다.

그러나 우리는 당신이 앞으로 유능한 직원이 될 잠재력을 갖고 있다고 생각해서, 당신에게 우리의 인턴 사원 프로그램의 직책을 제안하고자 합니다. 당신은 5월 1일부터 시작하여 매일 오전 9시부터 오후 6시까지 출근해야 할 것입니다. 매달 1,000달러의 급여를 받게 될 것입니다. 당신은 프로그래머들이 개발하고 있는 게임과 관련하여 그들과 함께 업무를 하게 될 것이며, 본인의 게임을 설계하는 소규모 프로젝트들을 담당하게 되고, 다양한 훈련 프로그램에 참석하게 될 것입니다. 6개월 후, 당신이 충분한 업무 경험을 얻었다고 생각되면, 우리는 기꺼이 당신을 정규직 사원으로 채용할 것입니다.

이 직책을 받아 들일 의향이 있다면, 보다 자세한 사항들에 대해 논의할 수 있도록 580-4030으로 저에게 연락하시거나 winstonjones@ransomtechnology.com으로 이메일을 보내 주세요.

Winston Jones 드림
Ransom 테크놀로지

어휘 hiring committee 채용위원회   pleasant 상냥한, 예의 바른   demeanor 품행, 태도   competent 유능한   stipend 봉급, 급료   attain 획득하다

수신: winstonjones@ransomtechnology.com
발신: jarvissims@infomail.com
제목: 귀하의 제안
날짜: 4월 17일

친애하는 Jones 씨께,

저의 지원 상황에 대해 알려 주셔서 감사합니다. 물론, Ransom 테크놀로지에서 근무하는 것은 어릴 때부터 저의 꿈이었기 때문에 그 직책을 제안 받지 못하게 되어 아쉽습니다. 하지만, 저는 귀하가 저에게 제안해 주신 인턴 사원 프로그램에 관심이 있습니다. 저는 6개월의 기간 동안 귀사의 정규직 사원이 되기 위해 필요한 경험을 쌓을 수 있다고 생각합니다.

제가 6월 1일부터 근무를 시작해도 되는지 알고 싶습니다. 저는 5월 14일이 되어야 졸업을 하게 되고, 근무를 시작하기 전에 부모님과 2주 동안 함께 보내고 싶습니다. 이것이 가능한지 여부를 알려 주신다면, 대단히 감사하겠습니다.

Jarvis Sims

어휘 status 신분; 상황

176 Sims 씨가 지원한 직책의 종류는 무엇인가?

(A) 인사 담당자
(B) 프로그래머
(C) 웹 디자이너
(D) 인턴

177 Ransom 테크놀로지에 대해 언급된 것은 무엇인가?

(A) 1년 내내 인턴 사원을 채용하고 있다.
(B) 직원들에게 경쟁력 있는 급여를 지급하고 있다.
(C) 여러 나라에 공장을 보유하고 있다.
(D) 최근에 정규직 사원을 채용했다.

어휘 all year round 1년 내내

178 Sims 씨가 인턴 사원으로서 하게 될 일이 아닌 것은 무엇인가?

(A) 자기 자신의 업무를 한다
(B) 학회에 참석한다

19

(C) 정규직 사원들을 보조한다
(D) 새로운 기술을 습득한다

179 Sims 씨는 왜 이메일을 작성했는가?
(A) 일정의 변경을 요청하려고
(B) 더 높은 급여를 요구하려고
(C) 정규직 직책에 지원하려고
(D) 받은 제안을 거절하려고

180 이메일에서, 첫 번째 문단 첫 번째 줄의 단어 "status"와 그 의미가 가장 유사한 것은?
(A) 명망
(B) 실패
(C) 상태
(D) 불완전성

[181-185]

Darvish 마케팅 학회

Darvish 마케팅 학회가 올해 봄 행사를 개최하며, 이는 오스틴 시내에 있는 Beckam 학회 센터에서 4월 11일 토요일에 개최될 예정입니다.

시간	강사	활동
9:00 A.M. – 9:30 A.M.	Brian Harkness	소개 / 개회사
9:30 A.M. – 11:00 A.M.	Sydney Green	강연: "관심을 끌기 위해 소셜 미디어 사용하기"
11:00 A.M. – 12:00 P.M.	Porter Williams	강연: "국제 마케팅 관련 법규"
12:00 P.M. – 1:00 P.M.	N/A	점심 식사
1:00 P.M. – 3:00 P.M.	Alice Chiu	강연: "중국에서의 제품 판매"
3:00 P.M. – 5:30 P.M.	Wilson Blythe	워크샵: "기업을 위한 광고 계획 수립하기"
5:30 P.M. – 6:00 P.M.	Amanda Parker	질의-응답 / 폐회사

학회에 좌석을 예약하시려면 483-2943으로 전화해 주세요. 참석 인원은 250명으로 제한되어 있으므로, 자리를 확보하시려면 지금 바로 전화해 주세요. 가격은 1인당 300달러이지만, 5명 이상의 단체는 법인 할인이 가능합니다. 보다 자세한 정보를 위해, 저희의 예전 학회들과 저희가 초빙했던 강사들에 대해 알아보고 예전 학회 참석자들의 후기를 읽어 보시려면 www.darvish.org에 방문해 주세요. 이번 행사는 올해 계획된 여섯 번의 학회들 중 두 번째입니다.

어휘 take place 개최되다 opening remarks 개회사 closing remarks 폐회사 attendance 참석 guarantee 보장하다 testimony 증언

수신: Kelly West
발신: Brian Harkness
제목: 학회
날짜: 3월 2일

우리는 다음 달에 있을 학회에 등록할 의향이 있는 사람들로부터 몇 가지 피드백을 받았는데, 모두 긍정적인 것은 아니에요. 몇몇 사람들은 우리가 해외에서의 마케팅에 너무 많은 초점을 맞추고 있다는 점에 대해 연락해 왔어요. 그 대신에 그들은 차라리 자신들의 상품과 서비스를 국내에서 홍보하기 위해 그들이 할 수 있는 것들을 우리가 강조하기를 바라고 있어요. 우리가 맞이하는 많은 사람들에게 중국은 중요한 시장이므로, 그 강연은 그대로 두기로 결정했지만, 해외 마케팅에 초점을 맞추고 있는 다른 하나는 교체하는 것이 좋겠어요. 저는 이미 Williams 씨에게 연락을 했고, 그는 저의 의견을 이해해 주었어요. 저는 당신이 Harold Kennedy와 Julie Powell에게 연락해서 국내 마케팅에 대해 강연을 할 수 있는지 알아봤으면 좋겠어요. 그들에게 평균적인 강연료를 제안하시면 되겠지만, 이렇게 급히 요청한 상황에서의 강연에 동의해 주시는 것에 대해 추가로 500달러를 더 드릴 거예요.

어휘 positive 긍정적인 regarding ~와 관련하여 emphasize 강조하다 promote 홍보하다, 판매를 촉진시키다 domestically 국내으로 point 의견, 주장

181 Darvish 마케팅 학회에 대해 언급된 것은 무엇인가?

(A) 현금과 신용카드 결제를 받는다.
(B) 회사에 회원 자격을 판매한다.
(C) 특별 행사를 정기적으로 개최한다.
(D) 강연자들이 해당 지역의 여러 기업에서 일하고 있다.

182 마케팅의 온라인적인 측면에 초점을 맞출 강연자는 누구인가?
(A) Sydney Green
(B) Porter Williams
(C) Alice Chiu
(D) Wilson Blythe

183 Harkness 씨는 왜 메모를 보냈는가?
(A) 새로운 강연자를 찾는 일을 시작하려고
(B) 지난 학회의 불만 사항들을 알리려고
(C) 직원을 채용한 사실을 알리려고
(D) 학회 등록에 대한 최신 정보를 전달하려고

어휘 initiate 개시하다, 착수하다

184 어떤 활동이 일정표에서 삭제되었는가?
(A) 관심을 끌기 위해 소셜 미디어 사용하기
(B) 국제 마케팅 관련 법규
(C) 중국에서의 제품 판매
(D) 기업을 위한 광고 계획 세우기

185 Powell 씨는 누구일 것 같은가?
(A) 마케팅 전문가
(B) 외국인 고객
(C) 학회 참가자
(D) Darvish의 직원

[186-190]

6월 14일

친애하는 Peterson 씨께,

제 이름은 Jessica West이며, 저는 귀사 웹사이트에 게재된 일자리들 중 하나에 지원합니다. 저는 토론토 사무실의 하급 재무분석가 직책에 특별히 관심이 있습니다. 제가 이 편지에 동봉한 이력서에서 보실 수 있듯이, 저는 금융업에서 3년 이상의 경력을 갖고 있습니다. 또한, 제가 대학교 3학년과 4학년이었던 시기의 여름 동안에 Bartleby's에서 인턴 사원으로 근무했던 것에 주목해 주시기 바랍니다. 제가 귀하를 만난 적은 없겠지만, 저는 Susan Waters와 Bruno Cabrini와 함께 근무했었는데, 두 사람 모두 여전히 귀하의 사무실에서 근무하고 있습니다. 귀하는 저의 업무의 질과 관련하여 그들에게 확인하실 수 있을 것입니다. 저는 언제든지 면접을 볼 수 있습니다. 귀하로부터 곧 긍정적인 답신을 듣게 되기를 기대하겠습니다.

Jessica West 드림

어휘 financial analyst 재무분석가 curriculum vitae 이력서 junior 대학 3학년 senior 대학 4학년 positive 긍정적인 response 응답

수신: jwest@personalmail.com
발신: jonaspeterson@bartlebys.com
제목: 면접
날짜: 6월 24일

친애하는 West 씨께,

저는 지원서를 받았고 당신의 자질에 깊은 인상을 받았습니다. 당신은 Martin and Sons에서 근무했던 비교적 짧은 기간 동안 상당히 많은 양의 업무를 했던 것으로 보입니다. 저는 또한 Cabrini 씨와 Waters 씨와 이야기를 나누었는데, 그 둘 모두 당신이 Bartleby's에서 3개월 동안 근무하면서 능력이 있었고 열심히 일했다고 확인해 주었습니다. 그래서, 저는 다음 주에 면접을 위해 당신이 토론토를 방문해 주었으면 합니다. 제가 실례를 무릅쓰고 면접을 위한 당신의 이동 준비를 준비해 두었습니다. 첨부된 일정표를 확인해 주세요. 일정상의 문제

가 있을 경우, 즉시 저에게 알려 주시기 바랍니다. Cabrini 씨는 당신이 도착할 때 공항에서 예전 여름에 함께 근무했던 동료를 만나게 될 것이라는 사실을 당신에게 알려 주기를 바라고 있습니다. 그는 여러분 둘이서 추억을 공유하는 것을 좋아할 것이라고 생각했습니다.

Jonas Peterson 드림

어휘 qualification 자질 relatively 비교적 assure 장담하다 take the liberty of 실례를 무릅쓰고 ~하다 catch up on ~을 따라잡다

Jessica West의 일정표

항공기	날짜	시간	목적지
RI34	6월 30일	9:45 A.M.	시카고
RI292	6월 30일	12:05 P.M.	토론토
RI12	7월 3일	6:30 P.M.	시카고
RI908	7월 3일	8:50 P.M.	멤피스

*Lattimore 가에 있는 Lakeside 호텔의 스위트룸이 예약되어 있습니다.
*Madeline Carter가 공항에서 당신을 맞을 것이며 토론토에서 당신의 연락 담당자가 되어 줄 것입니다.

어휘 suite 스위트룸 liaison 연락 담당자

186 편지에서, West 씨에 대해 언급되지 않은 것은 무엇인가?
(A) 그녀는 학생일 때 인턴으로 근무했다.
(B) 그녀는 토론토에서 직장을 구하는 데 관심이 있다.
(C) 그녀는 Cabrini 씨와 같은 부서에서 근무하기를 원한다.
(D) 그녀는 Peterson 씨가 읽을 수 있도록 자신의 이력서를 동봉했다.

187 West 씨는 Peterson 씨에게 무엇을 할 것을 요청하는가?
(A) 몇 명의 그의 동료들과 이야기를 할 것
(B) 근무일 동안에 그에게 연락할 것
(C) 그녀의 면접에 대한 피드백을 줄 것
(D) 공항에서 그녀를 만날 것

188 Martin and Sons에 대해 언급된 것은 무엇인가?
(A) 토론토 시에 위치해 있다.
(B) 직원들에게 Bartleby's에 비해 낮은 급여를 지급한다.
(C) West 씨가 대학을 졸업했을 때 그녀를 채용했다.
(D) 금융 산업에서 사업을 하고 있다.

189 West 씨는 언제 토론토에 도착할 것인가?
(A) 6월 30일에
(B) 7월 1일에
(C) 7월 2일에
(D) 7월 3일에

190 Carter 씨에 대해 무엇이 암시되고 있는가?
(A) 그녀는 Martin and Sons에서 근무하고 있다.
(B) 그녀는 Bartleby's에서 인턴 사원으로 근무했었다.
(C) 그녀는 West 씨를 만난 적이 없다.
(D) Waters 씨가 그녀를 관리하고 있다.

[191-195]

다음 휴가는
자메이카의
Caribbean 리조트에서 보내세요

아름다운 몬테고 만에 위치한 Caribbean 리조트에서는 자메이카에서 가장 좋은 숙소를 제공하고 있습니다. 리조트는 백사장 위에 있어서, 저희의 손님들은 따뜻하고 반짝이는 바다를 즐기기 위해 멀리 이동할 필요가 없습니다. 저희는 두 개의 야외 수영장을 보유하고 있으며, 스파 시설들은 최고입니다. 세 곳의 레스토랑에서 근사한 식사를 즐기세요. 10월 31일까지 객실을 예약하시면, 아래의 할인된 금액을 활용하실 수 있습니다:

■ 싱글룸: 150달러/1박
■ 더블룸: 190달러/1박
■ 디럭스룸: 230달러/1박
■ 럭셔리 스위트룸: 320달러/1박

모든 객실은 바다 전망입니다. 저희는 또한 고객님들을 위해 섬 투어, 스쿠버 다이빙, 보트 대여, 그리고 더 많은 활동들을 준비해 드릴 수 있습니다. 예약을 하시려면 www.carribeanresortmb.com을 방문해 주세요.

어휘 accommodations 숙소 sparkling 반짝이는 second to none 제일의

수신: markwhitcomb@forestmail.com
발신: reservations@carribeanresortmb.com
제목: #394585
날짜: 10월 28일

친애하는 Whitcomb 씨께,
자메이카 몬테고 만에 있는 Caribbean 리조트에 대한 귀하의 예약 요청을 받았습니다. 저희는 고객님께서 5일 동안 객실을 예약하신 것과 부인, 아드님, 그리고 따님과 함께 투숙하실 것이라는 사항을 확인하고자 합니다. 고객님의 객실은 1박에 190달러가 청구될 것입니다. 고객님은 섬의 여러 장소를 방문하고 스쿠버 다이빙을 배우는 것에 관심이 있다고 하셨습니다. 저희가 준비를 해 드리기를 원하신다면, 언제 무엇을 하고 싶으신 지에 대해서 작성해 주시기만 하면 됩니다. 고객님을 곧 뵙기를 고대합니다.

Winston Thrall 드림
예약 담당자
Caribbean 리조트

어휘 reservation 예약

청구서
Caribbean 리조트
몬테고 만, 자메이카

고객명: Mark Whitcomb   예약번호: 394585
체크인 날짜: 1월 22일   체크아웃 날짜: 1월 28일

서비스	날짜	메모	요금
객실 (6박)	1월 22일 – 27일		$1,140.00
룸 서비스	1월 23일	점심 식사	$122.00
세탁 서비스	1월 24일	여러 종류의 옷	$26.00
투어	1월 25일	섬 투어	$90.00
스쿠버 다이빙	1월 26일	3인 강습	$250.00
Montego Seaside	1월 26일	저녁 식사	$175.00
		총계	$1,803.00

지불 수단: ■현금   □신용카드
고객 서명: *Mark Whitcomb*
날짜: 1월 28일

191 Caribbean 리조트에 대해 언급되지 않은 것은 무엇인가?
(A) 고객들을 위해 몇 가지 종류의 식사를 제공한다.
(B) 방문객들을 위해 자메이카 관광 일정을 준비해줄 수 있다.
(C) 몬테고 만에 있는 섬에 위치하고 있다.
(D) 10월에는 정상가보다 낮은 금액을 제공한다.

192 Thrall 씨는 왜 Whitcomb 씨에게 이메일을 보냈는가?
(A) 지불 요청을 위해서
(B) 날짜를 확인하기 위해서
(C) 수정을 요청하기 위해서
(D) 예약을 확인하기 위해서

193 Whitcomb 씨는 어떤 종류의 객실을 예약했는가?
(A) 싱글룸
(B) 더블룸
(C) 디럭스룸

(D) 럭셔리 스위트룸

194 Whitcomb 씨에 대해 언급된 것은 무엇인가?
(A) 그는 여행 기간을 연장했다.
(B) 그는 몇 명의 친구들과 함께 리조트에 방문했다.
(C) 그는 자메이카에 처음 가봤다.
(D) 그는 스쿠버 다이빙을 여러 차례 했다.

195 Montego Seaside는 무엇인가?
(A) 식당
(B) 스파
(C) 다이빙 용품점
(D) 여행사

[196-200]

수신: 전 직원, 마케팅 부서
발신: Lloyd Thompson, 책임자, 마케팅 부서
제목: 설문
날짜: 4월 9일

여러분들도 많이 알고 있는 것처럼, 우리는 9월에 최신 제품군을 출시합니다. 그렇기 때문에 우리는 유럽과 국내에 있는 우리의 매장들을 위해 효과적인 마케팅 광고를 만드는 것이 반드시 필요합니다. 여러분은 Sylvan의 우리들이 최근 몇 달 동안 어려움을 겪고 있다는 사실 또한 잘 알고 있을 것입니다. 우리는 1분기에 손실을 입었고 이번 분기에도 마찬가지일 것으로 예상하고 있습니다. 우리는 우리의 매장과 온라인 쇼핑몰에 방문하는 고객들의 수가 줄어 든 원인을 알아내야 합니다. 저는 우리의 쇼핑 클럽 회원들에게 보낼 설문을 의뢰하려고 합니다. 설문지는 이달 말까지 발송되었으면 합니다. 하지만, 먼저, 우리는 문의할 주제들을 결정해야 합니다. 저는 우리의 회원들에게 구매할 수 있는 제품의 수, 매장 영업 시간, 그리고 고객 서비스에 대해 질문할 것을 제안합니다. 아이디어를 제시해 주세요. 우리는 이번 주 금요일 오전 10시에 예정되어 있는 회의에서 그것들에 대해 논의할 수 있을 것입니다.

어휘 integral 필수적인   campaign 광고   nationwide 전국적인   determine 알아내다, 밝히다   commission 의뢰하다   come up with (아이디어 등을) 내놓다

Sylvan 사
고객 설문지

다음의 설문을 완성하여 본 설문지에 동봉된 배송지 주소가 적혀 있고 직인이 찍혀 있는 봉투에 넣어 저희에게 발송해 주세요. 여러분의 응답은 여러분과 다른 모든 고객들께 더 나은 서비스를 제공할 수 있도록 해 줄 것입니다.

Sylvan 사의 아래 사항들에 대해 어떤 평가를 해 주시겠습니까?

	매우 좋음	좋음	보통	나쁨	매우 나쁨
제품의 가격			✓		
제품의 종류				✓	
영업 시간		✓			
오프라인 매장				✓	
온라인 쇼핑몰	✓				

여러분은 설문지를 익명으로 작성할 수 있습니다. 하지만, 이메일 주소를 남겨 주신다면 여러분은 특별 추첨 행사에 참여하게 될 것입니다. 참여하시는 분들께는 Sylvan 사의 모든 제품을 15달러 할인된 가격에 구매하실 수 있는 쿠폰이 지급됩니다. 다른 상품들로는 무료 제품들과 5,000달러 상당의 엄청난 액수의 구매권이 포함됩니다.

이메일 주소: katrinaz@personalmail.com

어휘 anonymously 익명으로   enter into 참여하다   drawing 추첨   shopping spree 물건을 마구 사는 행동

수신: contest@sylvanco.com
발신: katrinaz@personalmail.com
제목: 회신: 축하합니다.
날짜: 5월 31일

친애하는 Cosmos 씨께,

귀사에서 생산한 디지털 카메라에 당첨되었다는 소식을 알려 주셔서 감사합니다. 저는 지금 국내에 있지 않아서, 그것을 수령하러 매장에 갈 수가 없습니다. 저는 6월 말에 귀국할 것입니다. 상품을 수령하는 기한이 정해져 있나요?

Katrina Zhukov 드림

196 Sylvan 사에 대해 언급된 것은 무엇인가?
(A) 매달 특가 판매를 한다.
(B) 국제적으로 사업을 한다.
(C) 온라인 판매를 통해 대부분의 매출을 올린다.
(D) 최근에 고객의 수가 증가했다.

197 회람에서, 세 번째 줄의 단어 "suffering"과 그 의미가 가장 유사한 것은?
(A) 병에 걸린
(B) 곤욕을 치른
(C) 잘 되지 않는
(D) 느리게 일을 하는

198 Thompson 씨는 마케팅 부서의 직원들이 무엇을 하기를 원하는가?
(A) 설문지의 질문을 생각해낼 것
(B) 그들이 언제 회의에 참석할 것인지를 알려줄 것
(C) 새로운 제품군을 위한 광고에 대해 일을 할 것
(D) 매장의 고객들과 그들이 선호하는 것에 대해 이야기를 나눌 것

199 Thompson 씨가 제안한 설문의 주제가 아닌 것은 무엇인가?
(A) 제품의 가격
(B) 제품의 종류
(C) 영업 시간
(D) 온라인 쇼핑몰

200 Zhukov 씨에 대해 무엇이 암시되고 있는가?
(A) 그녀는 대부분의 구매를 온라인 상에서 한다.
(B) 그녀는 가족들과 함께 휴가 중이다.
(C) 그녀는 Sylvan의 매장의 단골 고객이다.
(D) 그녀는 제조 회사에서 근무한다.

어휘 regular shopper 단골 고객

Test 2

PART 1
1 (B)	2 (D)	3 (A)	4 (A)	5 (C)
6 (C)				

PART 2
7 (B)	8 (B)	9 (A)	10 (B)	11 (B)
12 (C)	13 (C)	14 (A)	15 (B)	16 (C)
17 (B)	18 (A)	19 (B)	20 (A)	21 (C)
22 (B)	23 (B)	24 (B)	25 (A)	26 (C)
27 (A)	28 (A)	29 (B)	30 (C)	31 (C)

PART 3
32 (B)	33 (A)	34 (D)	35 (D)	36 (A)
37 (C)	38 (C)	39 (A)	40 (A)	41 (B)
42 (A)	43 (C)	44 (B)	45 (A)	46 (C)
47 (D)	48 (B)	49 (A)	50 (C)	51 (A)
52 (C)	53 (C)	54 (C)	55 (A)	56 (B)
57 (C)	58 (A)	59 (C)	60 (A)	61 (A)
62 (A)	63 (A)	64 (C)	65 (B)	66 (D)
67 (C)	68 (C)	69 (A)	70 (B)	

PART 4
71 (A)	72 (C)	73 (B)	74 (A)	75 (B)
76 (A)	77 (A)	78 (C)	79 (B)	80 (B)
81 (A)	82 (D)	83 (A)	84 (D)	85 (C)
86 (D)	87 (A)	88 (B)	89 (B)	90 (D)
91 (A)	92 (C)	93 (B)	94 (B)	95 (B)
96 (C)	97 (A)	98 (B)	99 (D)	100 (A)

PART 5
101 (C)	102 (B)	103 (C)	104 (B)	105 (C)
106 (A)	107 (B)	108 (D)	109 (C)	110 (A)
111 (B)	112 (A)	113 (B)	114 (R)	115 (A)
116 (A)	117 (C)	118 (A)	119 (D)	120 (D)
121 (A)	122 (B)	123 (B)	124 (C)	125 (D)
126 (C)	127 (A)	128 (C)	129 (D)	130 (A)

PART 6
131 (D)	132 (A)	133 (A)	134 (B)	135 (D)
136 (B)	137 (C)	138 (B)	139 (A)	140 (D)
141 (B)	142 (C)	143 (C)	144 (D)	145 (A)
146 (C)				

PART 7
147 (D)	148 (C)	149 (B)	150 (A)	151 (D)
152 (D)	153 (D)	154 (A)	155 (C)	156 (A)
157 (C)	158 (B)	159 (D)	160 (D)	161 (B)
162 (A)	163 (D)	164 (B)	165 (B)	166 (A)
167 (B)	168 (C)	169 (A)	170 (D)	171 (C)
172 (C)	173 (A)	174 (C)	175 (A)	176 (D)
177 (A)	178 (D)	179 (A)	180 (C)	181 (A)
182 (D)	183 (B)	184 (C)	185 (B)	186 (C)
187 (D)	188 (B)	189 (A)	190 (B)	191 (C)
192 (A)	193 (C)	194 (D)	195 (C)	196 (C)
197 (C)	198 (C)	199 (B)	200 (B)	

PART 1   p.052

1

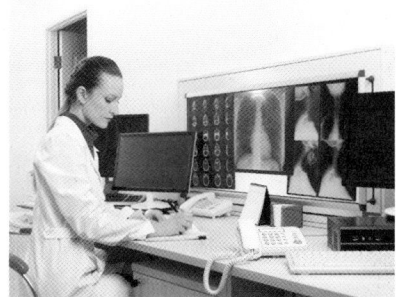

(A) The doctor is treating a patient.
(B) Two telephones are on the desk.
(C) The woman is taking an X-ray.
(D) The monitors are being turned on.

(A) 의사는 환자를 치료하는 중이다.
(B) 책상 위에는 두 대의 전화기가 있다.
(C) 여자는 엑스레이 촬영을 하고 있다.
(D) 모니터들이 켜지고 있다.

어휘 treat 치료하다   turn on 켜다

2

(A) They are putting boxes on the shelves.
(B) They are all holding tablets.
(C) They are looking at the same thing.
(D) They are standing in an aisle.

(A) 그들은 선반에 상자들을 놓고 있다.
(B) 그들은 모두 태블릿을 들고 있다.
(C) 그들은 같은 것을 바라보고 있다.
(D) 그들은 통로에 서 있다.

어휘 shelf 선반   aisle 통로

3

(A) Many flowers have been placed in pots.
(B) Vegetables are growing in the garden.
(C) People are looking at the flowers.
(D) Flowers are being planted in the ground.

(A) 많은 꽃들이 화분들에 심어져 있다.
(B) 정원에서 채소들이 자라고 있다.

(C) 사람들이 꽃들을 바라보고 있다.
(D) 꽃들이 땅에 심어지고 있다.

어휘 pot 항아리, 화분 ground 땅

4

(A) Cars are parked on one side of the street.
(B) Some people are crossing the busy street.
(C) Someone is riding a motorcycle down the street.
(D) The cars are facing the same direction.

(A) 도로의 한쪽 편에 자동차들이 주차되어 있다.
(B) 몇몇 사람들이 붐비는 거리를 건너고 있다.
(C) 어떤 사람이 도로에서 오토바이를 타고 있다.
(D) 자동차들이 같은 방향을 향하고 있다.

어휘 cross 건너다, 가로지르다 motorcycle 오토바이

5

(A) She is putting a folder in a filing cabinet.
(B) She is piling up a large number of documents.
(C) She is selecting a folder from the shelf.
(D) She is showing some files to a customer.

(A) 그녀는 서류 캐비닛에 폴더를 넣고 있다.
(B) 그녀는 많은 양의 문서들을 쌓아 올리고 있다.
(C) 그녀는 책장에서 서류철을 고르고 있다.
(D) 그녀는 몇몇 파일들을 고객에게 보여 주고 있다.

어휘 filing cabinet 서류 캐비닛 pile up 쌓다 folder 서류철 shelf 선반

6

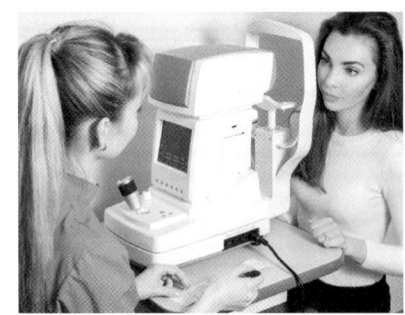

(A) The machine is scanning some documents.
(B) The women are sitting beside each other.
(C) They are on opposite sides of the machine.
(D) One woman is pulling out the plug.

(A) 기계가 몇몇 서류들을 스캔하고 있다.
(B) 여자들은 서로 나란히 앉아 있다.
(C) 그들은 서로 기계의 반대편에 있다.
(D) 한 여자가 플러그를 뽑고 있다.

어휘 scan 스캔하다 opposite 반대의

PART 2

7 Were these documents already processed?
(A) It's quite a complicated process.
(B) You need to speak with Debbie.
(C) I can't find the documentation anywhere.

이 문서들은 벌써 처리되었나요?
(A) 그것은 상당히 복잡한 과정이에요.
(B) 당신은 Debbie와 이야기를 나눠야 해요.
(C) 저는 그 기록을 어디에서도 찾을 수 없어요.

어휘 document 서류, 문서 process 처리하다; 과정 complicated 복잡한 documentation 서류; 기록

8 Who is the most skilled analyst in the Marketing Department?
(A) We ought to analyze the results now.
(B) That would definitely be Kumar.
(C) He doesn't have the skills to do that.

마케팅 부서에서 가장 뛰어난 분석가는 누구인가요?
(A) 우리는 지금 결과를 분석해야 해요.
(B) 분명히 Kumar일 거예요.
(C) 그는 그것을 할 기술을 보유하고 있지 않아요.

어휘 analyst 분석가 ought to ~해야 하다 analyze 분석하다 definitely 분명히, 확실히

9 Mr. Helton purchased a membership at the local gym last year.
(A) He doesn't look like he works out.
(B) Yes, there are more than 200 members.
(C) I exercise at least four times a week.

Helton 씨는 작년에 지역 체육관 회원권을 구매했어요.
(A) 그는 운동을 하는 것처럼 보이지 않아요.
(B) 네, 200명 이상의 회원들이 있어요.
(C) 저는 최소한 1주일에 네 번 운동해요.

어휘 purchase 구입하다 work out 운동하다

10 How did the vote on raising taxes go?
(A) Yeah, taxes are already too high.
(B) I haven't heard the final results.
(C) No, they didn't raise the income tax.

세금 인상에 대한 투표는 어떻게 되었나요?
(A) 맞아요, 세금은 이미 너무 높아요.
(B) 최종 결과를 듣지 못했어요.
(C) 아니요, 그들은 소득세를 인상하지 않았어요.

어휘 vote 투표하다 raise 인상하다 income tax 소득세

11 Should we hold the ceremony on Friday or Saturday?
(A) That's what we're planning to do.
(B) Actually, I'd prefer it to be on Sunday.
(C) No, I couldn't attend on either day.

우리는 기념식을 금요일에 개최해야 할까요 토요일에 개최해야 할까요?
(A) 그것이 바로 제가 하려고 했던 것이에요.
(B) 사실, 저는 일요일에 했으면 좋겠어요.
(C) 아니요, 저는 두 날 모두 참석할 수 없었어요.

어휘 hold 개최하다 ceremony 기념식 attend 참석하다

12 Could you please explain what you'd like me to do, Ms.

Sullivan?
(A) No, she doesn't need anything right now.
(B) Yes, she's planning to explain everything.
(C) Yes, but you need to wait a moment, please.

Sullivan 씨, 제가 무엇을 하기를 원하시는지 저에게 말해 주시겠어요?
(A) 아니요, 그녀는 지금 당장은 아무 것도 필요로 하지 않아요.
(B) 네, 그녀가 모든 것을 설명할 계획이에요.
(C) 네, 하지만 당신은 잠시 기다려야 해요, 부탁해요.

13 Who uploaded all of the files onto the company's intranet?
(A) Okay, I'll file everything soon.
(B) Yesterday before five o'clock.
(C) Both Margaret and Judith.

누가 모든 파일들을 회사 인트라넷에 업로드했나요?
(A) 좋아요, 제가 곧 모든 것을 철하도록 할게요.
(B) 어제 5시 이전에요.
(C) Margaret과 Judith 둘이서요.

어휘 intranet 인트라넷, 내부 전산망

14 Which speaker at the conference do you want to hear?
(A) I've got tickets to see Dr. Taylor's talk.
(B) Sorry, but I didn't hear what he said.
(C) That's right. I already spoke with her before.

당신은 학회에서 누구의 강연을 듣고 싶은가요?
(A) 저는 Taylor 박사의 강연을 보기 위한 티켓을 갖고 있어요.
(B) 미안하지만, 저는 그가 말하는 것을 듣지 못했어요.
(C) 맞아요. 저는 예전에 이미 그녀와 이야기를 나눴어요.

어휘 conference 회의, 학회

15 You're eligible to vote in the election, aren't you?
(A) Sometime next Tuesday morning.
(B) Yes, but I probably won't vote.
(C) The candidate I support is going to win.

당신은 선거에서 투표할 자격이 있어요, 그렇지 않아요?
(A) 다음 주 화요일 아침에요.
(B) 네, 하지만 저는 아마 투표하지 않을 거예요.
(C) 제가 지지하는 입후보자가 승리할 거예요.

어휘 eligible ~할 자격이 있는   vote 투표하다   election 선거   register 등록하다
candidate 입후보자

16 Why did the GPS device in your car suddenly stop working?
(A) I work at the coffee shop on Main Street.
(B) She's going to stop in a few minutes.
(C) I think it has a problem with the wires.

당신 차의 GPS 기기가 왜 갑자기 작동을 멈췄나요?
(A) 저는 Main 가에 있는 커피숍에서 일하고 있어요.
(B) 그녀는 몇 분 후에 그만 할 거예요.
(C) 제 생각에 그것은 전선에 문제가 있어요.

어휘 device 기기, 장치   wire 전선

17 Doesn't the day shift end at five every day?
(A) Shifting gears is simple in this vehicle.
(B) Not anymore. It's been changed to six.
(C) Julie works the day shift each day of the week.

낮 근무조는 매일 5시에 끝나지 않나요?
(A) 이 차량에서 기어를 바꾸는 것은 간단해요.
(B) 이제는 그렇지 않아요. 6시로 변경되었어요.
(C) Julie는 주중 매일 낮 근무조에서 일해요.

어휘 shift 근무 교대조; (기어를) 바꾸다   vehicle 차량

18 What time does the form have to be sent by?
(A) I need to ask Alice to confirm that with her.
(B) The game is going to start at seven thirty.
(C) This form hasn't been filled out yet.

서식은 몇 시까지 보내져야 하나요?
(A) Alice에게 확인해 볼 필요가 있어요.
(B) 경기는 7시 30분에 시작될 예정이에요.
(C) 이 서식은 아직 작성되지 않았어요.

어휘 form 서식   confirm 확인하다   fill out 기입하다, 작성하다

19 Did the doctor diagnose the patient's problem today?
(A) I'm trying to be patient at this moment.
(B) Dr. Dryden has been operating all day long.
(C) Yes, that's exactly the problem she has.

그 의사는 오늘 환자의 문제를 진단했나요?
(A) 저는 지금 참으려고 노력하고 있어요.
(B) Dryden 박사는 하루 종일 수술을 하고 있어요.
(C) 네, 그것이 그녀가 가지고 있는 정확한 문제점이에요.

어휘 diagnose 진단하다   patient 환자   operate 수술하다

20 Ms. Sellers won't resign her position, will she?
(A) She's not the type of person to do that.
(B) No, she hasn't retired from her job yet.
(C) Yes, that is our current position.

Sellers 씨는 그녀의 직책에서 물러나지 않을 거예요, 그렇겠죠?
(A) 그녀는 그런 행동을 할 사람이 아니에요.
(B) 아니요, 그녀는 아직 그녀의 직장에서 은퇴하지 않았어요.
(C) 네, 그것은 우리의 현재 위치예요.

어휘 resign 사임하다   position 직책   retire 은퇴하다

21 Who do you recommend giving the internship to?
(A) More than ten students last summer.
(B) They'll mostly do all kinds of office work.
(C) We won't go wrong with Patty Walsh.

당신은 누구에게 인턴직을 제시하는 것을 추천하나요?
(A) 지난 여름에는 10명 이상의 학생들에게요.
(B) 그들은 주로 모든 종류의 사무실 업무를 하게 될 거예요.
(C) Patty Walsh라면 문제 없을 거예요.

어휘 internship 인턴직   go wrong with ~에 문제가 있다

22 I'd like to change my reservation, please.
(A) Yes, your booking has been changed.
(B) When do you want to fly then?
(C) He's kind of quiet and reserved.

저의 예약을 변경하고 싶어요, 부탁해요.
(A) 네, 당신의 예약은 변경되었어요.
(B) 그렇다면 당신은 언제 비행하기를 원하세요?
(C) 그는 조용하고 내성적인 부류예요.

어휘 reservation 예약   book 예약하다   reserved 내성적인

23 What rides do you want to go on at the amusement park?
(A) The Ferris wheel is right behind us.
(B) All of them look pretty exciting to me.
(C) Here, I bought these tickets for us.

당신은 놀이공원에서 어떤 놀이 기구를 타고 싶나요?
(A) 관람차는 우리의 바로 뒤에 있어요.
(B) 그것들 모두가 매우 흥미로워 보이는군요.
(C) 여기요, 제가 우리를 위해 이 표들을 샀어요.

어휘 ride 놀이기구   amusement part 놀이공원   Ferris wheel 관람차

24 Has the sequel to this book already been published?
(A) It's the first book written by Mark Mooney.
(B) The author is still trying to complete it.
(C) No, I haven't read any of her novels.

이 책의 속편은 이미 출간되었나요?
(A) 이것은 Mark Mooney가 집필한 첫 번째 책이에요.
(B) 저자는 여전히 그것을 마무리하는 중이에요.
(C) 아니요, 저는 그녀의 소설들 중 어느 것도 읽어 본 적이 없어요.

어휘 sequel 속편   publish 출판하다   author 작가, 저자

25 What should I expect to be asked about the interview?
(A) Mostly questions about your experience.
(B) Next Monday morning at half past ten.
(C) You'll meet Robert Stewart in his office.

면접에서 저는 어떤 질문을 받게 될까요?
(A) 주로 당신의 경력과 관련된 질문들이요.
(B) 다음 주 월요일 10시 반이요.
(C) 당신은 Robert Stewart를 그의 사무실에서 만나게 될 거예요.

어휘 experience 경험, 경력   interview 면접, 인터뷰

26 When are the renovations supposed to be complete?
(A) For the past five or six months.
(B) More than six thousand dollars, I heard.
(C) Sometime in the middle of February.

개조 공사는 언제 마무리되기로 되어 있나요?
(A) 지난 5개월이나 6개월 동안이요.
(B) 제가 듣기로는 6천 달러 이상이었어요.
(C) 2월 중순 무렵이요.

어휘 renovation 개조 공사   be supposed to ~하기로 되어 있다   complete 완료된

27 Has anyone figured out why the experiment failed?
(A) Harold is working on that issue now.
(B) We were in the lab when it happened.
(C) No, the experiment is taking place soon.

실험이 왜 실패했는지 알아 낸 사람이 있나요?
(A) Harold가 지금 그 문제를 해결하기 위해 애쓰고 있어요.
(B) 우리는 그 일이 발생했을 때 연구실에 있었어요.
(C) 아니요, 그 실험은 곧 실시될 거예요.

어휘 figure out 알아내다   experiment 실험   work on (해결하기 위해) ~에 애쓰다   lab 실험실   take place 일어나다, 개최되다

28 I didn't receive the merchandise which I ordered online.
(A) Let me look up your account information.
(B) Thank you for shopping at Max Mart.
(C) I'm pleased you're satisfied with your order.

저는 온라인으로 주문한 상품을 받지 못했어요.
(A) 고객님의 계정 정보를 찾아 볼게요.
(B) Max 마트에서 쇼핑해 주셔서 감사합니다.
(C) 저는 당신이 주문에 만족하신다니 기쁩니다.

어휘 merchandise 상품   account 계정   information 정보   be pleased with 만족하다, 기쁘다

29 How do this year's profits compare with last year's?
(A) Our revenues are up considerably.
(B) Right about the same for the most part.
(C) You're totally right about our profits.

올해의 이익은 작년의 이익과 비교하면 어떤가요?
(A) 우리의 매출은 상당히 상승했어요.
(B) 대부분은 거의 같아요.
(C) 우리의 수익에 대해 당신이 전적으로 옳아요.

어휘 profit 이익(비용을 차감한 수익)   revenue 수익(비용 차감 전 수익)   considerably 상당히   for the most part 대부분은

30 You ought to change your password every week.
(A) He passed the exam when he took it.
(B) No, I can't remember what it is.
(C) That's precisely what I do.

당신은 매주 당신의 비밀번호를 바꾸는 것이 좋아요.
(A) 그는 시험을 봤을 때 통과했어요.
(B) 아니요, 저는 그것이 무엇인지 기억할 수 없어요.
(C) 저는 그렇게 하고 있어요.

어휘 password 암호, 비밀번호   precisely 정확하게

31 Why did your broker recommend purchasing that stock?
(A) He's convinced it's going to go down.
(B) More than 1,000 shares of it.
(C) It's likely to increase in value.

증권 중개인은 왜 당신에게 그 주식을 구매하라고 했나요?
(A) 그는 그것이 하락할 것이라고 확신하고 있어요.
(B) 1,000주 이상이에요.
(C) 그것은 가치가 상승할 가능성이 있어요.

어휘 broker 중개인, 브로커   be convinced 확신하다   share 지분; 주, 주식

PART 3
p.057

[32-34]

M Ms. Lorenzo, prior to boarding the bus, you declared your interest in learning more about the history of the city. I suggest getting an audio guide. It can tell you everything you want to know about the exhibits here.
W That would be educational. Can you tell me where I can get one?
M Head to the information desk over there. Give the person your driver's license, and you can borrow a guide. It won't cost you anything at all.
W Thanks for letting me know about that. That should be much better than simply looking at the exhibits by myself.

M Lorenzo 씨, 버스에 탑승하시기 전에, 당신은 시의 역사를 더 많이 배우는 것에 대해 관심을 표명하셨군요. 오디오 가이드를 수령하시는 것을 추천해요. 그것은 당신이 이곳의 전시품에 대해 알고 싶은 모든 것을 말해줄 수 있어요.
W 교육적이겠군요. 제가 그것을 어디에서 구할 수 있는지 말해 줄 수 있나요?
M 저쪽의 안내 데스크로 가세요. 저 사람에게 당신의 운전면허증을 주면, 가이드를 대여할 수 있어요. 비용은 전혀 들지 않을 거예요.
W 그것에 대해 알려 주어서 고마워요. 혼자서 전시품들을 보기만 하는 것보다 그것이 훨씬 더 좋을 것 같군요.

어휘 board 탑승하다   declare one's interest ~의 관심을 보이다

32 대화가 일어나는 곳은 어디인가?
(A) 학교에서
(B) 박물관에서
(C) 버스에서
(D) 공항에서

33 남자는 여자에게 어디로 가라고 말하는가?
(A) 안내 창구
(B) 매표소
(C) 선물판매점
(D) 서점

34 여자는 왜 남자에게 고마워하는가?
(A) 그녀에게 새로운 프로그램에 대해 알려주어서
(B) 무료로 도움을 주어서
(C) 특별 전시회를 말해주어서
(D) 그녀에게 오디오 가이드에 대해 말해주어서

[35-37]

M Hello. This is Jack Weber calling from the Metaxas Corporation. I'd like to confirm that my company has reservations for six individuals for this weekend's workshop.
W Thank you for calling Mr. Weber. Yes, everyone from your firm is confirmed. We'll see you at ten on Saturday morning.
M Did you say ten o'clock? I was under the impression that it is starting at eleven thirty.
W You didn't receive the e-mail with the new schedule we sent last week? It mentioned that the time has changed due to a scheduling conflict involving one of the instructors. I'll resend it to you in a moment.

M 여보세요. 저는 Metaxas 사의 Jack Weber입니다. 우리 회사에서 이번 주말의 워크샵을 위해 여섯 명을 예약한 것에 대해 확인하고 싶어요.
W 전화해 주셔서 감사합니다 Weber 씨. 네, 귀사의 모든 분들이 확인되었습니다. 토요일 아침 10시에 뵙겠습니다.
M 10시라고 말씀하셨나요? 저는 그것이 11시 30분에 시작된다고 생각했는데요.
W 저희가 지난주에 보내 드렸던 새로운 일정표가 첨부된 이메일을 받지 못하셨나요? 강사 한 분과 관련해서 일정이 겹치는 문제 때문에 시간이 변경되었다는 내용이 거기에 언급되어 있어요. 제가 바로 그것을 다시 보낼게요.

어휘 confirm 확인하다 under the impression ~라고 생각하고 있는 scheduling conflict 일정의 충돌 instructor 강사

35 남자는 왜 여자에게 전화했는가?
(A) 몇 가지 정보를 요청하려고
(B) 강사를 확인하려고
(C) 시간 변경에 대해 문의하려고
(D) 몇 가지 예약 사항을 확인하려고

36 워크샵은 몇 시에 시작될 것인가?
(A) 10시에
(B) 10시 30분에
(C) 11시에
(D) 11시 30분에

37 여자는 남자에게 무엇을 보낼 것인가?
(A) 몇 장의 티켓
(B) 영수증
(C) 일정표
(D) 환불금

[38-40]

W Donnie, were you able to download the new software onto your computer? I'm trying to do that, but I'm having problems.
M I had no problems getting the software running, but I've also got a newer computer. Your computer might be too old and outmoded to run the software.
W That would be a huge problem. Mr. Reynolds told me I need to start using the software, but he wouldn't approve my request to upgrade my computer.
M Let me have a look at your machine. I should be able to figure out the problem. How about doing that right now?

W Donnie, 당신의 컴퓨터에 새로운 소프트웨어를 내려 받을 수 있었나요? 계속 해보고 있지만, 문제가 있는 것 같아요.
M 저는 그 소프트웨어를 작동하는 데 아무런 문제가 없었지만, 저는 또한 신형 컴퓨터도 받았어요. 당신의 컴퓨터는 너무 오래되어서 그 소프트웨어를 작동시키기에는 구식인 것 같네요.
W 큰 문제군요. Reynolds 씨는 저에게 그 소프트웨어를 사용하기 시작해야 한다고 말했지만, 그는 컴퓨터를 업그레이드해달라는 저의 요청을 승인해 주지 않았어요.
M 당신의 기기를 보여 주세요. 제가 문제를 알아낼 수 있을지도 몰라요. 지금 바로 해보는 게 어떨까요?

어휘 outmoded 구식의 figure out 알아내다

38 여자는 무엇을 시도하고 있는가?
(A) 몇몇 데이터를 업데이트한다
(B) 그녀의 관리자에게 요청서를 제출한다
(C) 그녀의 컴퓨터에 소프트웨어를 설치한다
(D) 몇몇 고장 난 장비를 수리한다

39 남자에 따르면, 여자의 문제는 무엇인가?
(A) 기기가 구식이다.
(B) 필요한 부품이 없다.
(C) 요청이 승인되지 않았다.
(D) 컴퓨터가 너무 느리다.

40 남자는 무엇을 하기를 원하는가?
(A) 여자의 컴퓨터를 살펴본다
(B) Reynolds 씨와 이야기한다
(C) 더 많은 장비를 구입한다
(D) 수리기사에게 연락한다

[41-43]

M I don't know how we're going to complete this assignment given our current budget. We still have several tests left to run.
W There's no way we can cut any more corners. We'd better file a request with Ms. Anderson to provide us with some more money. Otherwise, we won't be able to produce a quality analysis.
M That makes sense. How much do you believe we ought to ask for from Accounting?
W I'd be happy with $10,000, but getting $15,000 would enable us to do a more thorough job. So I'm going to make a request for the latter amount.

M 현재 우리에게 주어진 예산으로 이 임무를 어떻게 끝마쳐야 할지 모르겠어요. 우리에게는 여전히 수행해야 할 몇 가지 실험이 남아 있어요.
W 우리가 비용을 절감할 수 있는 방법은 더 이상 없어요. Anderson 씨에게 자금을 더 지원해 달라는 요청서를 제출하는 것이 좋겠어요. 그렇지 않으면, 우리는 양질의 분석을 해낼 수 없을 거예요.
M 옳은 말이에요. 당신은 우리가 회계부서에 얼마를 요청해야 한다고 생각하나요?
W 10,000달러만 있어도 좋기는 하겠지만, 15,000달러는 있어야 우리가 업무를 더 진행할 수 있을 것 같아요. 그래서 저는 나중에 언급한 액수를 요청할 거예요.

어휘 assignment 임무, 과제 budget 예산 cut corners 지름길로 가다; 더 빠른(더 쉬운, 비용이 더 드는) 방법을 찾다

41 화자들이 주로 논의하고 있는 것은 무엇인가?
(A) 제품 분석
(B) 예산 문제
(C) 직원 회의
(D) 예정된 업무

42 여자는 무엇을 제안하는가?
(A) 회계부서에 요청서를 제출한다
(B) 원래 계획된 것보다 더 적은 횟수의 실험을 한다
(C) 실험실에서 더 많은 시간을 근무하도록 일정을 세운다
(D) 완료되어야 하는 업무를 분석한다

43 여자가 요청하려고 하는 자금의 액수는 얼마인가?
(A) 5,000달러
(B) 10,000달러
(C) 15,000달러
(D) 20,000달러

[44-46]

W: Mr. Lawrence, Eddie Folsom in Unit 5D told me to contact you if I have any problems with my new place. Is that correct?
M: It sure is. Is something wrong? We painted all the walls, added new carpeting, and bought a replacement refrigerator before you moved in.
W: Yes, and everything looks wonderful. I'm quite pleased with that. Unfortunately, however, the bathroom sink is dripping water, so I wonder if you can handle it.
M: Of course. I'm on my way up to look at a problem in Unit 10B. Once I'm finished there, I'll head straight to your place.

W: Lawrence 씨, 새 집에 문제가 있으면 당신에게 연락하라고 5D호의 Eddie Folsom이 저에게 말했어요. 맞아요?
M: 맞아요. 잘못된 것이 있나요? 우리는 당신이 오기 전에 모든 벽에 페인트칠을 했고, 새 카펫을 깔았고, 교체용 냉장고도 구매했는데요.
W: 네, 그리고 모든 것이 훌륭해 보여요. 저는 대단히 만족하고 있어요. 하지만, 유감스럽게도, 욕실 싱크대에서 물이 흐르고 있는데, 당신이 그것을 고칠 수 있을지 모르겠어요.
M: 물론이죠. 저는 지금 10B호의 문제를 점검하러 올라가는 중이에요. 그곳에서 일을 마치면, 곧바로 당신의 집으로 갈게요.

어휘 unit (공동 주택 내의) 한 가구   drip (물이) 뚝뚝 떨어지다   handyman 잡역부

44 여자가 Eddie Folsom에 대해 암시하고 있는 것은 무엇인가?
(A) 그는 여자의 임대주이다.
(B) 그는 그녀와 같은 단지에 살고 있다.
(C) 그는 때때로 잡역부의 일을 한다.
(D) 그는 그녀가 아파트로 이사하는 것을 도와 줄 것이다.

45 여자가 언급하는 문제는 무엇인가?
(A) 싱크대에서 물이 샌다.
(B) 그녀의 냉장고가 작동을 멈추었다.
(C) 벽의 페인트가 벗겨지고 있다.
(D) 그녀의 카펫에 얼룩이 있다.

46 남자는 이어서 무엇을 할 것 같은가?
(A) 전화를 한다
(B) Eddie Folsom과 이야기한다
(C) 위층의 아파트를 방문한다
(D) 가전제품을 수리한다

[47-49]

W: Good afternoon, Mr. Morrison. I'm returning your call about some missing items in the order you received. Could you tell me what's not there?
M: We ordered 25 pizzas for our Friday afternoon luncheon, but the deliveryman only brought 15. When I asked him where the others were, he didn't know anything about them.
W: I'm sorry for the confusion. We're a bit busy here, so we asked our branch on Montgomery Avenue to cook 10 of your pizzas. They should arrive any minute now.
M: Thanks for clearing that up. But please let us know in advance if this happens again later.

W: 안녕하세요, Morrison 씨. 고객님이 받으셨던 주문품에서 누락된 물품들과 관련된 전화에 회신을 드립니다. 무엇이 없는지 말씀해 주시겠어요?
M: 우리는 금요일 오후 오찬을 위해 25판의 피자를 주문했지만, 배달하는 분이 15판만 가져왔어요. 나머지는 어디에 있는지 그에게 물어봤지만, 그는 그것들에 대해 아무것도 모르더군요.
W: 당황스럽게 해드려 죄송합니다. 이곳이 매우 분주해서, Montgomery가에 있는 지점에 고객님의 피자 10판을 만들어 달라고 요청했어요. 그것들은 곧 도착할 거예요.
M: 해결해 주셔서 고마워요. 하지만 다음에는 이러한 일이 일어나기 전에 미리 알려 주셨으면 좋겠군요.

어휘 confusion 당혹, 혼란   clear up 해결하다

47 여자는 왜 남자에게 전화했는가?
(A) 배송 지연에 대해 사과하려고
(B) 그에게 주문하는 절차에 대한 최신 정보를 알려 주려고
(C) 그에게 몇 가지 새로운 메뉴의 상품에 대해 알려 주려고
(D) 그의 예전 문의에 대한 대답을 하려고

48 Montgomery 가의 지점에서는 무엇을 할 것인가?
(A) 오찬을 위해 서빙하는 사람들을 보낸다
(B) 남자가 주문한 것들의 일부를 배달한다
(C) 청소를 도울 직원들을 보낸다
(D) 남자의 행사를 위해 25판의 피자를 굽는다

49 남자는 여자에게 무엇을 할 것을 제안하는가?
(A) 앞으로는 주문 변경 사항에 대해 그에게 알려준다
(B) 당황스럽게 한 것으로 인해 그에게 할인을 해준다
(C) 다른 배송은 확실히 제시간에 도착하도록 한다
(D) 함께 주문했던 모든 것을 배송해준다

[50-52]

M: I'd like to speak with you regarding Molly Nelson. I strongly believe we should promote her soon.
W: I concur with your assessment. However, the next round of promotions isn't scheduled until July, and that's four months away.
M: I realize that, but she landed two huge contracts for us last week. She really deserves a promotion ahead of time.
W: I see the logic in your statement, but I'm still not sure if we should do that.
M: Well, doing that will be good for morale. It will show the other employees that we reward excellence in the workplace.
W: Good point. Let me talk to Mr. Richardson in management and see what he says.

M: 당신에게 Molly Nelson과 관련된 얘기를 하고 싶어요. 저는 우리가 그녀를 곧 승진시켜야 한다는 생각을 확고하게 하고 있어요.
W: 당신의 의견에 동의해요. 하지만, 다음 번 승진 일정은 7월로 예정되어 있는데, 이는 4개월 후예요.
M: 저도 알고 있지만, 그녀는 지난 주에 두 건의 큰 계약을 성사시켰어요. 그녀는 정말로 미리 승진할 자격이 있어요.
W: 당신의 말이 타당하지만, 저는 우리가 그렇게 해도 될지 여전히 확신이 서지 않아요.
M: 음, 그것은 사기를 위해서도 좋을 거예요. 이는 다른 직원들에게 직장에서 탁월한 성과에 대해 보상을 해준다는 것을 보여 줄 거예요.
W: 좋은 지적이에요. 관리부의 Richardson 씨에게 이야기해서 그가 뭐라고 하는지 들어봐야겠어요.

어휘 regarding ~에 관하여   concur 동의하다   assessment 의견   land a contract 계약을 성사시키다   ahead of time 미리, 시간 전에   morale 사기, 의욕   excellence 뛰어남, 탁월함

50 화자들은 주로 무엇을 논의하고 있는가?
(A) 신규 계약서에 서명하는 것
(B) 더 많은 직원들을 채용하는 것
(C) 직원을 승진시키는 것
(D) 직원을 평가하는 것

51 Molly Nelson은 지난주에 무엇을 했는가?
(A) 회사를 위한 신규 실적을 확보했다
(B) Richardson 씨를 만났다
(C) 회사의 본사를 방문했다
(D) 그녀의 계약을 갱신하는 것에 동의했다

52 남자가 "Doing that will be good for morale"이라고 말할 때 그가 의미하는 것은 무엇인가?

(A) 회사는 직원들에게 더 많은 임금을 지급해야 한다.
(B) 회사는 몇몇 직원들에게 상여금을 지급해야 한다.
(C) 회사는 Nelson에게 더 높은 직책을 수여해야 한다.
(D) 회사는 직원들의 평가 시기를 변경해야 한다.

[53-55]

W That was an interesting seminar. How did you two enjoy it?
M1 To be honest, I wasn't terribly impressed with the speaker. I found his speaking style to be quite annoying.
M2 And I thought that the information he spoke about was both dull and outdated. What about you, Karen?
W I couldn't agree with you less. Dr. Shula is a world-renowned expert in the field of acquisitions and is someone you should definitely pay close attention to.
M2 But he was so boring to listen to.
W Okay, his speaking style isn't the greatest, but each of you should read his books. You can learn a lot from them.

W 흥미로운 세미나였어요. 두 분도 즐거웠나요?
M1 솔직히 말하자면, 저는 발표자에게서 대단한 인상을 받은 것은 아니었어요. 그의 발표 스타일이 다소 성가시더라고요.
M2 그리고 저는 그가 발언했던 정보는 분명하지 않고 오래된 것이었다고 생각했어요. 당신은 어땠어요, Karen?
W 저는 여러분들의 의견에 절대로 동의할 수 없군요. Shula 박사는 기업 인수 분야에서 세계적으로 명성이 있는 전문가이며 여러분들이 많은 관심을 가져야만 하는 사람이에요.
M2 하지만 그는 듣기에 너무 지루했어요.
W 그래요, 그의 발표 스타일이 최고로 훌륭한 것은 아니지만, 여러분 둘 다 그의 책을 읽어봐야 해요. 여러분들은 책에서 많은 것을 배울 수 있을 거예요.

어휘 annoying 성가신, 짜증나는 dull 분명하지 않은 acquisition (기업) 인수 renowned 명성이 있는

53 무엇이 논의되고 있는가?
(A) 여자가 할 연설
(B) 기업 인수 분야
(C) 세미나의 발표자
(D) 의사

54 여자가 "Dr. Shula is a world-renowned expert in the field of acquisitions"라고 말할 때 그녀가 암시하는 것은 무엇인가?
(A) 그녀는 기업 인수에 대해 많이 알지 못한다.
(B) 그녀는 연설이 잘 준비되었다고 생각했다.
(C) 그녀는 화자의 연설이 유익했다고 생각했다.
(D) 그녀는 연설이 지루할 것이라고 생각한다.

55 여자는 남자들에게 무엇을 하라고 말하는가?
(A) Shula 박사가 쓴 책을 읽는다
(B) 발표를 한 번 더 듣는다
(C) 그들의 의견을 다시 생각해 본다
(D) 더 나은 발표자가 되도록 노력한다

[56-58]

M Hello. I received this prescription at the Franklin Clinic. Can I get it filled here?
W Yes, I can do that for you. It will take about a quarter of an hour though.
M I don't mind waiting. But could you tell me if there are any side effects of the medication?
W Let me see . . . Ah, yes, it could make you drowsy, so don't drive or use heavy machinery after you take it.
M I don't own a car, so that's all right. Is there anything else I ought to know about it?
W Don't take it on an empty stomach. You need to take it half an hour after eating a meal.

M 안녕하세요. 저는 Franklin 의원에서 이 처방전을 받았는데요. 이곳에서 조제할 수 있나요?
W 네, 제가 해 드릴 수 있어요. 15분 정도 소요될 것 같기는 하지만요.
M 기다리는 것은 상관없어요. 하지만 약물의 부작용이 있는지 저에게 알려 주실 수 있나요?
W 잠시만요… 아, 네, 이 약은 졸음을 유발할 수 있으니, 복용하고 나서 운전을 하거나 중장비를 사용하지 마세요.
M 저는 차를 갖고 있지 않아서, 그것은 괜찮아요. 그것에 대해 제가 더 알아야 할 것이 있나요?
W 공복에 복용하지 마세요. 식사하고 30분 후에 드셔야 해요.

어휘 fill a prescription 약을 조제하다 side effect 부작용 medication 약 drowsy 졸리는

56 대화는 어디에서 이루어지는가?
(A) 병원에서
(B) 약국에서
(C) 제약회사에서
(D) 의원에서

57 남자는 얼마나 기다려야 하는가?
(A) 5분
(B) 10분
(C) 15분
(D) 30분

58 여자는 남자에게 무엇을 하라고 말하는가?
(A) 약을 복용하기 전에 식사를 한다
(B) 무거운 것을 들지 않는다
(C) 항상 운전을 피한다
(D) 졸음이 오면 의사에게 전화한다

[59-61]

M Hello, Ms. Krauss. This is Noah Hedley from *Business Today*. I'm calling to confirm that you're still willing to be interviewed for an article in my magazine.
W Oh, hello, Mr. Hedley. Yes, I have enough time to speak with you.
M Excellent. When would you like for me to visit your office? The interview should take around two hours.
W This Thursday from ten to noon would be perfect. Can you make it here then?
M I sure can. And would you mind if I brought a photographer? We need some pictures for the article.
W That's fine with me. I'll see you in a couple of days.

M 여보세요, Krauss 씨. 저는 *Business Today*의 Noah Hedley입니다. 여전히 저희 잡지 기사를 위한 인터뷰를 하실 의향이 있으신지 확인하려고 전화를 드렸습니다.
W 아, 안녕하세요. Hedley 씨. 네, 저는 당신과 이야기할 시간이 충분히 있어요.
M 좋습니다. 제가 당신의 사무실에 언제 방문하는 것이 좋을까요? 인터뷰는 두 시간 정도 걸릴 것 같습니다.
W 이번 주 목요일 오전 10시에서 12시까지가 좋을 것 같아요. 그때 이곳으로 오실 수 있나요?
M 물론입니다. 사진작가와 함께 방문해도 될까요? 기사를 위한 사진 몇 장이 필요해서요.
W 괜찮아요. 그럼 이틀 뒤에 뵙겠습니다.

어휘 confirm 확인해 주다 photographer 사진작가 article 기사

59 남자는 누구일 것 같은가?
(A) 사진작가
(B) 편집자
(C) 기자
(D) 교정자

60 목요일에는 무슨 일이 있을 것인가?
 (A) 인터뷰가 진행될 것이다.
 (B) 기사가 인쇄될 것이다.
 (C) 보고서가 제출될 것이다
 (D) 잡지가 배송될 것이다.

61 여자는 왜 "That's fine with me"라고 하는가?
 (A) 그녀의 사진을 촬영하는 것에 동의하려고
 (B) 결정된 시간이 괜찮다는 것을 말하려고
 (C) 보고서가 읽히는 방식에 대해 승인하려고
 (D) 남자의 사무실에 방문하는 것에 대한 그녀의 관심을 확인해 주려고

[62-64]

W1 We received more than sixty applications for a single position. That's too many to look through.
M Don't worry. I already discarded the individuals who didn't meet the minimum qualifications, so that reduced the number.
W2 How many are we down to now?
M Nineteen. I've got all of their applications in separate files that I ordered alphabetically. Here they are.
W1 Janet, you and I need to look at them this afternoon. We should select the top seven or eight candidates to call in for interviews.
W2 In that case, I'll cancel my meeting with Bob Seaver so that we can spend the rest of the day doing that.

W1 우리는 하나의 공석에 60부가 넘는 지원서를 받았어요. 검토하기에 너무 많네요.
M 걱정하지 마세요. 제가 벌써 최소한의 자격 조건에 미달되는 사람들을 탈락시켜서, 그 수는 줄어들었어요.
W2 지금은 어느 정도까지 줄어들었나요?
M 19부요. 제가 모든 지원서들을 알파벳 순서에 따라서 분리된 파일에 구분해 두었어요. 여기 있어요.
W1 Janet, 당신과 내가 오늘 오후에 그것들을 검토해야겠어요. 우리는 면접 통보 전화를 하기 위해서 상위 일곱 명에서 여덟 명의 지원자들을 선발해야 해요.
W2 그렇다면, 오늘 남은 시간 동안 그 업무를 할 수 있도록 Bob Seaver와의 회의를 취소할게요.

어휘 application 지원서 look through 검토하다 discard 버리다, 폐기하다 qualification 자격 candidate 지원자

62 남자는 어떤 지원서들을 탈락시켰는가?
 (A) 자격을 충족시키지 못한 사람들의 것들
 (B) 높은 급여를 요구하는 사람들의 것들
 (C) 예전 경력이 없는 사람들의 것들
 (D) 다른 산업에 종사했던 사람들의 것들

63 남자는 파일들을 어떻게 정리했는가?
 (A) 알파벳 순서에 따라 정리함으로써
 (B) 나이 순으로 정리함으로써
 (C) 수령했던 순서에 따라 정리함으로써
 (D) 가장 적격인 사람들을 상위에 배치함으로써

64 여자들은 오후에 무엇을 할 것인가?
 (A) Seaver 씨와 회의를 한다
 (B) 구인 광고를 다시 작성하는 업무를 한다
 (C) 면접을 실시할 사람들을 선발한다
 (D) 몇몇 지원자들에게 연락한다

[65-67]

W Good morning, sir. Where are you going today?
M Um, actually, I already bought a ticket, but I missed my bus. Is it possible for me to return this one and to get a ticket for another bus? I'm trying to go to Zurich.
W Let me see the ticket, please . . . Okay, I'll void this ticket for the 11:15 bus. Which bus would you like to take?
M I need to get there as soon as possible, so the next one would be great.
W Okay, but it's an express bus, so it's going to cost a bit more. You need to pay twenty more euros.
M That's fine. Here you are.

W 안녕하세요, 손님. 오늘은 어디로 가시나요?
M 음, 사실, 저는 이미 표를 구입했는데, 버스를 놓쳤어요. 이 표를 반납하고 다른 버스표를 받을 수 있을까요? 저는 취리히에 가려고 해요.
W 표를 보여 주세요… 네, 이 11시 15분 버스표는 취소하도록 할게요. 어떤 버스를 탑승하실 건가요?
M 가능한 빨리 그곳으로 가야 해서, 바로 다음 버스를 타는 게 좋겠어요.
W 좋아요, 하지만 그것은 고속 버스라서, 비용이 조금 더 추가돼요. 20유로를 더 내셔야 해요.
M 괜찮아요. 여기 있어요.

어휘 void 무효로 하다 express bus 고속 버스

65 남자의 문제는 무엇인가?
 (A) 그는 돈을 충분히 갖고 있지 않다.
 (B) 그는 가지고 있던 표의 버스를 놓쳤다.
 (C) 그는 자신의 신용카드를 찾을 수 없다.
 (D) 그는 회의에 늦게 도착할 것이다.

66 시각자료를 보시오. 남자는 몇 시에 버스에 탑승할 것인가?
 (A) 오전 11시 15분
 (B) 오전 11시 40분
 (C) 오후 12시 05분
 (D) 오후 12시 30분

67 여자는 남자가 원하는 버스에 대해 무슨 말을 하는가?
 (A) 예약된 좌석들이 있다.
 (B) 두 번 정차할 것이다.
 (C) 고속 버스이다.
 (D) 가격이 덜 비싸다.

[68-70]

M Hello and welcome to the Nottingham Language Institute. How may I be of assistance today?
W Hello. Is it possible to take one-on-one classes here? I'm getting transferred in a few months, so I really need to learn a new language quickly.
M Well, that depends on which language you're interested in learning.
W Oh, I have to study Russian. My company is sending me to St. Petersburg to work there for the next three years.
M Hmm . . . I believe that the teacher is available to do those kinds of classes, but I have to call and get confirmation.
W That's fine. I can wait while you do that.

M Nottingham 어학원에 오신 것을 환영합니다. 오늘은 어떻게 도와 드릴까요?
W 안녕하세요. 이곳에서 1:1 수업을 받을 수 있나요? 저는 몇 개월 후에 전근을 가게 되어서, 새로운 언어를 빨리 배울 필요가 있어요.
M 음, 그것은 고객님께서 어떤 언어에 관심을 갖고 계신지에 달려 있어요.
W 오, 저는 러시아어를 공부해야 해요. 저희 회사에서는 저를 상트페테르부르크로 보내서 그곳에서 3년 동안 근무하도록 할 거예요.
M 흠… 그러한 종류의 수업을 하시는 강사가 있기는 하지만, 전화해서 확인을 해봐야 해요.
W 좋아요. 그렇게 하시는 동안 기다릴게요.

어휘 transfer 전근시키다 available 이용 가능한 confirmation 확인

68 여자가 받으려고 하는 수업의 종류는 무엇인가?

(A) 집중 수업
(B) 몰입 수업
(C) 1:1 수업
(D) 일반 수업

어휘 intensive 집중적인 immersion 몰입, 몰두

69 여자는 왜 다른 나라로 갈 것인가?
(A) 그곳에서 근무하기 위해서
(B) 대학에서 공부하기 위해서
(C) 몇몇의 친척들과 함께 있기 위해서
(D) 휴가를 가기 위해서

70 시각자료를 보시오. 남자는 누구에게 전화할 것인가?
(A) Dennis Wade
(B) Samantha Harris
(C) Ian Bruce
(D) Theodore Wharton

PART 4   p.062

[71-73]

M It's relatively easy to purchase books these days. Simply visit an online bookstore and click a few buttons. But what about out-of-print and hard-to-find books? You usually can't get them online. Fortunately, we've got the books you need at Jameson and Bryce. We sell books that were published in the 1800s and 1900s. We've got large sections of fiction, especially fantasy and mystery, literature, poetry, and nonfiction. If you are looking for something old, we probably have it. Our collection includes more than 30,000 books. We're located at 91 Cheshire Drive. Sorry, but we don't take walk-ins. Call us at 987-1274 to schedule an appointment to see our collection.

M 오늘날에는 책을 구입하는 것이 비교적 쉽습니다. 온라인 서점을 방문하여 버튼 몇 개를 누르기만 하면 되죠. 하지만 절판되었거나 찾기 힘든 책들의 경우에는 어떻게 할까요? 여러분은 대개 그것들을 온라인에서 구할 수 없습니다. 다행스럽게도, 저희는 여러분이 필요로 하는 책들을 Jameson and Bryce에 보유하고 있습니다. 저희는 1800년대와 1900년대에 출판된 책들을 판매하고 있습니다. 저희는 다량의 소설, 특히 판타지와 미스터리 소설, 문학, 시, 그리고 논픽션 서적들을 보유하고 있습니다. 여러분들이 오래된 작품을 찾고 계시다면, 저희가 그것을 보유하고 있을지도 모릅니다. 저희의 소장품은 30,000 권이 넘습니다. 저희는 Cheshire 드라이브 91번지에 위치하고 있습니다. 죄송합니다만, 저희는 예약하지 않은 고객을 받지 않습니다. 저희의 소장품을 보기 위한 약속을 잡으시려면 987-1274로 저희에게 전화해 주세요.

어휘 relatively 비교적 out-of-print 절판된 specialize 전문화하다 walk-in 예약하지 않은 고객 appointment 약속, 예약

71 Jameson and Bryce에 대해 무엇이 암시되고 있는가?
(A) 중고 서적만을 판매한다.
(B) 대부분의 책들이 흔한 것들이다.
(C) 그곳에서 특별 행사가 열린다.
(D) 서적의 정기 할인을 하고 있다.

72 Jameson and Bryce에서 주로 판매되는 작품들의 종류는 무엇인가?
(A) 신문
(B) 신간 서적
(C) 픽션과 논픽션 서적
(D) 잡지와 학술지

어휘 journal 저널, 학술지

73 고객이 서점에서 상품을 구매하려면 무엇을 해야 하는가?
(A) 매장의 위치를 물어본다

(B) 매장을 방문할 시간을 정한다
(C) 아침 일찍 매장에 방문한다.
(D) 물품에 대한 보증금을 지불한다.

어휘 deposit 보증금

[74-76]

M We had a slight increase in revenue during the past month, but that's not good enough. The first half of this year was terrible on account of the recession, which is why we lost a large amount of money. Now that the economy is picking up, we should be making more sales. Customers are returning to our stores, but they are going to those of our rivals in greater numbers. We need to figure out why this is happening, and then we've got to put a stop to it. It's crucial that we regain our standing as the top seller of housewares in the entire state. So let's figure out what we can do to make our stores better and to attract more customers.

M 우리는 지난 달에 수입이 약간 상승했지만, 그 정도는 충분하지 않습니다. 올해 상반기는 경기 침체로 인해 끔찍했는데, 이 때문에 우리는 상당히 많은 재정적인 손실을 입었습니다. 이제 경제가 점차 나아지고 있으므로, 우리는 판매를 더 많이 해야 합니다. 고객들이 우리의 매장으로 다시 돌아오고는 있지만, 그들은 더 많은 수의 경쟁 업체의 매장으로 가고 있습니다. 우리는 왜 이러한 일이 발생하는지 알아야 하고, 그런 다음 우리는 이를 멈춰야 합니다. 주 전체에서 최고의 가정용품 판매 업체라는 우리의 위치를 되찾는 것이 중요합니다. 그러므로 우리의 매장들을 더 나아지도록 하고 더 많은 고객들을 유인할 수 있도록 우리가 할 수 있는 것들이 무엇인지 알아보도록 합시다.

어휘 terrible 끔찍한 recession 경기 침체, 불황 crucial 중요한 regain 다시 얻다 houseware 가정용품

74 연초에 판매가 하락한 이유는 무엇인가?
(A) 경기가 좋지 않았다.
(B) 가격이 너무 높았다.
(C) 판매할 수 있는 물품이 거의 없었다.
(D) 광고가 방영되지 않았다.

75 화자가 "We've got to put a stop to it"라고 말할 때 그가 의미하는 것은 무엇인가?
(A) 요즘 그의 매장은 상당한 금전적인 손실을 보고 있다.
(B) 그는 경쟁 점포에 방문하는 사람들의 수가 줄어들기를 원한다.
(C) 매장 직원들은 자신들의 일을 잘 하고 있지 않다.
(D) 고객들이 판매된 제품들에 대해 불평하고 있다.

76 화자는 무엇을 하기를 원하는가?
(A) 매장을 개선한다
(B) 특가 판매를 더 많이 한다
(C) 다른 지역으로 확장한다
(D) 가격을 낮춘다

[77-79]

M I believe most of you have heard Dustin Williams is resigning this Friday. It's rather sudden, but he's doing this due to some health issues. We must do two things at once. First, we've got to find an internal replacement for him. That likely means one of you will get his job. If you're interested, speak with me before the day is over. Once a decision on his replacement is made, we've got to hire someone to replace whichever one of you gets promoted. This is a crucial time for the company as we've got several major projects going on. We need to make sure we get everything right. So please tell me if you know anyone who'd be interested in working here.

M 여러분들 대부분은 Dustin Williams가 이번 주 금요일에 퇴임한다는 소식을 들었을 것이라고 생각합니다. 이는 정말 갑작스럽지만, 그는 건강상의 문제 때문에 그렇게 하는 것입니다. 우리는 즉시 두 가지 일을 해야 합니다. 첫째,

우리는 내부에서 그의 대체자를 찾아야 합니다. 이것은 여러분들 중 한 명이 그의 업무를 맡게 된다는 것을 의미합니다. 여러분이 관심을 갖고 있다면, 오늘까지 저에게 말해 주세요. 그의 대체자가 결정되고 나면, 우리는 여러분들 중 승진된 사람의 자리를 대신할 직원을 채용해야 합니다. 우리는 몇 건의 프로젝트를 진행하고 있기 때문에 지금은 회사에 중요한 시기입니다. 우리는 모든 것이 제대로 될 수 있도록 확실히 해야 할 필요가 있습니다. 그러므로 이곳에서 일하는 것에 관심을 가진 사람을 알고 있는 분은 저에게 알려 주시기 바랍니다.

어휘 replacement 대체자 get promoted 승진되다

77 Dustin Williams는 무엇을 할 것인가?
(A) 일을 그만 둔다
(B) 승진된다
(C) 대학원에 진학한다
(D) 다른 주로 이주한다

78 화자가 언급한 첫 번째 조치는 무엇인가?
(A) 새로운 제품을 홍보한다
(B) 현재의 업무를 끝마친다
(C) 대체 직원을 찾는다
(D) 프로젝트를 위한 승인을 받는다

79 화자는 청자들에게 무엇을 하라고 말하는가?
(A) 전근 신청서를 제출한다
(B) 관심이 있는 사람들에 대해 그에게 알려 준다
(C) 중요한 프로젝트에 참여하는 것에 자원한다
(D) 그들의 부서를 변경할 것을 고려한다

[80-82]

M We've got a new project. Angus Murray at Kenmore Industries contacted me about a consulting job which he wants to hire us for. Now, I know that Angus has a bit of a bad reputation around here, but this job is going to be worth a considerable amount of money for the company. I don't intend to force any of you to work on the project. Instead, I'm going to ask for a volunteer. If you decide to do this, you'll be working full time all by yourself, and you'll be spending most of your time with Angus personally. I thought you might like to know that. So what do you think? Is anyone interested?

M 우리에게 새로운 프로젝트가 생겼습니다. Kenmore 산업의 Angus Murray가 우리에게 의뢰하려는 컨설팅 업무와 관련하여 저에게 연락을 했습니다. 자, 저는 Angus가 이곳에서 다소 나쁜 평판을 받고 있다는 것을 알고는 있지만, 이 일은 회사에 상당한 액수의 수입을 안겨 줄 것입니다. 여러분들 누구에게도 이 프로젝트에 참여할 것을 강요하려는 의도는 아닙니다. 대신에, 저는 지원자를 찾으려고 합니다. 여러분이 이 일을 하기로 결정한다면, 여러분은 모든 시간을 혼자서 일하게 될 것이며, 대부분의 시간을 Angus와 개별적으로 함께 보내게 될 것입니다. 여러분들도 이러한 점을 알고 싶어 할 것이라고 생각했습니다. 그렇다면 여러분의 생각은 어떻습니까? 관심을 가진 사람이 있습니까?

어휘 reputation 평판 considerable 상당한 force 강요하다 personally 개별적으로

80 화자는 Angus Murray에 대해 무엇을 암시하고 있는가?
(A) 그는 지역의 투자자이다.
(B) 그는 함께 일하기 힘들다.
(C) 그는 회사의 최고 경영자이다.
(D) 그는 해운업에 종사한다.

81 화자에 따르면, 회사에서는 왜 이 프로젝트를 담당하는가?
(A) 보수를 넉넉히 지불한다.
(B) 장기 계약이다.
(C) 회사의 확장에 도움이 될 것이다.
(D) 직원들에게 경험이 될 것이다.

82 화자는 청자들에게 무엇을 할 것을 요청하는가?
(A) 팀으로 함께 일한다
(B) 프로젝트에 대한 제안을 한다
(C) Angus Murray에게 개인적으로 이야기한다
(D) 프로젝트에 참여할 것을 제안한다

[83-85]

M Thank you all for coming to tonight's charity fundraiser for the Bowman Group. I'm pleased to announce we have already received more than $200,000 in pledges. That's a new record, and we haven't even gotten to the main event yet. Before we begin, let me give you the schedule for tonight. We're going to hear from the leader of the Bowman Group, Ms. Blair, in a moment. Once she finishes speaking, we'll all enjoy a delicious dinner together. Following that, we'll have the charity auction, where all kinds of great items, including art, jewelry, and even a new luxury car, will be available for you to purchase. Now that I've finished, let's hear from Ms. Blair.

M Bowman 그룹을 위한 오늘 밤의 자선 모금 행사에 와 주신 모든 분들께 감사를 드립니다. 저희가 이미 20만 달러를 받기로 약속을 받았다는 소식을 알려 드리게 되어 기쁩니다. 이는 신기록인데, 심지어 우리는 아직 본 행사를 시작하지도 않았습니다. 우리가 시작하기 전에, 제가 여러분들께 오늘밤의 일정을 알려 드리겠습니다. 우리는 잠시 동안 Bowman 그룹의 대표인 Blair 씨의 발언을 들을 예정입니다. 그녀가 연설을 마치면, 우리는 함께 맛있는 저녁 식사를 즐기게 될 것입니다. 이어서, 자선 경매가 진행되는데, 여러분들은 경매에서 미술품, 귀금속, 그리고 신형 고급 자동차에 이르기까지 모든 종류의 멋진 상품들을 구매하실 수 있습니다. 제 순서는 이것으로 마치고, Blair 씨의 발언을 듣도록 하겠습니다.

어휘 charity 자선, 자선 단체 fundraiser 모금 행사 pledge 서약, 약속, 맹세

83 어떤 종류의 행사가 열리고 있는가?
(A) 자선 경매
(B) 시상식
(C) 오리엔테이션 기간
(D) 교육 프로그램

84 Blair 씨는 누구인가?
(A) Bowman 그룹의 설립자
(B) 연설가
(C) 기부자
(D) 조직의 대표

85 이어서 무엇이 진행되도록 예정되어 있는가?
(A) 티켓이 판매될 것이다.
(B) 저녁 식사가 제공될 것이다.
(C) 연설이 진행될 것이다.
(D) 추첨식 복권 판매가 있을 것이다.

어휘 raffle 복권 판매

[86-88]

W It's the top of the hour, so morning traffic is at its peak at this moment. If you're considering taking the Rosemont Tunnel into the downtown area, you'd better think again. Traffic there is backed up for more than 20 minutes since a truck broke down in the middle of the road. Instead, I recommend taking either the Hollis Bridge or the San Marino Bridge. Traffic on each of them is moving quite briskly. Drivers in the northern part of the city should be careful on Courtland Avenue and Wilson Street. Due to minor accidents, traffic is moving more slowly than usual on those two roads. And that's it for now. I'll be back in a quarter of an hour with another update.

W 정각이 되어서, 현재 아침의 교통량은 최고조에 이르고 있습니다. Rosemont 터널을 이용하여 도심으로 진입하시려는 분들은 다시 생각해 보시는 것이 좋겠습니다. 도로 한복판에서 트럭이 고장 나서 그곳의 교통은

20분 이상 정체되어 있습니다. 대신해서, Hollis 교나 San Mrino 교를 이용하실 것을 추천합니다. 두 곳의 교통은 매우 원활하게 움직이고 있습니다. 도시 북부 지역의 운전자들은 Courtland 거리와 Wilson 가에서 주의를 기울이셔야 합니다. 작은 사고들 때문에, 이 두 도로에서는 교통 속도가 평소보다 느립니다. 이상입니다. 또 다른 최신 소식을 가지고 15분 뒤에 돌아 오겠습니다.

어휘 be backed up (차가) 밀려 있다, 꽉 막혀 있다   briskly 활발하게

86 화자가 교통에 대해 암시하는 것은 무엇인가?
    (A) 주말이어서 원활하다.
    (B) 건설 공사로 인해 혼잡하다.
    (C) 그녀가 봤던 것 중에서 최악이다.
    (D) 아침에 가장 붐비는 수준이다.

87 화자는 왜 "You'd better think again"이라고 하는가?
    (A) 터널에 진입하지 말 것을 권하려고
    (B) 다리에 진입하지 말 것을 제안하려고
    (C) 청자들이 시내에 머무르는 것이 좋다는 말을 하려고
    (D) 청자들에게 몇몇 도로에서 운전하지 말라고 하려고

88 다음 교통 정보는 언제 있을 것인가?
    (A) 10분 후
    (B) 15분 후
    (C) 20분 후
    (D) 30분 후

[89-91]

W   Good morning, Ms. Waverly. I'm calling you from Speedy Air. I'm pleased to inform you that your baggage has been found. Apparently, both of your bags were sent to Athens instead of St. Louis. Fortunately, this was discovered last night, so the bags were put on the redeye flight before it departed. The plane arrived a few minutes ago, and all of the luggage is being unloaded. We've got a courier standing by to take possession of your bags. Once he gets them, he's going to drive straight to your hotel. We anticipate that he should arrive there within an hour. As soon as he gets there, he'll visit the front desk to find out where you are.

W   안녕하세요, Waverly 씨. Speedy 항공사에서 전화를 드립니다. 고객님의 짐이 발견되었다는 소식을 알려 드리게 되어 기쁩니다. 아마도, 고객님의 가방은 둘 다 세인트루이스가 아닌 아테네로 보내진 것 같습니다. 다행히도, 어젯밤에 이 사실이 발견되어서, 그 가방들은 심야항공편이 출발하기 전에 비행기에 실렸습니다. 비행기가 몇 분 전에 도착했으며, 모든 짐이 내려지고 있습니다. 저희 배달 직원이 고객님의 가방들을 수령하기 위해서 대기하고 있습니다. 가방들을 수령하면, 그가 고객님의 호텔로 곧바로 운전해 갈 것입니다. 저희가 예상하기로는 그가 1시간 이내에 도착할 것 같습니다. 그곳에 도착하자마자, 그가 고객님의 위치를 파악하기 위해 안내 데스크에 방문할 것입니다.

어휘 redeye 심야항공편   unload 짐을 내리다   stand by 대기하다   take possession of 손에 넣다   anticipate 예상하다, 예측하다

89 전화의 목적은 무엇인가?
    (A) 항공편을 이용할 수 있다고 말해 주려고
    (B) 분실된 물품들을 발견했다고 말해 주려고
    (C) 청자에게 회신 전화를 해달라는 요청을 하려고
    (D) 지금 청자가 어디에 있는지 알아보려고

90 화자는 어떤 일이 일어날 것이라고 말하는가?
    (A) 비행기가 곧 아테네에 착륙할 것이다.
    (B) 호텔 객실이 예약될 것이다.
    (C) 티켓 가격 할인을 받게 될 것이다.
    (D) 배달 직원이 가방을 수령할 것이다.

91 문제는 언제 해결될 것인가?
    (A) 오늘 중으로
    (B) 내일
    (C) 이번 주말에
    (D) 다음 주에

[92-94]

M   The funding for the new stadium has been approved by the city council, so we can start working soon. We're scheduled to hold the groundbreaking ceremony later this week. I've got some great news as the weather on that day is scheduled to be perfect. The snow will stop falling, the cloud cover will lift, and the winds will die down, so we can expect a bright, shiny day. Of course, it's going to be cold, but it's the middle of winter, so that's to be expected. And since it's winter, we won't be doing much construction for a couple of months, but we are going to start digging out the area so that we can be ready to work on the foundation once March arrives.

M   새 경기장을 위한 재정 지원이 시의회의 승인을 받아서, 우리는 곧 작업을 시작할 수 있습니다. 우리는 이번 주 중에 기공식을 열기로 예정되어 있습니다. 예정된 날의 날씨가 완벽하다는 좋은 소식을 들었습니다. 눈은 그칠 것이고, 구름은 걷힐 것이며, 바람은 약해질 것이므로, 우리는 화창하고 맑은 날을 예상할 수 있습니다. 물론, 날씨는 추울 것입니다만, 지금은 한겨울이므로, 그것은 예상했던 일입니다. 그리고 지금은 겨울이기 때문에, 우리는 두 달 동안 많은 공사를 하지 않을 것이지만, 3월이 되면 우리가 건물의 기초 공사를 준비할 수 있도록 구역의 굴착 공사를 시작할 것입니다.

어휘 funding 자금, 재정 지원   groundbreaking ceremony 기공식   die down 잦아들다, 약해지다   foundation 기초, 토대

92 화자는 어디에서 근무할 것 같은가?
    (A) 건축 회사에서
    (B) 시청에서
    (C) 건설 회사에서
    (D) 해운 회사에서

93 시각자료를 보시오. 행사는 언제 열릴 것인가?
    (A) 화요일
    (B) 수요일
    (C) 목요일
    (D) 금요일

94 화자가 프로젝트에 대해 말한 것은 무엇인가?
    (A) 20명이 넘는 사람들이 참여할 것이다.
    (B) 현재는 작업이 거의 이루어지지 않을 것이다.
    (C) 완공되는 데 1년 이상의 시간이 걸릴 것이다.
    (D) 개인 투자자들이 비용을 댈 것이다.

[95-97]

M   Hello, Mr. McCarter. This is Tyler Jacobs at the garage. I finished taking a look at the car you dropped off this morning. It appears you don't need to worry too much as there is nothing wrong with your vehicle's engine. The only thing I need to do is rotate the tires because the front wheels are wearing down a bit. Since you instructed me to do whatever is necessary, I'm going to go ahead and do that. If you'd like anything else done, such as an oil change, simply call me to let me know. Your vehicle will be ready for pickup by 4:30, so you can come here to get it whenever you get off work.

M   여보세요, McCarter 씨. 저는 차량 정비소의 Tyler Jacobs입니다. 오늘 아침에 맡기고 가셨던 차량의 점검을 끝냈습니다. 고객님 차량의 엔진에는 전혀 문제가 없으므로 너무 많이 걱정을 하실 필요는 없을 것 같습니다. 제가 해야 할 일은 타이어 위치 교환 작업인데, 앞 바퀴들이 조금 마모되고 있기 때문입니다. 필요한 것은 무엇이든 작업해 달라고 저에게 지시하셨으므로, 저는 계속해서 그 작업을 하도록 하겠습니다. 오일 교환과 같이 진행되

기를 원하시는 다른 작업이 있을 경우, 저에게 전화하여 알려 주시기만 하면 됩니다. 고객님의 차량은 4시 30분에 가져가실 준비가 될 것이므로, 퇴근하신 후 언제든지 들러 주시면 되겠습니다.

어휘 garage 차고; 차량 정비소 wear out 마모되다, 닳다

95 화자가 자동차의 엔진에 대해 말하는 것은 무엇인가?
(A) 교체해야 한다.
(B) 좋은 상태이다.
(C) 마모되고 있다.
(D) 조정을 해야 한다.

96 시각 자료를 보시오. 청자는 얼마를 지불할 것인가?
(A) 20달러
(B) 25달러
(C) 30달러
(D) 45달러

97 화자는 청자에게 무엇을 하라고 하는가?
(A) 차량 정비소를 방문한다
(B) 문자 메시지를 보낸다
(C) 신용카드 번호를 알려 준다
(D) 2차 점검을 받는다

[98-100]

W Greetings, everyone, and thank you for attending this one-day seminar on global management being sponsored by the Chatham Society. Although we're gathered here in the auditorium, as soon as I finish speaking, we're going to break up into three separate rooms depending upon what you signed up for. Many of you will be moving from room to room throughout the day. And just so you know, the venue for Mr. Landry's talk has changed. To get to it, leave the auditorium, take a right, and then go to the third door on the left. There's no number or sign on it. All right, will you all please head to the rooms listed on your information sheet?

W 안녕하세요, 여러분. Chatham학회로부터 후원을 받고 있는 글로벌 경영 일일 세미나에 참석해 주셔서 감사합니다. 우리는 지금 강당에 모여 있지만, 제가 발언을 마치자마자, 우리는 여러분들이 신청한 사항에 따라 서로 다른 세 곳으로 흩어질 것입니다. 여러분들의 다수는 하루 종일 이곳 저곳으로 이동할 것입니다. 그리고 여러분들도 아시다시피, Landry 씨의 강연 장소가 변경되었습니다. 이를 들으시려면, 강당에서 나간 다음, 우회전한 뒤, 왼쪽에 있는 세 번째 문으로 가시면 됩니다. 그곳에는 숫자나 간판이 없습니다. 좋습니다, 여러분들의 도표에 기재된 곳들로 이동할까요?

어휘 auditorium 강당   sign up for 등록하다, 신청하다   venue 장소   head ~로 향하다

98 청자들은 누구일 것 같은가?
(A) 의사
(B) 사업가
(C) 교사
(D) 변호사

99 시각자료를 보시오. Landry 씨의 강연은 어디에서 있을 것인가?
(A) 1
(B) 2
(C) 3
(D) 4

100 화자는 청자들에게 무엇을 하라고 요청하는가?
(A) 배정된 장소로 이동한다
(B) 질문이 있으면 문의한다
(C) 오늘 오후에 설문지를 작성한다
(D) 정오까지 강당에 머무른다

PART 5

p.066

101 회사의 신입사원들 중 한 명인 Marlon Waters는 1개월 동안의 판매에서 기록을 곧 달성하게 된다.
(A) 종업원
(B) 고용주
(C) 종업원들
(D) 고용된

어휘 be about to 막 ~하려고 하다

102 고장 난 관을 즉시 수리하기 위해서 가스 회사의 한 작업반이 파견되었다.
(A) 파견할 것이다
(B) 파견되었다
(C) 파견되어 있었다
(D) 파견하는 중이다

어휘 line 관, 배관   dispatch 파견하다

103 컴퓨터 시스템에 따르면, 인기 있는 수요 덕분에 몇몇 새로운 물품들은 이미 품절되었다.
(A) 방식
(B) 기준
(C) 재고
(D) 서비스

어휘 out of stock 품절된

104 교섭자들이 내일 정오까지 합의하지 못할 경우 다른 회사와의 논의가 예정되어 있다.
(A) ~까지
(B) ~까지
(C) ~에
(D) ~ 이내에

어휘 negotiator 교섭자

105 Stewart 씨는, 정확성에 관심이 있어서, 전체 회사에 대한 회계 감사를 지시했다.
(A) ~이다
(B) ~이었다
(C) ~인 상태
(D) ~이어 왔다

어휘 audit 회계 감사

106 Hampton 씨는, 그녀의 직원들과 함께, 지난 주 뉴올리언즈에서 열렸던 영업 회의에 참석했다.
(A) 참석했다
(B) 요청했다
(C) 임명했다
(D) 여행했다

어휘 along with ~와 함께   staff member 직원

107 Weston 씨는 예측하지 못한 일들 때문에 다음 주의 행사에 참석할 수 없다는 사실을 알리게 되어 유감스럽게 생각한다.
(A) 그는
(B) 그를
(C) 그 자신
(D) 그의

어휘 unforeseen 예측하지 못한

108 너무 많은 직원들이 격식을 차리지 않고 옷을 입고 출근해왔기 때문에 더욱 엄격한 복장 규정이 곧 실행될 것이다.
(A) 실행되어 왔다
(B) 실행할 것이다
(C) 실행하는 중이다
(D) 실행될 것이다

어휘 dress code 복장 규정 casually 격식을 차리지 않고

109 소프트웨어에 너무 많은 기술적인 문제점이 있어서, 고객들은 많은 항의를 제기했다.
(A) 기술자
(B) 기술
(C) 기술적인
(D) 기법

어휘 file a complaint 항의를 제기하다 numerous 많은

110 최고 경영자와 부사장 둘 다 모두 올해 다른 나라에 지점을 개설하는 것을 고려하고 있지 않다.
(A) 다른
(B) 서로
(C) 다른 하나의
(D) 서로

어휘 branch 지점

111 회계상의 오류가 있어서 연례 보너스가 다음 달이 되어야 지급될 것이다.
(A) ~의 결과를 초래하여
(B) ~ 때문에
(C) ~ 동안 내내
(D) ~을 위하여

어휘 accounting 회계 error 오류

112 실제로 설문에 응답했던 모든 사람들이 그 상점의 형편없는 품목들에 대해 불평했다.
(A) 형편없는
(B) 분명한
(C) 충분한
(D) 느긋한

어휘 respond 응답하다 survey 설문

113 몹시 심한 폭우가 내린 기간 동안 도로가 침수되어서 며칠 동안 우편 서비스가 중단되었다.
(A) 발언하다
(B) 몹시
(C) 발언하는
(D) 발언했다

어휘 disrupt 중단시키다

114 온라인에 공고되었던 2주 동안 Blue Baron 식품의 한 직책에 거의 50명의 사람들이 지원했다.
(A) 지명된
(B) 광고된
(C) 매료된
(D) 나타난

115 긍정적인 온라인상의 후기들을 받은 덕분에 기업의 제품들에 대한 관심이 증가하고 있다.
(A) 그것들이
(B) 그것들을
(C) 그것들의
(D) 그것

어휘 positive 긍정적인 review 논평

116 좋은 인상을 주기 위해 면접에서 정장을 입는 것은 중요하다.
(A) 인상
(B) 겉모습
(C) 문제
(D) 재생산

어휘 crucial 중요한 formal clothes 정장 interview 면접

117 많은 지역의 농민들은 지역의 낮은 강수량 때문에 평소보다 적은 양의 곡물을 수확할 것이라고 발표했다.
(A) 낮은
(B) 더 적은
(C) 많지 않은
(D) 약간의

어휘 report 발표하다 rainfall 강우

118 프로젝트를 완료하려면 아마도 추가적인 비용을 지불하기 위해서 더 많은 자금이 필요하게 될 것이다.
(A) 아마도
(B) 꽤
(C) 매우
(D) 상당히

어휘 completion 완료 funding 자금 cover (돈을) 대다 additional 추가적인

119 두 가지 선택 중에서, 어느 것도 직원들의 관심을 끌지 못해서, 현재 대안을 찾고 있는 중이다.
(A) ~와 함께
(B) ~ 안에
(C) ~을 위해
(D) ~ 중의

어휘 option 선택 appeal 관심을 끌다 alternative 대안의

120 Reynolds 씨는 다양한 문제에도 불구하고 언제나 제시간에 그의 프로젝트를 완료하기 때문에 직원들은 그가 운이 좋다고 생각한다.
(A) 행운
(B) 재산
(C) 다행스럽게도
(D) 운이 좋은

어휘 consider ~라고 여기다 despite ~에도 불구하고

121 앞으로 3일 동안 카운티 페어에 10,000명 이상의 사람들이 참석할 것으로 예상된다.
(A) ~보다 많은
(B) ~ 때문에
(C) ~에도 불구하고
(D) ~에 따르면

어휘 county fair 카운티 페어(마을의 농산물 박람회)

122 최근에, 목적지까지 비행기를 타고 가는 것을 꺼려하는 사람들과 은퇴자들에게 유람선 여행은 인기 있는 여행이 되었다.
(A) 거절된
(B) 인기 있는
(C) 주저하는
(D) 분명한

어휘 cruise 유람선 여행 retiree 은퇴자 destination 목적지

123 아직 직원들이 충분히 채용되지 않아서, 운영진은 신규 지점의 개설을 연기하기로 결정했다.
(A) 거절하다
(B) 연기하다
(C) 보고하다
(D) 고려하다

어휘 management 운영진, 경영진

124 상업지구에서 교외까지 운행하는 버스들은 출퇴근 시간에 평균적으로 매 10분마다 출발한다.
(A) 평균을 내는
(B) 평균들
(C) 평균
(D) 평균이 내어진

어휘 district 구역 suburb 교외

35

125 보고서가 내일 오후 4시까지 제출되지 않으면, 모든 팀원들이 질책을 당할 것이다.
(A) 보고했다
(B) 기자
(C) 보고한다
(D) 보고서

어휘 submit 제출하다   reprimand 질책하다

126 모든 사무용품에 대한 주문들은 Rene Bardot에게 해야 하는데, 그녀가 그것들의 배송을 처리할 것이다.
(A) ~하는 것
(B) 어느 것
(C) 그 사람은
(D) ~한 것

어휘 office supply 사무용품   arrange 일을 처리하다   deliver 배송하다

127 그 신작 뮤지컬은 신문에서 뛰어난 평가를 받아서, 티켓 판매 증가라는 결과를 가져 왔다.
(A) ~에서
(B) ~을 위해
(C) ~와 함께
(D) ~로

어휘 outstanding 뛰어난   review 평론

128 Robinson 씨는 Reagan 씨의 팀에서 근무하는 일을 담당하기 위해서 기업 인수 부서로의 내부 이동을 요청했다.
(A) 근무
(B) 근무했다
(C) 근무하는
(D) 근무자

어휘 Acquisitions Department 기업 인수 부서

129 교량의 수리 작업을 완료하는 데에는 2주가 더 필요할 것 같다.
(A) 그러한
(B) ~ 무렵에
(C) ~ 때문에
(D) 마치 ~인 것처럼

130 내부 보고서에 따르면, 특가 제공 덕분에 잡지 구독이 엄청나게 증가했다.
(A) 상당히
(B) 관련되어
(C) 대략
(D) 시종일관하여

어휘 subscription 구독   special offer 특가 판매, 특가 제공

PART 6

p.069

[131-134]

10월 28일

친애하는 Sullivan 씨께,

Greenbrier 로 984번지에 위치한 고객님 거주지의 전기요금이 7월 3일 이후로 납부되지 않았습니다. 고객님은 562.90달러를 미납 중입니다. 본 액수는 기한이 지났으며 늦어도 11월 10일까지는 전액 납부되어야만 합니다. 만약 그렇게 되지 않는다면, 고객님의 계좌는 미수금 처리 대행사에 양도될 것입니다. 이는 분명히 고객님의 신용도에 악영향을 미칠 것입니다. 또한, 납부가 이행되지 않으면 고객님 거주지의 전기는 11월 11일 밤 12시 1분에 끊길 것입니다. 저희는 몇몇 고객님들이 재정적인 어려움을 겪고 있을 수도 있다는 사실을 이해하고 있습니다. 고객님이 이러한 상황에 처해 있다면, 결제 방법을 논의하기 위해 895-3858로 전화해 주세요.

어휘 electricity bill 전기요금   residence 거주지, 주택   past due 기일이 경과한   hand over 양도하다, 이양하다   collection agency 미수금 처리 대행사

131 (A) ~에
(B) ~ 동안에
(C) ~ 경에
(D) ~ 이래로

132 (A) 전부
(B) 완성
(C) 합계
(D) 모두

133 (A) 이는 분명히 고객님의 신용도에 악영향을 미칠 것입니다.
(B) 저는 우리가 고객님을 위해 그것을 해 드린다면, 고객님이 이를 환영할 것이라고 확신합니다.
(C) 귀하는 저희가 상환해야 할 금액을 지점 사무실로부터 수령할 수 있습니다.
(D) 이는 이번 달 말 이전까지 이루어질 것입니다.

134 (A) 배상
(B) 어려움
(C) 지출
(D) 기회

[135-138]

수신: Kendrick Nelson 〈knelson@hamptonsteel.com〉
발신: Patricia Rhodes 〈patriciarhodes@hamptonsteel.com〉
제목: 다음 주
날짜: 5월 12일

친애하는 Nelson 씨께,

저는 1주일 간의 휴가를 요청하고자 합니다. 저는 주치의로부터 이번 주말에 수술을 받아야만 한다는 이야기를 들었습니다. 저는 약 3일 동안 입원하게 될 것 같고 그 후 며칠 동안 침대에 누워 있어야 합니다. 이와 같이, 저는 다음 주에 업무를 수행할 수 없을 것 같습니다. 올해 저에게 남아 있는 병가 일수가 충분한 것 같아서, 제가 사무실을 떠나 있는 동안 급여를 지급받았으면 합니다. 이것이 용인되는지 확인해 주시겠습니까? 저는 이 문제와 관련하여 저의 부장님이신 Fred Olsen에게 말했고, 그는 당신에게 연락을 해보라고 조언해 주었습니다.

Patricia Rhodes 드림
기업 인수 부서

어휘 undergo (좋지 않은 일을) 겪다, 받다   surgical procedure 외과 수술 절차   hospitalize 입원시키다   roughly 대략

135 (A) 저는 다음 주부터 이곳에서 더 이상 근무하지 않을 것입니다.
(B) 저는 다른 부서로 옮기는 것에 관심이 있습니다.
(C) 저는 며칠 동안 여행을 떠나고 싶습니다.
(D) 저는 1주일 간의 휴가를 요청하고자 합니다.

136 (A) 소송 절차
(B) 절차
(C) 진행된
(D) 진행하다

137 (A) 수행하다
(B) 수행하는
(C) 수행하는 것
(D) 수행되다

138 (A) 말했다
(B) 조언했다
(C) 추천했다
(D) 권했다

[139-142]

알링턴 (3월 12일) – 오랜 지연 이후에, 알링턴 시민 센터의 수리가 마침내 완료되어, 건물이 영업을 재개했다. 기념식은 화요일 오전에 개최되었다. 센터장인 Marcia Snyder, 그리고 다른 지역의 주민들이 이곳에 참석했다. 센터는 7개월 전에 화재로 전소되어 대규모의 수리 공사를 진행해야 했다. Snyder 씨는 업체들과 단체들이 다양한 행사를 위해서 다시 센터에 예약 전화를 해 왔다고 말했다. 그녀는 또한 첫 번째 행사인 기금 모금 행사가 목요일 저녁에 열릴 것이라고 덧붙였다. 센터는 피해를 입기 전의 인기를 빠르게 회복할 것으로 예상된다.

어휘 delay 지연, 지체   devastate 완전히 파괴하다   extensive 대규모의   fundraiser 모금 행사   popularity 인기

139 (A) ~을 위해
(B) ~ 안에
(C) ~와 함께
(D) ~ 옆에

140 (A) 한 단체가 오늘 밤에 그곳에서 대회를 연다.
(B) 이를 기리는 특별 행사가 내일 열릴 것이다.
(C) 센터는 어느 정도 고객들을 맞을 준비가 되었다.
(D) 기념식이 화요일 오전에 개최되었다.

141 (A) 수리하다
(B) 수리
(C) 수리자
(D) 수리된

142 (A) 수리된
(B) 설계된
(C) 피해를 입은
(D) 자금을 받은

[143-146]

안내문

Milton Water의 직원들이 다가오는 8월 10일 금요일에 Oak 로의 몇몇 송수관들을 교체할 예정입니다. 그 결과, 웨스트포드 인근에 수돗물 공급이 중단될 예정입니다. 오전 10시부터 오후 3시까지, 웨스트포드 전 지역에서 수돗물 공급이 되지 않습니다. 만약 작업반이 일찍 끝낸다면, 물은 3시 이전에 사용이 가능해질 것입니다. 작업은 5시간이 넘지 않을 것으로 예상됩니다. 이러한 일이 발생할 경우, 작업이 끝날 때까지 물의 공급이 중단될 것입니다. 문의 사항이 있는 분들은 정규 업무 시간에 584-2911로 전화해 주시기 바랍니다.

어휘 replace 교체하다

143 (A) 끝난
(B) 버려진
(C) 중단된
(D) 취소된

144 (A) ~ 때문에
(B) 그러나
(C) 반면에
(D) 만약에

145 (A) 작업은 5시간이 넘지 않을 것으로 예상됩니다.
(B) 이는 수리 작업의 두 번째 날에 일어날 것입니다.
(C) 작업반은 2시부터 4시 사이에 휴식을 가질 것입니다.
(D) 시의 수돗물 공급은 그때 재개될 수 있을 것입니다.

146 (A) 정기적임
(B) 정기적으로
(C) 정기적인
(D) 정기적임

PART 7

[147-148]

수신: 전 직원
발신: 책임자 Stevens
제목: 비용

연례 재정 보고서에 따르면 우리의 사무실 관리 비용이 너무 높습니다. 저는 그것들을 줄이기 위한 세 가지 가능한 방법들을 제안합니다. 첫째, 집에서 머그컵을 가져와서 우리가 쓰는 종이컵의 수량을 줄입시다. 둘째, 우리는 이면지를 더 자주 사용해야 합니다. 모든 직원은 이미 사용된 종이의 비어 있는 면에 문서와 원고를 인쇄해야 합니다. 마지막으로, 우리는 난방기를 밤새도록 켜두는 경우가 종종 있습니다. 우리는 이제 자동 타이머를 사용할 것입니다. 이제부터, 난방 시스템은 일주일 내내 매일 오후 6시에 꺼질 것입니다.

어휘 expenditure 비용, 경비   annual 해마다의   fiscal review 재정 보고서   scrap paper 재생용 종이; 메모 용지   note 문서   draft 원고

147 회람은 왜 작성되었는가?
(A) 재활용을 위한 아이디어를 요청하기 위해서
(B) 직원들에게 에너지를 아껴달라는 요청을 하기 위해서
(C) 직원들에게 새로운 냉방 방침에 대해 알려 주기 위해서
(D) 돈을 절약할 방법들을 제안하기 위해서

어휘 conserve 아끼다

148 회람에 따르면, 매일 어떤 일이 일어날 것인가?
(A) 각각의 직원들이 가지는 휴식 시간이 기록될 것이다.
(B) 직원들은 그들의 에너지 사용량을 통보 받을 것이다.
(C) 난방은 저녁에 꺼질 것이다.
(D) 한정된 양의 종이가 공급될 것이다.

[149-150]

Alexis Carpenter　　　　　　　　　　2:11 P.M.
Cooper 씨와의 만남은 어떻게 되었나요?

Nicholai Andreas　　　　　　　　　　2:14 P.M.
Mayberry 가 87번지의 집을 그에게 보여 주었어요.

Alexis Carpenter　　　　　　　　　　2:16 P.M.
그 집은 2주 전에 매물로 나왔어요. 그는 그 집을 어떻게 생각하던가요?

Nicholai Andreas　　　　　　　　　　2:17 P.M.
그는 저에게 다른 곳을 보여 달라고 요청했어요. 그래서 저는 Webster 가 202번지에 그를 데리고 갔어요.

Alexis Carpenter　　　　　　　　　　2:19 P.M.
그곳은 그와 그의 가족에게 완벽하겠군요. 그가 그곳을 봤을 때 어떤 반응을 보이던가요?

Nicholai Andreas　　　　　　　　　　2:22 P.M.
그는 내일 그의 아내와 아이들을 데려 오고 싶다고 했어요. 그들이 그곳을 좋아한다면, 그는 아마도 제안을 할 것 같아요.

어휘 react 반응을 보이다   make an offer 제안하다

149 작성자들은 어디에서 일할 것 같은가?
(A) 학교에서
(B) 부동산 중개 업체에서
(C) 건설 회사에서
(D) 식당에서

150 2시 17분에, Andreas 씨는 왜 "He asked me to show him another place"라고 썼는가?
(A) 고객의 무관심을 언급하기 위해서
(B) 제안이 받아들여질 것임을 언급하기 위해서
(C) 그가 하루 종일 바빴다고 말하기 위해서
(D) 고객이 만족했다고 말하기 위해서

[151-152]

Hunter's 호수 도로 경주 개최

이번 26번째 연례 Hunter's 호수 도로 경주가 10월 2일 아침 9시에 개최됩니다. 올해에는, 처음으로 두 가지 종류의 경주가 개최될 것입니다. 첫 번째는 전통적인 5km 경주가 될 것입니다. 두 번째는 10km로 더 먼 거리가 될 것입니다. 10km 경주는 9시에 시작되는 반면에 5km 경주는 9시 30분에 시작될 것입니다. 출발선과 결승선은 모두 Hunter's 호수에 있는 주 선박 수리소에 위치하게 될 것입니다. 상은 다음 분야에서 상위 다섯 명의 최종 주자들에게 수여될 것입니다: 18세 이하, 성인, 그리고 노인입니다. 등록을 하시려면, www.hunterslakerace.org로 방문해 주세요. 또는 경주 당일 8시 30분까지 등록해 주세요. 경주 참가 비용은 20달러입니다. 모든 참가자들은 무료 티셔츠를 받게 됩니다.

어휘 traditional 전통적인 boatyard 조선소; 선박 수리소 participant 참가자

151 Hunter's 호수 경주에 대해 무엇이 암시되고 있는가?
(A) 해마다 코스가 다르다.
(B) 우승자들은 상금을 받을 것이다.
(C) 수백 명의 사람들이 경주에서 달리기를 할 것이다.
(D) 이전에는 10km 경주가 개최되지 않았었다.

152 [1], [2], [3], 그리고 [4] 중에서 다음의 문장이 위치하기에 가장 적절한 곳은 어디인가?

"또는 경주 당일 8시 30분까지 등록해 주세요."

(A) [1]
(B) [2]
(C) [3]
(D) [4]

[153-155]

신임 대중 교통 책임자 임명

웨스트우드 (4월 21일) – Clark O'Toole은 웨스트우드의 새로운 대중 교통 책임자로 임명되었다. O'Toole 씨는, 4월 24일부터 임무를 시작하면서 Martin Thompson을 대체하게 되는데, 그는 시장인 Ellis Samuels에게 해고당했다. 시의 버스와 철도 시스템에서 지난해 230만 달러 이상의 적자가 발생했다는 발표가 있자마자 Thompson 씨의 업무는 끝났다. 추가적인 조사에서 두 지하철 노선들의 경우 수리가 절실히 필요하며 많은 버스들이 형편없이 관리되었다는 사실이 밝혀졌다. O'Toole 씨는 TBE에서 근무해 왔으며, 이번에 임명되기 전에는 부사장이었다. 그는 "제가 10대 때부터는 웨스트우드에서 살지 않기는 했지만,"이라고 말하며, "저는 도시가 발전하는 것을 보고 싶습니다. 저는 웨스트우드의 대중 교통의 상황이 개선되는 데 최선을 다 할 것입니다."라고 했다. 비용을 절감하기 위한 노력으로 O'Toole 씨가 버스와 철도 직원들의 20%를 정리해고 할 것으로 예상된다.

어휘 name 임명하다 terminate 끝내다 investigation 조사 reveal 드러내다, 밝히다 lay off 정리해고하다 in an effort to ~을 위한 노력으로

153 전임 대중 교통 책임자는 왜 직장을 잃었는가?
(A) 지하철 시스템이 구식이 되었다.
(B) 몇몇 대중 교통 프로젝트가 예정보다 늦어졌다.
(C) 몇 건의 버스 사고가 발생했다.
(D) 대중 교통 시스템에서 적자가 발생했다.

154 Samuels 씨는 누구인가?
(A) 국가 공무원
(B) 대중 교통 책임자
(C) 철도 노동자
(D) TBE 사의 직원

155 O'Toole 씨에 대해 언급된 것은 무엇인가?
(A) 그는 공학 분야의 배경 지식을 보유하고 있다.
(B) 그는 회사의 사장이었다.
(C) 그는 Westwood에서 자랐다.
(D) 그는 시의 직원들을 몇 명 해고했다.

[156-157]

Alice, 저 Dan이에요. 당신은 지금 회의실에 있나요? 우리가 배부하기로 한 지도에 커다란 오류가 있다는 것을 지금 발견했어요. 몇몇 장소들의 이름이 잘못되어 있어요. 저는 모든 것을 수정해서 지도를 다시 출력해야 하니, 제가 없는 상태로 회의를 시작해 주세요. 보통 제가 개회사를 하는 것을 알고 있지만, 이번에는 당신이 이를 해야 해요. 참석한 모든 이들에게 고마움을 전하고 나서 회의의 안건을 검토하도록 하세요. 저는 회의가 시작되고 5분쯤 뒤에 도착할 것 같으니, 그때 제가 이어 받도록 할게요.

어휘 distribute 배부하다, 분배하다 opening remark 개회사 agenda 의제, 안건 go over 검토하다

156 무엇이 문제인가?
(A) 문서에 오류가 있다.
(B) 회의실이 예약되지 않았다.
(C) 발언이 준비되지 않았다.
(D) 문에 라벨이 잘못 붙여져 있다.

157 Dan은 Alice가 무엇을 하기를 원하는가?
(A) 몇 부의 지도를 복사한다
(B) 회의를 연기한다
(C) 발언을 한다
(D) 의제를 배부한다

[158-161]

Potter 제조사
Lewis West의 일정

날짜	시간	활동	숙소
8월 30일	10:15 A.M.	덴버 공항 출발	Paulson 호텔 뉴욕
	4:30 P.M.	뉴욕 라 구아르디아 공항 도착	
	7:00 P.M.	호텔 체크인	
8월 31일	9:30 A.M. - 11:30 A.M.	Marconi 사의 Joseph Price와 만남	Paulson 호텔 뉴욕
	3:00 P.M. - 6:00 P.M.	Zeta 사의 Tina Urban과 계약 협상	
9월 1일	1:00 P.M. - 5:00 P.M.	WMT 사의 연구소 견학, 알바니	Placid 호텔 알바니
9월 2일	10:00 A.M. - 6:30 P.M.	스프링필드 제조업 학회 참석, 스프링필드	Wabash 호텔 스프링필드
9월 3일	11:00 A.M. - 1:00 P.M.	Ernst & Sons 기계에서 제품 시연 진행, 뉴욕	
	9:45 P.M.	뉴욕 라 구아르디아 공항 출발	

*차량은 Hudson 렌터카에 준비되어 있습니다. 예약 번호는 394KI-392입니다. 라 구아르디아에 도착하시면 2번 터미널에 있는 Hudson 렌터카의 데스크에 방문해 주세요. 차량은 출발하시기 전에 반납되어야 합니다.
*문의 사항이 있거나 변경을 하시려면 내선번호 387로 Patricia Nelson에게 연락하세요.

158 West 씨가 출장 중에 할 일이 아닌 것은 무엇인가?
(A) 시설을 견학한다
(B) 제품 시연을 관람한다
(C) 협상을 한다
(D) 학회에 간다

159 West 씨는 언제 Springfield에 머무르는가?
(A) 8월 30일에
(B) 8월 31일에
(C) 9월 1일에
(D) 9월 2일에

160 West 씨에 대해 언급된 것은 무엇인가?

(A) 그는 예전에 Price 씨를 만난 적이 있다.
(B) 그의 첫 번째 목적지는 알바니에 있다.
(C) 그의 출장은 3일간 계속될 것이다.
(D) 그는 여러 도시를 운전하여 이동할 것이다.

161 Nelson 씨는 누구일 것 같은가?
(A) 렌터카 중개인
(B) Potter 제조사의 직원
(C) West 씨의 부서원
(D) Marconi 사의 직원

[162-164]

수신: Ted Robertson 〈tedrob@grendel.com〉
발신: Karen Holmes 〈kholmes@grendel.com〉
제목: 당신의 이메일
날짜: 11월 5일

친애하는 Robertson 씨,

11월 4일자 이메일에서, 당신은 10월 멜버른 출장 중의 몇 건의 지출에 대해 환급을 받지 못한 것에 대해 불만을 제기하였습니다. 당신은 9월부터 Grendel 사에서 근무하게 되었기 때문에, 우리의 환급 정책에 대해 잘 모르고 있는 것 같습니다. 환급의 요건이 되는 비용의 종류에는 여러 가지가 있습니다. 그것들 중에는 비행기 티켓이나 택시비와 같은 교통비, 호텔 숙박비, 그리고 식비 등이 있습니다. 물론, 각각에 대해 사용될 수 있는 액수의 1일 한도가 있습니다. 하지만, 우리는 기념품, 영화 티켓, 또는 다양한 개인적인 물품들의 구입에 대해서는 직원들에게 보상해 주지 않습니다. 환급이 가능한 것과 불가능한 것들에 대해 설명하는 목록을 첨부했습니다. 덧붙여, 교통비는 주행된 거리에 대한 표준 요금에 근거하며, 영업 사원 차량의 실제 주유비가 아닙니다. 이 문제와 관련하여 당신의 모든 질문과 의견을 기꺼이 받겠습니다.

Karen Holmes 드림,
회계 담당자

어휘 **displeasure** 불만 **reimburse** 환급하다, 배상하다 **expenditure** 지출 **accommodations** 숙박 시설 **compensate** 보상하다 **souvenir** 기념품 **mileage** 주행 거리

162 Holmes 씨는 왜 이메일을 보냈는가?
(A) 제기된 불만에 대해 응답하기 위해서
(B) 곧 있을 출장에 대해 설명하기 위해서
(C) 정책의 변경을 언급하기 위해서
(D) 상기시키기 위한 조언을 하기 위해서

어휘 **reminder** 상기시키는 것; 독촉장; (상기시키기 위한) 조언

163 Robertson 씨에 대해 언급된 것은 무엇인가?
(A) 그의 상환 금액은 이번 주에 송금되었다.
(B) 그는 영업부를 관리한다.
(C) 그는 정기적으로 출장을 간다.
(D) 그의 근무는 최근에 시작되었다.

164 [1], [2], [3], 그리고 [4] 중에서 다음의 문장이 위치하기에 가장 적절한 곳은 어디인가?

"상환의 요건이 되는 여러 가지 비용들이 있습니다."

(A) [1]
(B) [2]
(C) [3]
(D) [4]

어휘 **eligible** ~을 가질 수 있는 **repayment** 상환

[165-167]

7월 23일

친애하는 Harper 씨,

Steller 부두에 있는 저희 창고의 확장을 위해 저희 회사에 응찰해 주셔서 감사합니다. 처음에는, 귀하의 제안이 경쟁력 있어 보였습니다. 하지만, 귀하는 지난 주에 저에게 보내신 응찰과 관련된 모든 필요 서류를 제출하지 않았습니다. 포함되지 않은 항목들의 목록이 적힌 문서 한 장을 동봉했습니다. 그것들 중 가장 주목할 만한 것은 예상 인건비 보고서입니다. 본 프로젝트의 총비용에서 인건비가 가장 큰 비중을 차지할 것이기 때문에, 저는 그것을 확인할 때까지 최종 결정을 내릴 수 없습니다. 최대한 빨리 목록에 있는 모든 것을 보내 주세요. 아무리 늦어도 입찰을 받는 마지막 날인 8월 5일까지는 제가 그 서류들을 받아야 합니다. 모든 것이 갖춰진 귀하의 제출 서류들을 받으면, 우리는 더 자세하게 그것을 검토하는 과정을 시작할 수 있습니다. 그러고 나면, 8월 21일에, 어떤 기업이 계약을 따낼 것인지에 관한 결정이 발표될 것입니다.

Franklin Carter 드림
기획과, Metralink 사

어휘 **submit a bid** 응찰하다 **at first glance** 처음에는, 언뜻 보기에는 **competitive** 경쟁력 있는 **turn in** 제출하다 **notable** 주목할 만한 **land a contract** 계약을 따내다

165 편지의 목적은 무엇인가?
(A) 가격을 협상하기 위해서
(B) 더 많은 정보를 요구하기 위해서
(C) 입찰을 거절하기 위해서
(D) 신규 프로젝트를 발표하기 위해서

166 Carter 씨는 편지와 함께 무엇을 보냈는가?
(A) 목록
(B) 비용 예측
(C) 계약서
(D) 서명해야 할 서류

167 편지에 따르면, 8월 21에 어떤 일이 있을 것인가?
(A) 자금이 제공될 것이다.
(B) 응찰에 대한 결정이 있을 것이다.
(C) 건설 공사가 시작될 것이다.
(D) 서류가 제출될 것이다.

[168-171]

랜싱에서 반드시 방문해야 하는 식당들

사무실에서 기진맥진하게 만드는 오전을 보낸 후 점심시간에 맛있게 식사할 만한 것을 찾고 계신가요? 도심에 있는 다음 네 곳의 인기 있는 장소들을 확인하세요.

Giovanni's: 이 아늑한 피자 전문점에서 조각 피자나 한 판의 피자를 구입하세요. 젤라또는 정통 그대로이며, 맛있고, 식당에서 직접 만들어집니다. 점심 메뉴는 저녁 메뉴보다 낮은 가격에 제공됩니다. 1인당 평균 가격: 12달러

Mongolia House: 이곳에서 저가의 몽골식 바비큐를 즐기세요. 손님들은 닭고기, 양고기, 돼지고기, 그리고 소고기뿐만 아니라 16가지의 서로 다른 소스와 함께 다양한 야채들도 선택할 수 있습니다. 식사 후에 무료 셔벗이 제공됩니다. 1인당 평균 가격: 9달러

Sam Smith's: 이곳은 식당에서 흔히 먹는 것들과는 다른 음식을 맛보기 위한 훌륭한 장소입니다. 미트로프, 고기 찜, 그리고 캐서롤과 같은 음식들이 항상 메뉴에 있는데, 이는 매달 변경됩니다. 가격이 싼 편은 아니지만, 음식이 어머니의 집밥을 생각나게 할 것입니다. 1인당 평균 가격: 18달러

Golden Lotus: 상하이 출신의 두 명의 요리사들이 만든 중국 음식을 즐기세요. 전통적인 중국 요리뿐만 아니라 중국식과 이탈리아식의 퓨전 요리가 제공됩니다. 이곳에서는 테이크아웃이 인기 있습니다. 1인당 평균 가격: 11달러

랜싱에 있는 이 식당들과 다른 식당들에 대한 더 많은 정보를 원하시면, 저희의 유익한 웹사이트인 www.cometolansing.com을 꼭 방문해 주세요.

어휘 **bite** 간단한 식사 **exhausting** 기진맥진하게 만드는 **cozy** 아늑한 **gelato** 이탈리아식 아이스크림 **authentic** 진품인, 진짜인 **complimentary** 무료의 **sherbet** 셔벗(과일 맛의 빙과류) **sample** 맛보다 **nontraditional** 비전통적인 **meatloaf**

미트로프(고기를 다진 후 뭉쳐서 오븐에 구운 요리) pot roast 야채를 넣은 고기 찜 casserole 캐서롤(오븐에서 천천히 익힌 요리) chef 요리사 takeout 집으로 가지고 가는 음식

168 이 소책자는 누구를 위한 것 같은가?
(A) 대학생들
(B) 구직자들
(C) 지역의 근로자들
(D) 여행자들

169 소책자에 있는 식당들에 대해 무엇이 암시되고 있는가?
(A) 현재 인기 있는 식당들이다.
(B) 같은 거리에 위치하고 있다.
(C) 모두 작년에 개업했다.
(D) 도심에서 가격이 가장 저렴하다.

170 Giovanni's에 대해 언급된 것은 무엇인가?
(A) 지역에서 음식을 배달하고 있다.
(B) 가장 가격이 낮은 곳이다.
(C) 다양한 피자 토핑을 제공한다.
(D) 하루 동안에 가격에 변화가 있다.

171 식당에서 일반적으로 제공되지 않는 음식을 먹으려면 어디로 가야 하는가?
(A) Giovanni's
(B) Mongolia House
(C) Sam Smith's
(D) Golden Lotus

[172-175]

Belinda Peterson 5:34 P.M.
행사는 내일 밤에 개최될 거예요. 모든 것이 준비되었나요?

May Sheldon 5:36 P.M.
수상자들의 이름이 적힌 상패들이 모두 도착했어요. 그것들을 검토해 보았는데, 잘못된 점은 없었어요.

Orlando Jones 5:40 P.M.
그리고 저는 Henderson 호텔의 Vernon 씨에게 연락했어요. 그녀는 우리가 요청했던 대로 행사장은 장식되었고 우리가 제공되기를 원하는 음식에도 아무런 문제가 없다고 했어요.

Belinda Peterson 5:41 P.M.
행사장을 눈으로 확인해 본 건가요?

Orlando Jones 5:43 P.M.
그렇게 해야 하나요? 내일 아침에 방문할 시간이 있어요.

Belinda Peterson 5:45 P.M.
당신이 그렇게 해 준다면 고맙겠어요. 우리는 2년 전에 장식에 관련된 문제가 있었는데, 비슷한 문제가 다시 발생하지 않으면 좋겠어요.

Orlando Jones 5:48 P.M.
알겠어요. May, 저와 함께 가지 않을래요? 저는 오전 9시에 거기에 갈 거예요.

May Sheldon 5:50 P.M.
물론이죠. 저도 상패들을 가져가서 호텔에 두었으면 해요.

Belinda Peterson 5:52 P.M.
그곳에 있는 동안 시청각 장비를 꼭 확인하세요, Orlando. 그것은 완벽하게 정상적으로 작동하는 상태여야 해요. 사장님과 부사장님 두 분 모두 연설을 하실 의향이 있어서, 마이크에 문제가 있어서는 안 돼요.

어휘 ceremony 의식, 행사   plaque 상패; 훈장   working order 정상적으로 작동하는 상태   faulty 결함이 있는, 불완전한

172 작성자들은 주로 무엇을 논의하고 있는가?
(A) 행사의 일정
(B) 회사의 수상자들
(C) 회사 행사 준비
(D) 발표될 연설

173 Henderson 호텔에 대해 암시되고 있는 것은 무엇인가?
(A) 작성자들의 회사의 예전 행사를 개최했었다.
(B) 작성자들의 회사에서 가까운 곳에 있다.
(C) 지난 해 동안에 건설되었다.
(D) 행사가 끝난 뒤에 청구서를 보낼 것이다.

174 오후 5시 45분에, Peterson 씨가 "I'd appreciate your doing that"이라고 말할 때 그녀가 의미하는 것은 무엇인가?
(A) Jones 씨는 제공되는 음식을 맛보아야 한다.
(B) Jones 씨는 일정을 확인해야 한다.
(C) Jones 씨는 Henderson 호텔을 방문해야 한다.
(D) Jones 씨는 몇몇 장식품을 구입해야 한다.

어휘 sample 맛보다

175 Peterson 씨는 Jones 씨에게 무엇을 하라고 하는가?
(A) 몇몇 장비를 점검한다
(B) 예약 대금을 지불한다
(C) Vernon 씨와 이야기한다
(D) 메뉴를 변경한다

[176-180]

Wellborn 렌터카 대행사
테네시주 내슈빌 Magnolia 로 485번지 W

고객명: Candice Hyatt   회원 번호: 8574MA
주소: 오리건주 포틀랜드 Pacific 거리 90번지
이메일 주소: candicehyatt@worldmail.com
전화번호: (849) 830-1902

대여일: 2월 5일   반납일: 2월 10

서비스	1일 요금	액수
소형 렌터카 (5일)	$56.99	$284.95
보험료 (운전자 2인)	$8.99	$44.95
소계		$329.90
할인액		-$32.99
세금		$14.85
총계		$311.76

Wellborn 렌터카 대행사에서 차량을 대여해 주셔서 감사합니다. 휘발유를 가득 채운 후 차량을 반납하시기 바랍니다. 대여하신 지점이 아닌 다른 지점에 반납하실 경우 30달러의 비용이 청구될 것입니다.

고객 서명: Candice Hyatt

날짜: 2월 5일

수신: candicehyatt@worldmail.com
발신: tina_s@wellbornrental.com
제목: 고객님의 이메일
날짜: 2월 11일

친애하는 Hyatt 씨께,

고객님께서 저희 회사로 보내신 이메일을 고객 서비스 담당자로부터 전달 받았습니다. 고객님께서 Wellborn 렌터카 대행사에서 좋지 않은 경험을 하신 것에 대해 진심으로 유감을 표합니다. 고객님의 편지에 따르면, 고객님께서는 2월 5일에 포틀랜드로부터 도착하셨을 때 내슈빌 지점에서 미니밴을 수령하시기로 예약하셨습니다. 고객님께서는 세인트루이스에서 차량을 반납하실 계획이었습니다. 하지만, 안내 데스크에 방문했을 때, 고객님께서는 소형 자동차를 대신하여 수령하였습니다.

저는 조사를 실시했고 고객님과 전화 통화를 했던 직원이 고객님의 예약 요청 사항을 컴퓨터에 잘못 입력했다는 사실을 알아 냈습니다. 또한, 우리는 주차장에 예약되지 않은 상태의 미니밴을 보유하고 있었기 때문에, 고객님께서는 그것을 요청했을 때 수령할 수 있었습니다. 고객님과 대화했던 교환원과 안내 데스크 담당자 두 사람 모두 그들의 실수를 통보 받았고 고객님께 사과의 말씀을 전하고 싶어 합니다.

고객님의 피해를 보상하기 위해서, 다운로드 받으신 다음 저희의 차량을 대여하는 데 사용할 수 있는 할인권을 보내 드립니다. 할인권으로, 고객님은 선택하신 차량을 무료로 5일 동안 이용할 수 있습니다.

Tina Sowell
운영 부사장
Wellborn 렌터카 대행사

어휘 forward 보내다, 전달하다   compact car 소형 자동차   investigation 조사   request 요청   improperly 적절하지 않게   voucher 할인권; 증명서

176 청구서에 언급된 것은 무엇인가?
(A) Hyatt 씨만 차량을 운전하는 보험에 가입되었다.
(B) 차량은 휘발유가 가득 채워진 상태로 제공되었다.
(C) Hyatt 씨는 현재 내슈빌에 거주하고 있다.
(D) 차량은 5일 동안 대여되었다.

177 Hyatt 씨는 보험료로 하루에 얼마를 지불했는가?
(A) 8.99달러
(B) 14.85달러
(C) 32.99달러
(D) 56.99달러

178 Sowell 씨는 왜 이메일을 보냈는가?
(A) 제안을 하기 위해서
(B) 환불해 주기 위해서
(C) 예약을 확인해 주기 위해서
(D) 항의에 대해 답변을 하기 위해서

179 Hyatt 씨에 대해 암시되고 있는 것은 무엇인가?
(A) 그녀는 차량을 반납했을 때 추가 요금을 지불했다.
(B) 그녀는 자신이 받은 차량을 수령하는 것을 거절했다.
(C) 그녀는 자신의 렌터카에 사고를 냈다.
(D) 그녀는 2월 5일에 처음으로 Wellborn을 이용했다.

180 Sowell 씨가 Hyatt 씨에게 보낸 할인권에 대해 옳은 것은 무엇인가?
(A) 내년까지 유효하다.
(B) 미니밴을 대여할 때에만 사용될 수 있다.
(C) 무료 렌터카를 제공한다.
(D) 운전자에게 무료로 전액 보험을 제공한다.

어휘 valid 유효한

[181-185]

Mulberry 도서관 개조 공사로 인해 폐쇄

Jackson 로 19번지에 위치한 Mulberry 도서관은 1월 10일에 개조 공사를 위해 폐쇄됩니다. 도서관은 8월 중순까지 폐쇄될 것으로 예상됩니다. 그 기간 동안, 도서관에서는 대규모 작업이 진행될 것입니다. 늘어나는 도서관의 책들과 잡지들을 위한 더 많은 공간을 마련하기 위해 지하층이 확장될 것입니다. 아동용 열람실과 컴퓨터실이 1층의 열람실에 추가될 것입니다. 그리고 2층은 완전히 재개발될 것입니다. 공사가 끝나면, 2층에는 시청각 센터뿐만 아니라 도서관의 희귀한 도서들과 역사적인 문서들을 보관하게 될 특별한 열람실이 생깁니다. 저희는 도서관을 폐쇄하기 전에 이용자들께서 대여하신 모든 책들을 도서관으로 반납해 주실 것을 요청합니다. 개조 공사 기간 동안, 우리는 소장 도서 전체에 대한 조사를 실시할 예정입니다. 조사가 끝날 때까지, 도서는 대출되지 않습니다. 이것이 마무리되면, 개조 공사 기간 동안에는 도서관의 웹사이트에서 신청을 함으로써 책을 대여하실 수 있습니다.

어휘 extensive 대규모의   redevelop 재개발하다   completely 완전히   audio-visual 시청각의   house 보관하다, 수용하다   audit 감사, 조사

수신: Jennifer Cantwell
발신: Peter Stiller
제목: 지난 주의 안내문
날짜: 1월 3일

지난 주에 게재되었던 안내문은 대단히 성공적이었어요. 거의 모든 도서관 이용자들이 우리의 요청을 따라 주어서, 책장이 다시 가득 채워지기 시작했어요. 하지만, 여러 번 이메일을 보냈음에도 불구하고, 우리는 다음의 사람들로부터 답신을 받지 못했어요: Chad Walker, Ryan Varnum, Beth Robinson, 그리고 Larry Decker예요. 시간이 다 되었기 때문에, 그들에게 연락이 닿을 때까지 계속해서 이 사람들 모두에게 전화를 하는 것이 좋겠어요. 저는 그들의 개인 정보에 접속할 수 없지만, 당신은 할 수 있는 것으로 알고 있어요. 각각의 사람들에 대한 정보를 저에게 보내 줄 수 있다면, 제가 최선을 다 해서 그들에게 연락을 해 보도록 할게요.

어휘 patron 고객   comply with 순응하다, 지키다   run out of time 시간이 다 되다

181 1층에 위치하게 될 것은 무엇인가?
(A) 컴퓨터실
(B) 희귀 도서 열람실
(C) 참고 도서 서고
(D) 시청각 센터

182 고객들은 개조 공사 기간 동안 어떻게 도서를 대출해야 하는가?
(A) 도서관에 전화함으로써
(B) 문자 메시지를 보냄으로써
(C) 도서관을 방문함으로써
(D) 온라인에 접속함으로써

어휘 go online 온라인에 접속하다

183 Stiller 씨는 왜 회람을 보냈는가?
(A) 추가적인 시간을 요청하기 위해서
(B) 최신 정보를 제공하기 위해서
(C) 일정을 변경하기 위해서
(D) 조언을 하기 위해서

184 회람에서, 두 번째 줄의 어휘 "complied with"와 그 의미가 가장 유사한 것은?
(A) 고려했다
(B) 들었다
(C) 준수했다
(D) 간청했다

185 Varnum 씨에 대해 언급된 것은 무엇인가?
(A) 그는 도서관 개조 공사를 도울 것이다.
(B) 그는 도서관에서 자료를 빌렸다.
(C) 그는 지난 주에 Stiller 씨에게 이메일을 보내서 연락했다.
(D) 그는 도서관에 도서 연체료를 지불해야 한다.

어휘 overdue 기한이 지난

[186-190]

수신: Sandra Nelson 〈snelson@mymail.com〉
발신: Fred Delacour 〈fredd@robinsontrade.com〉
날짜: 5월 3일
제목: 관리직

친애하는 Nelson 씨께,

귀하와 Jerry O'Sullivan 사이의 경쟁은 치열했고, 두 분 모두 정말 마음에 들었습니다. 하지만, 결국, 우리는 귀하가 우리 회사의 문화에 그 지원자보다 더 적합하다는 결론을 내렸습니다. 이는 두 번째 면접에서 특히 두드러졌는데, 그 면접에서 귀하는 만났던 모든 직원들과 잘 소통했습니다. 그래서 우리는 귀하에게 채용을 제안합니다. 우리는 귀하가 6월 1일부터 출근하기를 바랍니다. 연봉으로는 60,000달러를 제안하고자 합니다. 귀하는 건강 보험을 포함하여 모든 복리 후생을 받게 되며, 해마다 20일의 유급 휴가와 더불어 연간 성과급도 받게 됩니다. 긍정적인 답변을 기대하겠습니다.

Fred Delacour 드림
수석 담당자
Robinson 무역

어휘 managerial position 관리직 competition 경쟁 interact 소통하다 extend an offer 제안을 하다 benefit 복리후생

수신: Fred Delacour ⟨fredd@robinsontrade.com⟩
발신: Sandra Nelson ⟨snelson@mymail.com⟩
날짜: 5월 5일
제목: 답신: 관리직

친애하는 Delacour 씨께,

저 또한 Robinson 무역에서 근무하는 것은 정말 좋은 이직이라고 생각합니다. 그곳에서의 모든 분을 만나서 즐거웠고, 그곳에서 근무하며 고향으로 돌아가는 것은 저의 꿈이었습니다. 유감스럽게도, 급여가 기대했던 것과는 다릅니다. 저는 연봉으로 최소한 20,000달러 정도 더 받을 것이라고 들었던 사실을 특별히 기억하고 있습니다. 이메일에 작성하신 액수가 맞는 것인지 궁금합니다. 만일 그렇다면, 유감스럽게도 저는 귀사의 제안을 받아들일 수 없습니다.

Sandra Nelson 드림

어휘 lead to expect 기대하게 하다 recall 기억해 내다, 상기하다

수신: Lacey Watson, Jermaine Yancey, Ernest Parker
발신: Fred Delacour
날짜: 5월 5일
제목: 결정

예상했던 것처럼, Nelson 씨는 우리의 제안을 거절했어요. 위원회에서 그 직책의 급여를 변경했을 때, 저는 사실 그녀가 이곳으로 와서 일하는 것에 동의하지 않을 것이라고 생각했어요. 그녀는 뛰어난 직원이 될 것이라고 생각했기 때문에 이는 정말 좋지 않군요. 그럼에도 불구하고, 우리는 앞으로 나아가야 할 필요가 있어요. 저는 우리의 두 번째 후보자에게서 오늘 아침에 이메일을 받았어요. 그는 결정이 내려졌는지 여부를 알고 싶어 했어요. 그의 자격 요건에 대해 우리 모두 동의했으므로, 그가 직책을 수행하는 데 관심이 있는지 알아 볼 예정이에요.

어휘 turn down 거절하다 compensation 봉급 move on 앞으로 나아가다; 정리하다, 잊다 regarding ~에 대해서 qualification 자격 요건

186 Delacour 씨는 왜 Nelson 씨를 채용하고 싶어 하는가?
(A) 그녀는 즉시 근무를 시작할 수 있다.
(B) 그녀는 해당 분야의 경력이 있다.
(C) 그녀는 그녀의 동료들과 잘 지낼 것이다.
(D) 그녀는 가장 자격 요건을 갖춘 사람이다.

187 급여의 항목으로 언급되지 않은 것은 무엇인가?
(A) 의료 보험
(B) 일을 잘 한 것에 대한 추가 수당
(C) 유급 휴가
(D) 퇴직 연금

어휘 compensation package (급여와 복리후생을 모두 포함한) 보수 pension plan 퇴직 연금 적립 제도

188 두 번째 이메일에 따르면, Nelson 씨는 왜 제안을 거절하는가?
(A) 그녀는 멀리 떨어진 지역으로 이주하기를 원하지 않는다.
(B) 그녀는 60,000달러를 낮은 연봉이라고 생각한다.
(C) 그녀는 그녀의 고향에 남아 있고 싶어 한다.
(D) 그녀는 근무 조건을 좋아하지 않는다.

어휘 relocate 이전하다

189 회람에서, 두 번째 줄의 단어 "compensation"과 그 의미가 가장 유사한 것은?
(A) 봉급
(B) 자격 요건
(C) 기한
(D) 위치

190 Delacour 씨는 이어서 무엇을 할 것인가?
(A) 이사회와 회의를 한다
(B) O'Sullivan 씨에게 연락한다
(C) 다른 지원자들과 면접 일정을 잡는다
(D) Nelson 씨에게 수정 제안을 한다

어휘 counteroffer 수정 제안

[191-195]

델몬트 공연 예술 센터

델몬트 공연 예술 센터는 6월 일정을 안내해 드리게 되어 기쁩니다.

날짜	공연	설명
6월 5일	델몬트 심포니 오케스트라	헨델, 슈베르트, 그리고 그 밖의 음악가들의 클래식 작품을 감상하세요.
6월 14일	Jodi Wyatt: 기억에 남을 만한 밤	유명 팝 여가수가 그녀의 고향으로 돌아와 자신의 가장 유명한 노래들을 공연하는 것을 관람하세요.
6월 24일	피가로의 결혼	모차르트의 오페라가 Rudolph 극단에 의해 공연됩니다.
6월 27일	Derek Morris: 오직 하룻밤만	팬들의 인기에 의해 매년 그가 델몬트로 돌아와 공연하는 코미디의 밤을 즐기세요.

티켓은 585-4493으로 전화하시거나, 센터의 매표소를 방문하셔도 되며, www.delmontcenter.org/tickets로 방문하여 온라인 상으로 구매하실 수 있습니다. 가격은 공연에 따라 차이가 있습니다. 20명 이상의 단체, 기업 후원자, 그리고 어르신들은 할인 받을 수 있습니다. 이번 달의 할인에서 학생증은 받지 않습니다.

어휘 performing art 공연 예술 diva 유명 여가수 troupe 극단, 공연단

수신: Jennifer Rocker ⟨jennrocker@delmontcenter.org⟩
발신: Roger Brooke ⟨rogerbrooke@richmondnews.com⟩
제목: 티켓
날짜: 6월 9일

친애하는 Rocker 씨께,

제 이름은 Roger Brooke이며, 저는 *리치몬드 데일리 뉴스*에 기고하고 있습니다. 제 글은 예술과 문화란에 자주 실리고 있으며, 저는 주간 칼럼도 쓰고 있습니다. 저는 이번 주말에 델몬트에 머무르며 지역의 박물관에 대한 글을 쓸 예정입니다. 저는 6월 14일의 공연 티켓을 구할 수 있는지 알고 싶습니다. 다음 달 금요일 호의 간행물에 후기를 작성하려고 합니다. 델몬트 센터에서는 무료 티켓이나 저가의 티켓을 언론사 회원들에게 종종 제공하기 때문에 귀하에게 연락을 해 보라는 이야기를 들었습니다.

Roger Brooke 드림
리치몬드 데일리 뉴스

어휘 column 칼럼(정기 기고란) review 비평 complimentary 무료의 publication 출간물, 간행물

Roger Broke의 인상적인 귀향

델몬트 (7월 10째) – 델몬트 공연 예술 센터에서 공연을 처음으로 관람한 것은 아니었지만, 나는 지난 달 Derrek Morris가 공연하는 것을 관람할 기회를 얻었다. 나는 코미디를 그렇게 좋아하지는 않는다. 나의 취향은 음악이나 연극 공연 쪽에 더 가깝다. 하지만 나는 Morris의 정기 공연에 기회를 주기로 했다. 나는 그렇게 하기를 잘 했다고 인정할 수밖에 없다. Morris 씨는 내가 두 시간 내내 배를 움켜쥐고 웃을 정도로 아주 재미있는 공연을 했다. 더 좋았던 것은, 공연이 가족 친화적이어서, 공연장에는 많은 부모님들이 아이들과 함께 있었다. Morris 씨는 대단히 인상적이어서 나는 다음 달에 또 다른 비슷한 정기 공연을 관람할 생각이다.

어휘 impressive 인상적인 privilege 특권 put on a show 공연을 하다 hilarious 아주 재미있는 shake with laughter 배를 움켜쥐고 웃다 catch (공연을) 보다

191 6월 5일의 공연에 대해 언급된 것은 무엇인가?
(A) 주요 음악가는 슈베르트가 될 것이다.

(B) 청중의 참여가 예상된다.
(C) 음악가들에 의해 연주될 것이다.
(D) 공연은 두 시간 정도 진행될 것이다.

192 6월에 제공되는 할인의 유형이 아닌 것은 무엇인가?
(A) 학생들을 위한 할인
(B) 공식적인 후원자들을 위한 할인
(C) 나이든 사람들을 위한 할인
(D) 대규모 단체를 위한 할인

193 이메일에서, Brooke 씨가 티켓을 요청한 공연은 어느 것인가?
(A) 코미디 공연
(B) 오페라
(C) 팝 콘서트
(D) 클래식 음악회

194 Brooke 씨는 언제 공연을 보러 갔는가?
(A) 6월 5일에
(B) 6월 14일에
(C) 6월 24일에
(D) 6월 27일에

195 후기에서, 8번째 줄의 단어 "catch"와 그 의미가 가장 유사한 것은?
(A) 획득하다
(B) 따르다
(C) 보다
(D) 즐기다

[196-200]

www.twotonepublishing.com

| HOME | TWO TONE AUTHORS | TWO TONE BOOKS | TWO TONE COMMUNITY |

Two Tone 출판사는 소설 업계에서 가장 기대되는 몇 명의 유명 작가들을 보유하고 있습니다. 다음은 저희가 곧 출간하려는 서적들입니다:

고블린들의 축제 – Morgan Richard의 덜시머 시리즈에 속하는 최신 판타지 세트입니다. 고블린들에 의해 도난 당한 고대 보물을 되찾으려는 마법사 Sondern의 모험을 따라가 보세요. *출간일: 8월 3일*

런 어웨이 – Anna Kraven의 첫 번째 작품은 직업이 있는 어머니가 자신이 저지르지 않은 범죄로 인해 경찰에게 쫓기는 이야기를 하고 있습니다. *출간일: 8월 16일*

주인 없는 집 – 밤 늦게 Rachel Perdue가 쓴 이 공포 소설을 읽지 마세요. 이는 정말 무서운 이야기이며 유령 사냥꾼 Tom Morris에 대한 시리즈들 중 첫 번째 책입니다. *출간일: 9월 1일*

반짝이는 푸른 바다 저편에 – 이는 크리스토퍼 콜럼버스가 신대륙을 향했던 최초의 항해에 대한 가상의 이야기입니다. Mark Sanders가 이 역사적인 소설 작품에서 능숙하게 이야기를 풀어 내고 있습니다. *출간일: 9월 10일*

제리 이야기 – Ben Jarvis가 가족 여행 도중에 길을 잃은 골든 리트리버, Jerry의 마음 속으로 여러분을 안내합니다. 여러분은 집으로 돌아가기를 바라는 이 강아지의 이야기를 좋아하게 될 것입니다. *출간일: 9월 21일*

어휘 up-and-coming 전도 유망한 ancient 고대의 treasure 보물 debut 데뷔, 첫 출연 frightening 무서운 account 이야기

4월 2일

친애하는 Weathersby 씨께,

저희 고객의 최신 작품의 진행이 의도했던 것보다 훨씬 늦어질 것이라는 소식을 알려 드리게 되어 유감입니다. *제리 이야기*의 마지막 원고가 4월 중순까지 제출되어야 하지만, 귀하는 5월 말경에 그것을 받을 수 있을 것입니다. 저희 고객은 개인적인 건강 문제로 인해 몇 주 동안 일을 전혀 할 수 없었습니다. 다행히도, 그 문제가 해결되어, 그는 다시 일을 하게 되었습니다. 하지만, 저는 책의 출간일이 미뤄져야 한다고 생각합니다. 문의 사항이 있을 경우 저에게 연락해 주세요.

Justin Maroney 드림
에이전트
Maroney and Avril

어휘 progress 진행, 진척

보도 자료

날짜: 10월 5일

Two Tone 출판사는 Anna Kraven의 소설이 몇몇 베스트셀러 목록에서 1위를 했다는 사실을 알리게 되어 기쁩니다. Kraven 씨는 Two Tone 출판사와 여러 권의 책을 집필하기로 계약을 체결하여, 그녀가 몇 년 동안 Two Tone의 구성원으로서의 자격을 유지하는 것이 보장됩니다. Kraven 씨는 10월 12일부터 그녀의 소설을 홍보하기 위해 북 투어를 할 것입니다. 그녀가 처음으로 도착할 곳은 시카고에 있는 Steller 서점이 될 것입니다. 투어를 하며 그녀는 세인트루이스, 댈러스, 덴버, 로스엔젤레스, 마이애미, 그리고 다른 도시들을 방문할 것입니다.

196 웹 페이지의 어느 섹션에서 이 정보를 찾을 수 있을 것 같은가?
(A) Home
(B) Two Tone Authors
(C) Two Tone Books
(D) Two Tone Community

197 웹 페이지에서, 6째 줄의 단어 "debut"와 그 의미가 가장 유사한 것은?
(A) 매혹적인
(B) 허구의
(C) 처음의
(D) 인기 있는

198 Maroney 씨가 그의 고객에 대해 언급한 문제는 무엇인가?
(A) 병에 걸린 자녀
(B) 가족의 사망
(C) 질병
(D) 수입의 손실

199 Maroney 씨의 고객은 누구인가?
(A) Anna Kraven
(B) Ben Jarvis
(C) Mark Sanders
(D) Morgan Richards

200 보도 자료에 따르면, 어떤 책이 베스트셀러가 되었는가?
(A) *고블린들의 축제*
(B) *런 어웨이*
(C) *주인 없는 집*
(D) *제리 이야기*

Test 3

PART 1
1 (C)	2 (C)	3 (A)	4 (C)	5 (D)
6 (D)				

PART 2
7 (C)	8 (A)	9 (B)	10 (B)	11 (A)
12 (C)	13 (B)	14 (B)	15 (A)	16 (B)
17 (B)	18 (B)	19 (A)	20 (C)	21 (B)
22 (C)	23 (A)	24 (B)	25 (A)	26 (A)
27 (C)	28 (B)	29 (A)	30 (C)	31 (B)

PART 3
32 (A)	33 (C)	34 (A)	35 (B)	36 (D)
37 (C)	38 (A)	39 (D)	40 (B)	41 (A)
42 (B)	43 (A)	44 (A)	45 (C)	46 (A)
47 (C)	48 (C)	49 (B)	50 (C)	51 (A)
52 (C)	53 (D)	54 (A)	55 (B)	56 (A)
57 (C)	58 (A)	59 (B)	60 (D)	61 (B)
62 (D)	63 (B)	64 (D)	65 (A)	66 (B)
67 (C)	68 (A)	69 (D)	70 (A)	

PART 4
71 (C)	72 (C)	73 (A)	74 (C)	75 (C)
76 (A)	77 (B)	78 (D)	79 (C)	80 (C)
81 (D)	82 (D)	83 (D)	84 (A)	85 (B)
86 (C)	87 (A)	88 (C)	89 (C)	90 (A)
91 (D)	92 (C)	93 (A)	94 (B)	95 (A)
96 (B)	97 (C)	98 (A)	99 (D)	100 (C)

PART 5
101 (C)	102 (B)	103 (A)	104 (D)	105 (B)
106 (B)	107 (C)	108 (A)	109 (B)	110 (B)
111 (D)	112 (D)	113 (C)	114 (C)	115 (B)
116 (A)	117 (C)	118 (B)	119 (C)	120 (B)
121 (A)	122 (C)	123 (B)	124 (B)	125 (D)
126 (D)	127 (B)	128 (C)	129 (C)	130 (B)

PART 6
131 (D)	132 (D)	133 (A)	134 (C)	135 (D)
136 (A)	137 (C)	138 (D)	139 (A)	140 (B)
141 (A)	142 (C)	143 (D)	144 (B)	145 (C)
146 (A)				

PART 7
147 (A)	148 (B)	149 (A)	150 (D)	151 (B)
152 (D)	153 (B)	154 (D)	155 (C)	156 (D)
157 (D)	158 (C)	159 (A)	160 (C)	161 (A)
162 (C)	163 (C)	164 (B)	165 (D)	166 (B)
167 (D)	168 (C)	169 (B)	170 (C)	171 (D)
172 (D)	173 (A)	174 (C)	175 (B)	176 (D)
177 (D)	178 (C)	179 (B)	180 (D)	181 (C)
182 (B)	183 (C)	184 (A)	185 (B)	186 (B)
187 (A)	188 (C)	189 (D)	190 (D)	191 (C)
192 (A)	193 (A)	194 (C)	195 (B)	196 (B)
197 (A)	198 (C)	199 (B)	200 (A)	

PART 1 p.096

1

(A) The customer is checking out of her room.
(B) The man is helping the woman with her luggage.
(C) The woman has one hand on her baggage.
(D) The clerk is typing on the keyboard.

(A) 고객은 그녀의 방을 체크아웃하고 있다.
(B) 남자는 여자가 짐을 드는 것을 돕고 있다.
(C) 여자는 그녀의 짐을 한 손으로 잡고 있다.
(D) 점원은 키보드로 타이핑하고 있다.

어휘 luggage 짐, 수하물 baggage 짐, 수하물 clerk 점원

2

(A) Some boats are sailing on the ocean.
(B) Several houses are being built along the shore.
(C) Reflections of some boats can be seen.
(D) People are working on some of the boats.

(A) 몇 척의 배들이 바다에서 항해하고 있다.
(B) 몇몇 집들이 해변을 따라 지어져 있다.
(C) 몇 척의 배들의 비친 모습이 보인다.
(D) 사람들이 몇 척의 배 위에서 일하고 있다.

어휘 along ~을 따라 shore 해안, 해변 reflection 반사, 비친 모습

3

(A) The man is seated in front of the instrument.
(B) The man is listening to some tunes.
(C) The man is performing for an audience.
(D) The man is looking at some sheet music.

(A) 남자가 악기 앞에 앉아 있다.
(B) 남자가 연주를 듣고 있다.
(C) 남자가 청중을 위해 연주하고 있다.

(D) 남자가 악보를 보고 있다.

어휘 instrument 악기 tune 곡, 선율 audience 청중 sheet music 악보

4

(A) One of the doors is being opened by somebody.
(B) Shadows of people can be seen on the sidewalk.
(C) A bicycle has been parked outside the building.
(D) Potted plants have been placed on the ground.

(A) 문들 중 하나가 누군가에 의해 열리고 있다.
(B) 인도 위에 사람들의 그림자가 보인다.
(C) 자전거가 건물 밖에 세워져 있다.
(D) 화분에 심은 식물들이 땅 위에 놓여 있다.

어휘 shadow 그림자 sidewalk 인도, 보도 pot 화분에 심다

5

(A) The man is putting on some gloves.
(B) The man has been putting some air in the tire.
(C) The man has taken the tires off the car.
(D) The man is working while on one knee.

(A) 남자는 장갑을 착용하는 중이다.
(B) 남자는 타이어에 공기를 주입하고 있다.
(C) 남자는 차에서 타이어들을 분리했다.
(D) 남자는 한 쪽 무릎을 꿇고 일하고 있다.

어휘 on one knee 한 쪽 무릎을 꿇고

6

(A) She is holding a pen in one of her hands.
(B) She is getting up from behind her desk.
(C) She is speaking to a client on the telephone.
(D) She is focusing her attention on the monitor.

(A) 그녀는 한 쪽 손에 펜을 쥐고 있다.
(B) 그녀는 책상 뒤에서 일어 나고 있다.
(C) 그녀는 고객과 전화 통화를 하고 있다.
(D) 그녀는 모니터에 주의를 집중하고 있다.

어휘 client 고객 focus on ~에 집중하다

PART 2

7 How often do you communicate with your superiors?
(A) That's definitely the best product.
(B) This product is superior to that one.
(C) At least once a day to give a status report.

당신은 당신의 상급자들과 얼마나 자주 의사소통을 하나요?
(A) 그것은 분명히 최고의 제품이에요.
(B) 이 제품이 그것보다 더 우수해요.
(C) 현황보고서를 제출하기 위해 최소한 하루에 한 번이요.

어휘 superior 상급자, 상관; 우수한, 우월한 status report 현황보고서

8 Will Mr. Hargreaves get transferred to headquarters soon?
(A) We haven't made a decision regarding that yet.
(B) No, he's not working at headquarters right now.
(C) Mr. Hargreaves started working here ten years ago.

Hargreaves 씨는 곧 본사로 전근을 가게 되나요?
(A) 우리는 그것과 관련해서 아직 결정을 내리지 못했어요.
(B) 아니요, 그는 지금 본사에서 일하고 있지 않아요.
(C) Hargreaves 씨는 10년 전에 이곳에서 근무를 시작했어요.

어휘 transfer 전근시키다 headquarters 본사

9 What type of vehicle should we rent?
(A) Sorry, but it's not for rent.
(B) I love driving sedans.
(C) You own a convertible, don't you?

우리가 빌려야 하는 차량은 어떤 종류인가요?
(A) 미안하지만, 그것은 대여하지 않아요.
(B) 저는 세단을 운전하고 싶어요.
(C) 당신은 컨버터블을 소유하고 있어요, 그렇지 않나요?

어휘 vehicle 차량 sedan 승용차 convertible 컨버터블(지붕 개폐가 가능한 자동차)

10 When will the courier deliver the envelope?
(A) Some contracts to sign.
(B) Supposedly within two hours.
(C) He's coming from across town.

배달원이 봉투를 언제 배달할 것인가요?
(A) 서명해야 할 몇 부의 계약서요.
(B) 아마 두 시간 이내에요.
(C) 그는 다른 도시에서 오고 있어요.

어휘 courier 배달원 envelope 봉투 contract 계약서 supposedly 아마

11 It would be better if you contacted Ms. Wilson.
(A) I'd rather you be the one to speak with her.
(B) Ms. Wilson hasn't contacted us for a month.
(C) I agree that this one looks a lot better.

당신이 Wilson 씨에게 연락한다면 좋을 텐데요.
(A) 당신이 그녀와 얘기하는 것이 더 나을 것 같아요.
(B) Wilson 씨는 한 달 동안 우리에게 연락하지 않았어요.
(C) 저는 이것이 훨씬 더 좋아 보인다는 것에 동의해요.

어휘 contact 연락하다

12 What do you think about renewing the contract with the KTR Company?
(A) We should definitely renew that magazine subscription.
(B) Actually, I haven't been contacted by them yet.
(C) That's being discussed at the highest levels.

당신은 KTR 사와의 계약 갱신에 대해 어떻게 생각하나요?
(A) 우리는 그 잡지의 구독을 꼭 갱신해야 해요.
(B) 사실, 저는 아직 그들에게서 연락을 받지 못했어요.
(C) 그것은 최고위층에서 논의되고 있는 중이에요.

어휘 renew 갱신하다 subscription 구독

13 Someone dropped off an envelope with your name on it.
    (A) Okay, I'll visit the post office soon.
    (B) That's odd. I'm not expecting anything.
    (C) Sure, the envelopes are in the top drawer.

    누군가가 당신의 이름이 적혀 있는 봉투를 갖다 놓았어요.
    (A) 알았어요. 제가 곧 우체국에 가도록 할게요.
    (B) 이상하군요. 저는 아무 것도 기다리고 있지 않아요.
    (C) 물론이죠. 봉투들은 맨 위의 서랍에 있어요.

    어휘 drop off ~을 갖다 놓다   envelope 봉투

14 Who remembered to complete the survey?
    (A) It's about satisfaction in the workplace.
    (B) All the workers in this office submitted theirs.
    (C) Yes, the work was completed on time.

    설문조사를 잊지 않고 완성한 사람은 누구인가요?
    (A) 그것은 일터에서의 만족에 대한 것이에요.
    (B) 이 사무실의 모든 근로자들은 그들의 것을 제출했어요.
    (C) 네, 그 일은 제시간에 끝났어요.

    어휘 survey 설문   satisfaction 만족   workplace 일터   submit 제출하다

15 Please allow me to introduce you to CEO Edwards.
    (A) Thanks. I'd really appreciate that.
    (B) Mr. Edwards knows me very well.
    (C) Yes, she introduced herself to you.

    당신을 최고경영자 Edwards에게 소개하려고 해요.
    (A) 고마워요. 정말 감사합니다.
    (B) Edwards 씨는 저를 매우 잘 알아요.
    (C) 네, 그녀는 당신에게 자신을 소개했어요.

    어휘 appreciate 고마워하다   introduce 소개하다

16 Do you intend to fly to the conference or take the train there?
    (A) Yes, that's how we're going there.
    (B) The former seems the better choice.
    (C) On the morning of the 27th.

    당신은 학회에 비행기를 타고 갈 생각인가요 아니면 거기에 기차를 타고 갈 건가요?
    (A) 네, 그것이 우리가 그곳에 가는 방법이에요.
    (B) 전자가 더 나은 선택인 것 같아요.
    (C) 27일 아침이에요.

    어휘 intend ~하려고 생각하다   former 전자(앞의 것)

17 When will this hot weather come to an end?
    (A) It's almost the middle of summer.
    (B) It should cool down in a few days.
    (C) No, it's not going to rain this week.

    이 더운 날씨는 언제 끝날까요?
    (A) 거의 한여름이에요.
    (B) 며칠 내에 시원해질 거예요.
    (C) 아니요, 이번 주에는 비가 내리지 않을 거예요.

    어휘 come to an end 끝나다

18 Where should I go to return this pair of pants?
    (A) They look really nice on you.
    (B) Mark over there can take care of you.
    (C) The dressing room is in the corner.

    이 바지를 반납하려면 어디로 가야 하나요?
    (A) 그것들은 당신에게 정말 잘 어울려요.
    (B) 저쪽에 있는 Mark가 당신을 도와 줄 거예요.
    (C) 탈의실은 구석에 있어요.

    어휘 dressing room 탈의실   corner 구석, 모퉁이

19 Have the items been put out for display yet?
    (A) Wendy will do that once her break ends.
    (B) The display is getting lots of positive attention.
    (C) No, these aren't the items we want to display.

    물품들이 진열을 위해서 벌써 내놓아졌나요?
    (A) Wendy가 휴식을 마치면 그것을 할 거예요.
    (B) 전시는 많은 긍정적인 관심을 끌고 있어요.
    (C) 아니요, 이것들은 우리가 전시하고자 하는 물품들이 아니에요.

    어휘 item 물품, 품목   put out 내놓다   positive 긍정적인   attention 관심

20 What are the company's annual revenues like?
    (A) Thousands of people are employed here.
    (B) Yes, the event is held on an annual basis.
    (C) Nearly a billion dollars for the entire year.

    회사의 연 수익이 얼마인 것 같아요?
    (A) 수천 명의 사람들이 이곳에 고용되어 있어요.
    (B) 네, 그 행사는 매년 열려요.
    (C) 일년을 통틀어 거의 10억 달러요.

    어휘 annual 연례의   revenue 수익

21 Can I borrow this laptop for a moment?
    (A) Yes, I borrowed it from Cindy in Sales.
    (B) Please be my guest. I'm not using it.
    (C) No, there's nothing in my lap now.

    잠시 이 노트북 컴퓨터를 빌려도 될까요?
    (A) 네, 저는 영업부서의 Cindy로부터 이것을 빌렸어요.
    (B) 그렇게 하세요. 저는 그것을 사용하고 있지 않아요.
    (C) 아니요, 지금 제 무릎에는 아무 것도 없어요.

    어휘 borrow 빌리다   Be my guest. 그렇게 하세요.

22 The weather is going to become snowy, isn't it?
    (A) Right. The weatherman is predicting heavy rain.
    (B) I love when we get lots of snow.
    (C) Yes, so we're planning to go skiing this weekend.

    날씨가 눈이 올 것 같아요, 그렇지 않나요?
    (A) 맞아요. 일기 예보관이 폭우를 예보했어요.
    (B) 저는 눈이 많이 올 때를 좋아해요.
    (C) 그래요, 그래서 우리는 이번 주에 스키를 타러 갈 계획이에요.

    어휘 weatherman 일기 예보관   predict 예측하다

23 Which caterer should we use for the awards ceremony?
    (A) The same one as last year would be ideal.
    (B) He was named the employee of the year again.
    (C) No, we haven't contacted a caterer yet.

    우리는 시상식을 위해 어떤 음식 공급업체를 이용해야 할까요?
    (A) 지난해와 동일한 업체가 가장 좋을 것 같네요.
    (B) 그가 올해의 직원으로 또다시 결정되었어요.
    (C) 아니요, 우리는 아직 음식 공급업체에 연락하지 않았어요.

    어휘 caterer (행사의) 음식 공급자   name 지명하다, 임명하다

24 Do you know when Kelly Manufacturing was founded?
    (A) No, we haven't found the keys yet.
    (B) Yes, sometime around fifty years ago.
    (C) Right. That's exactly what happened.

    당신은 Kelly 제조사가 언제 설립되었는지 알고 있나요?
    (A) 아니요, 우리는 열쇠들을 아직 찾지 못했어요.
    (B) 네, 50년 전쯤이에요.
    (C) 맞아요. 정확히 그 일이 일어났어요.

25 Doesn't anyone want to work overtime this weekend?
    (A) I'll do it if I get paid time and a half.

(B) Sorry, but we're already out of time.
(C) There's a long weekend due to the holiday.

이번 주말에 초과 근무를 하고자 하는 사람은 없나요?
(A) 1.5배를 지급받는다면 제가 할게요.
(B) 미안하지만, 우리는 이미 시간이 없어요.
(C) 공휴일 때문에 긴 주말 연휴예요.

어휘 overtime 야근, 초과 근무 time and a half 1.5배

26 How much did you pay for your airplane ticket?
(A) A bit more than seven hundred dollars.
(B) I'll be flying in business class as usual.
(C) It's scheduled to depart at nine P.M.

당신의 항공권에 얼마를 지불했나요?
(A) 700달러보다 조금 더요.
(B) 저는 평상시처럼 비즈니스석을 탈 거예요.
(C) 그것은 오후 9시에 출발할 예정이에요.

어휘 as usual 평상시처럼 depart 출발하다

27 Several customers are waiting at the help desk.
(A) How often did they come here?
(B) What do you think she wants?
(C) Can you help me assist them then?

몇몇 고객들이 헬프데스크에서 기다리고 있어요.
(A) 그들은 얼마나 자주 여기에 왔나요?
(B) 당신은 그녀가 무엇을 원한다고 생각하나요?
(C) 그렇다면 제가 그들을 돕는 것을 당신이 거들어 주실래요?

28 Is there a seat on the evening train from Osaka to Tokyo?
(A) Very fast since it's a bullet train.
(B) I'll visit the train's Web site and find out.
(C) Let's get to the station at once.

오사카에서 도쿄까지 가는 저녁 기차에 좌석이 있나요?
(A) 그것은 고속열차이기 때문에 매우 빨라요.
(B) 그 열차의 웹사이트에 방문해서 알아볼게요.
(C) 지금 즉시 역으로 가도록 하죠.

어휘 bullet train 고속 열차 at once 즉시, 당장

29 Why hasn't the vending machine been serviced yet?
(A) Ms. Sullivan is calling the company in a few minutes.
(B) No thanks. I don't want to have any more snacks.
(C) You're right. The service that we got was incredible.

자동판매기는 왜 아직도 점검되지 않았나요?
(A) Sullivan 씨가 잠시 후에 회사에 전화할 거예요.
(B) 아니요, 괜찮아요. 저는 더 이상의 간식을 원하지 않아요.
(C) 당신이 옳아요. 우리가 받은 서비스는 정말 훌륭했어요.

어휘 service 점검하다 vending machine 자동판매기 incredible 믿을 수 없는

30 Can't you fax me the documents before noon?
(A) Sorry, but I didn't get any of the documents.
(B) Yes, I received the faxes you sent me today.
(C) Okay, I'll have someone from my office handle it.

오후 12시까지 그 서류들을 저에게 팩스로 전송해줄 수 있나요?
(A) 미안하지만, 저는 그 서류들을 하나도 받지 못했어요.
(B) 네, 저는 당신이 오늘 저에게 보내 준 팩스들을 받았어요.
(C) 좋아요, 제가 사무실에 있는 사람에게 그것을 처리하라고 할게요.

31 Which of these positions are you applying for?
(A) No, I haven't applied to any of them yet.
(B) The one that requires the most experience.
(C) The deadline is the last day of the week.

당신은 이 직책들 중에서 어디에 지원했나요?
(A) 아니요, 저는 아직 그것들 중 어디에도 지원하지 않았어요.
(B) 가장 많은 경험을 요구하는 직책이요.
(C) 마감일은 이번 주 마지막 날이에요.

어휘 position 직책 apply for 지원하다

PART 3   p.101

[32-34]

W We've considered your application for a loan, but I am afraid we must reject it, Mr. Hamilton.
M I'm a bit confused by this decision. I have an excellent credit rating and have borrowed money from you several times in the past.
W Actually, that's part of the problem. You still owe a substantial amount of money from a home loan you took out one year ago. When you pay it back in full, you can apply for another one.
M I should be able to do that by next month. I'll return after that happens.

W 우리는 귀하의 대출신청에 대해 고민했지만, 그것을 거절할 수밖에 없을 것 같습니다, Hamilton 씨.
M 그러한 결정으로 인해 조금 당황스럽네요. 저는 좋은 신용등급을 보유하고 있고 예전에도 여기에서 여러 번 자금을 대출받았어요.
W 실은, 그것이 문제의 한 부분입니다. 귀하는 1년 전에 받으신 상당한 금액의 주택자금융자를 아직 대출 중입니다. 이것을 모두 상환하시면, 다른 대출 신청을 하실 수 있게 됩니다.
M 다음 달에 상환할 수 있을 것 같아요. 그렇게 하고 나서 다시 올게요.

어휘 application 신청 loan 대출 reject 거절하다 confused 혼란스러운 rating 점수 borrow 빌리다 substantial 상당한 apply for 신청하다

32 대화는 어디에서 이루어지는 것 같은가?
(A) 은행에서
(B) 생명 보험 대리점에서
(C) 증권 중개 회사에서
(D) 집에서

33 남자의 신청은 왜 거절되었는가?
(A) 그는 좋지 않은 신용등급을 보유하고 있다.
(B) 그는 자신의 집을 아직 매각하지 않았다.
(C) 그는 너무 많은 금액을 대출받은 상태이다.
(D) 그는 최근에 직장을 잃었다.

34 남자에 대해 무엇이 암시되고 있는가?
(A) 그는 한 달 뒤에 재신청을 할 것이다.
(B) 그는 다음에는 다른 곳에 방문할 것이다.
(C) 그는 자신의 보험을 해지할 것이다.
(D) 그는 새로운 투자를 할 것이다.

[35-37]

W Excuse me. I'm looking for a new printer for my office. But there are so many models to choose from that I'm not sure which would be the best for me.
M We've got quite a few printers, including ones that are pretty high end. How about telling me which functions you need? Then, I can help you make a decision.
W I require something that can print at fast speeds. And being able to collate would be extremely helpful.
M In that case, the Rover 2000 would suit your needs perfectly. It's moderately priced as well, which makes it popular with many businesspeople.

W 실례합니다. 저는 사무실에서 사용할 새 프린터를 찾고 있어요. 그런데 선택해야 할 모델이 너무 많아서 어느 것이 저에게 가장 좋을지 확신할 수가 없군요.
M 저희는 고급 사양을 포함해서 상당히 많은 프린터를 보유하고 있어요. 고객님이 필요로 하는 기능들을 말씀해 주시겠어요? 그리고 나서, 제가 고객님의 결정에 도움을 드릴 수 있어요.
W 저는 빠른 속도로 출력되는 것이 필요해요. 그리고 페이지 순서대로 분류되는 것이 상당히 도움이 될 것 같아요.
M Rover 2000이 고객님께 안성맞춤일 것 같군요. 이것은 가격도 적당해서, 많은 사업자들에게 인기가 좋아요.

어휘 high end 고급품   collate 페이지의 순서를 맞추다   moderately 적당히   terminology 전문 용어

35 여자는 왜 도움을 요청하는가?
(A) 그녀는 어떤 제품들이 할인 판매되고 있는지 잘 모른다.
(B) 그녀는 어떤 제품을 구입해야 할지 결정할 수 없다.
(C) 그녀는 전문 용어에 익숙하지 않다.
(D) 그녀는 품질이 좋지 않은 제품을 구매하지 않기를 원한다.

36 남자는 여자에게 무엇을 할 것을 요청하는가?
(A) 그녀가 현재 사용하고 있는 프린트를 말해줄 것
(B) 그녀가 쓸 수 있는 액수를 알려줄 것
(C) 그녀가 선호하는 상표를 알려줄 것
(D) 그녀가 원하는 기능들을 설명해줄 것

37 남자는 Rover 2000에 대해 무엇을 암시하는가?
(A) 최근에 출시되었다.
(B) 고품질 제품이다.
(C) 매우 빠르게 출력할 수 있다.
(D) 현재 할인 판매 중이다.

[38-40]

M Hello. I'm attempting to order some items from your Web site, but I can't log on at the moment. Is there some type of problem?
W There's nothing wrong with it, but the site is currently down for maintenance.
M Do you know how long it's going to be offline? I'd like to place my order before noon so that I can get the books delivered to me today. I'm in a real hurry.
W If that's the case, why don't you place the order with me? The maintenance isn't scheduled to be finished until sometime around one.

M 여보세요. 저는 당신의 웹사이트에서 상품들을 주문하려는 중인데, 지금 접속이 되지 않네요. 무슨 문제라도 있는 것인가요?
W 잘못된 점은 없습지만, 사이트가 보수 작업 때문에 현재 다운된 상태예요.
M 오프라인 상태가 얼마나 지속될 것인지 알고 계신가요? 저는 책들을 오늘 배송 받을 수 있도록 12시 이전에 주문하고 싶은데요. 정말 서둘러야 해요.
W 그렇다면, 저에게 주문하시는 것이 어떨까요? 보수 작업은 1시 정도가 되어야 마무리될 예정이거든요.

38 남자는 왜 여자에게 전화했는가?
(A) 웹사이트에 대해 문의하려고
(B) 새로운 암호를 요청하려고
(C) 유지 보수를 받는 것에 대해 문의하려고
(D) 책을 주문하려고

39 남자는 왜 서두르는가?
(A) 그의 임무가 이틀 내에 완성되어야 한다.
(B) 할인 판매가 정오에 끝날 예정이다.
(C) 한정된 수량의 상품이 판매된다.
(D) 그는 오늘 몇 권의 책을 받고 싶어 한다.

40 남자는 이어서 무엇을 할 것 같은가?
(A) 다른 서점에 연락한다

(B) 그가 원하는 상품들을 주문한다
(C) 그의 주문에 대한 환불을 요청한다
(D) 상점의 웹사이트에 접속한다

[41-43]

M Hi. I'm looking for a present for my twelve-year-old niece for her birthday. I'd like something she can wear this season.
W These heavy jackets are popular with young girls. They're quite stylish, and girls think the designs are cute. How do you feel about this one?
M It's nice, but it's out of my price range. I'd rather spend twenty or thirty dollars less than the sticker price.
W It's your lucky day then. I can give you a $15 discount. And if you sign up for a membership card, you'll get an additional ten percent off. That will save you another $10.

M 안녕하세요. 저의 20세 여조카의 생일을 위한 선물을 찾고 있어요. 제 조카가 이맘때 입을 수 있는 옷이었으면 좋겠어요.
W 이 두꺼운 재킷들이 젊은 여성들에게 인기가 있어요. 이것들은 상당히 맵시 있어서, 젊은 여성들은 디자인이 귀엽다고 생각해요. 이것에 대해서 어떻게 생각하세요?
M 좋네요, 하지만 제가 생각하는 가격대를 넘는군요. 표시 가격보다 20에서 30달러 정도 저렴한 상품이었으면 좋겠어요.
W 그렇다면 오늘 운이 좋으시네요. 제가 15달러를 할인해 드릴게요. 그리고 회원 카드를 신청하신다면, 추가로 10퍼센트를 더 할인 받으실 거예요. 이로써 10달러를 더 절약하시게 되는 것이죠.

어휘 stylish 유행에 뒤처지지 않는   price range 가격대   sticker price 표시 가격

41 남자는 무엇을 구매하려고 하는가?
(A) 생일 선물
(B) 결혼 선물
(C) 졸업 선물
(D) 크리스마스 선물

42 남자는 여자가 그에게 보여주는 상품에 대해 뭐라고 말하는가?
(A) 귀여워 보인다.
(B) 가격이 너무 비싸다.
(C) 디자인이 맵시 있다.
(D) 겨울에 알맞다.

43 남자가 회원 카드를 통해 받을 수 있는 할인액은 얼마인가?
(A) 10달러
(B) 15달러
(C) 20달러
(D) 30달러

[44-46]

W I'll be downtown for meetings tomorrow morning, but I'll be finished by 1:30. I've never been here before, so I'd like to do some sightseeing. What do you recommend?
M If you're heading downtown, you should definitely check out the palace. There's also an outstanding museum nearby.
W How much time will it take to go through them? I have a dinner appointment at 6:00.
M You could easily spend the entire day at each place. But you can take tours showing you the highlights. The museum tour lasts an hour while the palace tour is an hour and a half long.

W 저는 내일 아침 몇 건의 회의 때문에 시내에 있을 것이지만, 1시 30분 정도에 모두 끝날 것 같아요. 예전에 이곳에 와보지 못해서, 저는 관광을 하려고 해요. 무엇을 추천해 주시겠어요?
M 시내로 가실 거라면, 궁전을 꼭 둘러보세요. 근처에 멋진 박물관도 있어요.
W 그곳들을 둘러보려면 얼마나 걸릴까요? 6시에 저녁 약속이 있어서요.
M 당신은 각각의 장소에서 하루 종일 시간을 보낼 수도 있어요. 하지만 가장 중요한 것들만을 둘러볼 수도 있어요. 박물관 관람은 한 시간 정도 소요되고 궁전은 한 시간에서 한 시간 반 정도 걸릴 거예요.

어휘 downtown 시내, 도심지   sightseeing 관광   recommend 추천하다
head ~로 향하다   oustandging 훌륭한   go through 살펴보다

44 여자는 아침에 무엇을 할 것인가?
(A) 몇 건의 회의에 참석한다
(B) 고객과 아침 식사를 한다
(C) 관광을 한다
(D) 학회에 간다

45 남자는 여자에게 어디에 가라고 추천하는가?
(A) 미술관에
(B) 공원에
(C) 궁전에
(D) 사원에

46 박물관 관람은 얼마나 오래 걸리는가?
(A) 한 시간
(B) 한 시간 반
(C) 두 시간
(D) 세 시간

[47-49]

M Our annual spring sale begins next Friday. We need to make some signs to put up in the shopping center to inform customers about it.
W The ones we used last year went over pretty well. How about updating them and getting them printed? We can use Brentwood Printing like we normally do.
M Not anymore. It went out of business, so we have to find a new print shop. But let's go with your suggestion regarding the signs.
W I remember seeing a store on my way to work this morning. I'll drop by there after lunch and ask about the rates.

M 우리의 연례 봄 할인 행사가 다음 주에 시작돼요. 우리는 고객들에게 이를 알리기 위해 쇼핑센터에 붙일 게시물을 만들어야 해요.
W 작년에 사용했던 것들이 상당히 반응이 좋았어요. 그것들을 개선해서 인쇄하는 것이 어떨까요? 보통 해왔던 것처럼 Brentwood 인쇄소에 맡기면 돼요.
M 이제는 안 돼요. 그곳은 폐업했어요. 우리는 새로운 인쇄 업체를 찾아야 해요. 하지만 게시물에 관해서는 당신의 제안대로 해보도록 하죠.
W 오늘 아침 출근하는 길에 한 업체를 본 것이 기억나요. 점심식사 후에 그곳에 들러서 가격에 대해 물어볼게요.

어휘 go over 받아들여지다   go with (제안을) 받아들이다   drop by 들르다

47 화자들은 주로 무엇을 논의하고 있는가?
(A) 인쇄 업체
(B) 그들의 광고의 질
(C) 할인 행사 준비
(D) 의류 제품 라인

48 남자는 Brentwood 인쇄소에 대해 무엇을 말하는가?
(A) 저렴한 비용을 청구한다.
(B) 양질의 작업을 한다.
(C) 더 이상 영업을 하지 않는다.
(D) 할인 행사를 한다.

49 여자는 점심식사 후에 어디에 갈 것인가?
(A) 쇼핑센터에
(B) 업체에
(C) 그녀의 집에
(D) 지하철역에

[50-52]

W Greg, six people are starting tomorrow, but there's no place for them to sit. What are we going to do?
M We'd better rearrange some cubicles, and Lisa and Gina can share an office. That should give us the necessary space.
W It's going to be rather cramped. You know, we've been fairly profitable lately. We ought to use some of that money to rent a bigger office. A more comfortable workplace would make everyone more productive.
M I agree, but we can't get out of our lease until five months from now. We'll just have to make do with what we have until then.

W Greg, 여섯 명이 내일부터 출근하는데, 그들이 앉을 자리가 없네요. 우리는 어떻게 해야 하나요?
M 몇몇 칸막이들을 재배치하는 것이 좋을 것 같고, Lisa와 Gina는 한 사무실을 같이 쓸 수 있어요. 이렇게 하면 우리에게 필요한 공간이 생길 거예요.
W 그렇게 하면 더 답답해질 거예요. 아시겠지만, 우리는 최근에 상당히 수익을 많이 남겼어요. 우리는 더 넓은 사무실을 임대하기 위해 자금을 사용해야 해요. 보다 쾌적한 직장이 모든 직원을 더 생산적으로 만들어 줄 거예요.
M 저도 동의하지만, 우리는 5개월 이후나 되어야 임대차 계약을 종료할 수 있어요. 우리는 그때까지 우리가 가진 것으로 어떻게든 해봐야 해요.

어휘 cubicle 칸막이   cramped 비좁은, 답답한   make do with ~으로 버티다

50 여자가 언급한 문제는 무엇인가?
(A) 좋지 않은 사무실
(B) 낮은 급여
(C) 공간 부족
(D) 너무 많은 업무량

51 여자는 무엇을 하기를 원하는가?
(A) 더 넓은 곳으로 이전한다
(B) 직원들과 이익을 나눈다
(C) Lisa와 Gina에게 상여금을 지급한다
(D) 직원을 몇 명 더 고용한다

52 남자가 사무실 임대차 계약에 대해 암시하는 것은 무엇인가?
(A) 최근에 갱신되었다.
(B) 한 달에 수천 달러의 비용이 든다.
(C) 몇 달 동안은 해지될 수 없다.
(D) 2주마다 임대료를 지불해야 한다.

[53-55]

W You're the most qualified applicant, Mr. Hardaway, so we'd like you to join us at Waldorf Consulting.
M May I assume the pay and benefits are the same as what we discussed over the phone?
W Yes. However, before you start here, you must work at our Jacksonville branch for a month. You'll be mentored by Mr. Hamilton, the manager there.
M That's acceptable to me. When should I begin?
W The sooner, the better. But you have to start no later than October 15.
M I'm obligated to provide my boss with two weeks' notice, so I can quit on September 30 Then, I'd like a week off, so how about starting on October 8?
W That's fine.

W Hardaway 씨, 당신이 가장 자격을 갖춘 지원자여서, 우리는 당신을 Waldorf 컨설팅에 채용하고자 해요.
M 급여와 복지는 저희가 전화상으로 논의한 것과 같다고 생각하면 되겠죠?
W 네. 그런데, 이곳에서 근무를 시작하기 전에, 당신은 Jacksonville 지점에서 한 달 동안 근무해야만 해요. 당신은 그곳에서 관리자인 Hamilton 씨의 지도를 받게 될 거예요.
M 받아들일 수 있는 사안이네요. 제가 언제부터 시작해야 하나요?
W 빠를수록 좋아요. 하지만 늦어도 10월 15일에는 시작해야 해요.
M 상사에게 2주 전에 통보를 해야 해서, 9월 30일에 퇴사할 수 있어요. 그런 다음, 1주일 정도 쉬고 싶으니, 10월 8일에 근무를 시작하는 게 어떨까요?
W 좋아요.

어휘 **qualified** 자격을 갖춘 **mentor** 조언하다, 지도하다 **no late than** 늦어도

53 남자는 여자에게 무엇에 대해 물어 보는가?
(A) 그의 직책
(B) 그의 휴가 기간
(C) 그의 주식 매입 선택권
(D) 그의 급여

54 남자가 "That's acceptable to me"라고 말할 때 그가 암시하는 것은 무엇인가?
(A) 그는 한 달 동안 다른 곳에서 근무하는 것을 꺼려하지 않는다.
(B) 그는 Hamilton 씨의 멘토가 되는 것에 동의한다.
(C) 그는 즉시 업무를 시작할 수 있다.
(D) 그는 회사의 관리자로서의 직책을 수락한다.

55 남자는 새로운 직책을 언제 시작할 것인가?
(A) 9월 30일에
(B) 10월 8일에
(C) 10월 15일에
(D) 10월 31일에

[56-58]

M1 The Stetson project is getting underway this Thursday. I was told I could have someone work with me on it. How about you, Wendy?
W   Is this something I could work on part time?
M1 I'm afraid not. You'll have to give up any other assignments you're working on. This work will require your undivided attention for three months.
W   You'll have to count me out then. I'm heading the project for Kappa Electronics and can't give it up.
M2 I'm sure Mr. Parker will let me work on it, Mr. Stephens. I worked at the Stetson Corporation before, so I know nearly everyone there.
M1 I had no idea. Let's speak with Mr. Parker now. He's still in his office.

M1 Stetson 프로젝트가 이번 주 목요일에 시작될 예정이에요. 저는 누군가가 그 일을 같이 해도 된다고 들었어요. 당신은 어때요, Wendy?
W   제가 파트타임으로 참여할 수 있는 일인가요?
M1 그렇게는 안 될 것 같아요. 당신은 하고 있는 다른 업무들을 모두 그만 두어야 해요. 이 업무는 당신이 3개월 동안 완전히 집중해야 하는 일이에요.
W   그렇다면 당신은 저를 제외해야 할 거예요. 저는 Kappa 전자의 프로젝트를 담당하고 있는데 그것을 그만 둘 수는 없어요.
M2 Stephens 씨, Parker 씨가 저에게 그 일을 하라고 말했어요. 저는 예전에 Stetson 사에 근무했기 때문에, 그곳의 거의 모든 직원을 알고 있어요.
M1 저는 모르고 있었어요. Parker 씨와 지금 이야기해 보도록 하죠. 그는 아직 그의 사무실에 있어요.

어휘 **get underway** 시작하다 **undivided** 전적인, 완전한 **count out** ~을 빼다, ~을 제외하다 **head** 이끌다, 책임지다

56 화자들은 무엇을 논의하고 있는가?
(A) 업무 프로젝트
(B) 컨설팅 회사
(C) 곧 있을 대회
(D) 전자 프로젝트

57 여자는 왜 남자의 제안을 거절하는가?
(A) 그 업무는 그녀의 전문 분야가 아니다.
(B) 그녀는 3개월 후에 그만두려고 한다.
(C) 그녀는 다른 임무를 완수해야 한다.
(D) 프로젝트로 인해 지급되는 돈이 충분하지 않다.

58 남자들은 이어서 무엇을 할 것 같은가?
(A) Parker 씨를 만나러 간다
(B) Stetson 사에 전화한다
(C) 가능성 있는 프로젝트를 논의한다
(D) 점심식사를 한다

[59-61]

W1 Pardon me. I came here to get some Crunchy Oats cereal since it's on sale, but I can't seem to locate it.
W2 Did you try looking in aisle three? That's where we stock all of the breakfast cereals.
W1 I looked everywhere in that aisle, but I couldn't find it. Do you think you've sold it all?
W2 That's a distinct possibility. Let me go to the backroom and check.
M   You don't need to do that, April. We moved the item you're looking for to aisle ten, ma'am.
W1 Thanks so much. But why did you put it there?
M   That's where we keep all the sale items these days. It makes shopping easier for bargain hunters.

W1 실례합니다. Crunchy Oats 시리얼이 할인 판매 중이어서 그것을 사러 여기에 왔지만, 그것이 어디에 있는지 찾지 못하겠어요.
W2 3번 통로를 찾아 보셨나요? 저희가 아침 식사용 시리얼을 진열해 두는 곳이 그곳이거든요.
W1 그 통로의 모든 곳을 찾아 보았지만, 저는 그것을 찾을 수 없었어요. 모두 판매하신 것은 아닐까요?
W2 그럴 가능성이 높겠군요. 제가 뒤쪽 공간으로 가서 확인해 볼게요.
M   그렇게 할 필요는 없어요, April. 찾으시는 그 상품을 10번 통로에 옮겨 두었어요, 고객님.
W1 정말 고마워요. 하지만 당신은 왜 그것을 그곳에 두었나요?
M   저희는 요즘에 모든 할인 품목들을 그곳에 두고 있어요. 그렇게 하면 할인 물품을 찾아다니는 손님들이 쇼핑하기에 더 수월하거든요.

어휘 **aisle** 통로 **distinct** 유력한 **bargain hunter** 가격이 낮고 품질이 좋은 물품을 구매하려는 소비자들

59 대화는 어디에서 이루어질 것 같은가?
(A) 농산물 판매점에서
(B) 식료품점에서
(C) 의류 판매점에서
(D) 장난감 판매점에서

60 여자가 "That's a distinct possibility"라고 말할 때 그녀가 의미하는 것은 무엇인가?
(A) 관리자가 상품을 찾을 수 있을 것이다.
(B) 유사한 상품에 할인이 제공될 것이다.
(C) 뒤쪽 공간에 상품들이 더 있을 것이다.
(D) 상품이 더 이상 없을 수도 있다.

61 남자에 따르면, 상품은 왜 다른 통로에 있는가?
(A) 명품이기 때문에
(B) 할인되고 있기 때문에
(C) 상점 전체가 재배치되고 있기 때문에
(D) 새로운 위치로 인해 더 많은 고객을 유인할 수 있기 때문에

[62-64]

M   Hi, Meredith. I'll be leaving in a few minutes. You're still located at 87 Wiltshire Drive, aren't you?
W   Not anymore, Don. We moved to another place two months ago. Mr. Denny found a cheaper location closer to the heart of downtown.
M   I had no idea. So where are you now?
W   We're not too far from our previous spot. Just go down Wiltshire Drive until it intersects with Morton Road. We're in the building in the northeast corner.
M   Great. I can get on Morton Road easily by taking Beaumont Street. Thanks for letting me know.
W   No problem. Don't forget the samples when you come. I'm eager to see the new products.
M   They're already in my briefcase.

M	안녕하세요, Meredith. 저는 잠시 후에 나가려고 해요. 당신은 여전히 Wiltshire 드라이브 87번지에 있어요, 그렇지 않나요?
W	이제는 아니에요, Don. 우리는 2개월 전에 다른 건물로 이전했어요. Denny 씨가 도심에 더 가까이에 위치한 더 저렴한 곳을 찾았어요.
M	몰랐어요. 그렇다면 당신은 지금 어디에 있어요?
W	우리는 전에 있던 곳에서 그렇게 멀지 않은 곳에 있어요. Morton 로와 교차하는 지점까지 Wilshire 드라이브를 따라 내려가세요. 우리는 북동쪽에 있는 건물에 있어요.
M	좋아요. 저는 Beaumont 가를 타면 Morton 로까지 쉽게 갈 수 있어요. 알려줘서 고마워요.
W	천만에요. 오실 때 견본을 잊으시면 안 돼요. 신제품들을 보고 싶거든요.
M	그것들은 이미 제 서류 가방에 있어요.

어휘 intersect ~와 교차하다 briefcase 서류 가방

62 여자의 회사는 왜 이전했는가?
(A) 고객들이 더 쉽게 그곳에 올 수 있다.
(B) 사주의 집과 더 가깝다.
(C) 사무실 공간이 더 넓다.
(D) 새로운 건물에서는 비용이 덜 든다.

63 시각자료를 보시오. 여자의 사무실은 어디에 있는가?
(A) 1
(B) 2
(C) 3
(D) 4

64 여자가 남자에게 가져오라고 상기시킨 것은 무엇인가?
(A) 그의 서류 가방
(B) 카탈로그
(C) 제품 설명서
(D) 몇 개의 견본

[65-67]

W	I urge you to accept my proposal. If we can get this product to the market in three months, we could have a huge hit on our hands.
M	I agree. But finances are tight at the moment. How much do you think you'll need?
W	For the first month, I think $30,000 will be sufficient. But I'll require a total of between $80,000 and $100,000 for the entire development period.
M	I can't authorize the release of that much money. You need to speak with someone in Accounting.
W	Should I give Ms. Merriweather a call then?
M	I don't think so. You'd better call Trent Lockhart instead. Tell him exactly what you told me.
W	저는 당신이 저의 제안을 수락할 것을 강력히 제안해요. 3개월 내에 이 제품을 시장에 출시할 수 있다면, 우리는 엄청난 인기를 얻게 될 거예요.
M	저도 동의해요. 하지만 지금은 자금 사정이 여유롭지 않아요. 당신은 얼마나 필요할 거라고 생각하나요?
W	첫 번째 달에는, 30,000달러면 충분할 것 같아요. 하지만 전체적인 개발 기간 동안 총액 80,000달러에서 100,000달러가 필요해요.
M	저는 그렇게 많은 자금의 지출을 승인할 수가 없어요. 회계부서의 직원과 이야기해야 할 것 같군요.
W	그렇다면 Merriweather 씨에게 전화해야 할까요?
M	아니요. Trent Lockhart에게 전화하는 것이 더 좋을 거예요. 저에게 말한 그대로 그에게 이야기해 보세요.

어휘 urge 재촉하다, 촉구하다 proposal 제안 tight 빠듯한 sufficient 충분한 authorize 허가하다 directory 인명부

65 여자가 첫 번째 달에 필요로 하는 자금은 얼마인가?
(A) 30,000달러
(B) 50,000달러
(C) 80,000달러
(D) 100,000달러

66 남자는 왜 회계부서에 전화하라고 제안하는가?
(A) 개발 과정에 대해 문의하기 위해서
(B) 자금에 대한 승인을 얻기 위해서
(C) 예산 분석을 요청하기 위해서
(D) 부서장과 이야기하기 위해서

67 시각자료를 보시오. 여자는 어떤 번호로 전화할 것인가?
(A) 489-2029
(B) 489-2831
(C) 489-2876
(D) 489-2314

[68-70]

W	There's a seat in business class available for the flight. Shall I reserve it for you?
M	Before you do that, will I be able to take my dog with me on the flight?
W	This particular airline doesn't permit animals in the cabin. However, you can put your pet in a carrier and have it shipped as cargo. You'll also need to provide the airline with a health certificate from your veterinarian.
M	Do I have to pay a flat rate?
W	No, this airline charges by the weight of your animal.
M	I see. Well, my dog weighs thirty-three kilograms. I guess I need to schedule an appointment with my vet before I leave this Friday.
W	항공기에 비즈니스석이 남아 있어요. 예매할까요?
M	예매하기 전에, 저의 개를 데리고 비행기에 탑승하는 것이 가능할까요?
W	이 까다로운 항공사에서는 기내에 동물을 반입하는 것을 허가하지 않고 있어요. 하지만, 당신은 애완동물을 가방에 넣어서 화물로 보낼 수 있어요. 또한 당신은 수의사로부터 위생증명서를 받아 항공사에 제출해야 해요.
M	균일 운임을 지불해야 하나요?
W	아니요, 이 항공사는 당신의 동물의 무게에 따라 운임을 청구하고 있어요.
M	알겠어요. 음, 제 강아지는 33킬로그램이에요. 저는 이번 주 금요일에 우리가 출발하기 전에 수의사와의 약속을 잡아야 할 필요가 있겠군요.

어휘 particular 까다로운 cabin 선실, 객실 cargo 화물 health certificate 위생증명서 veterinarian 수의사 flat rate 균일 운임

68 남자는 항공사에 무엇을 제출해야 하는가?
(A) 그의 강아지가 건강하다는 확인서
(B) 그의 여권 사본
(C) 동물 검역 양식
(D) 그의 동물을 위한 애완동물 가방

어휘 quarantine 검역

69 시각자료를 보시오. 남자는 그의 애완동물에 대해 얼마를 지불해야 하는가?
(A) 85달러
(B) 100달러
(C) 120달러
(D) 150달러

70 남자는 금요일에 무엇을 할 예정인가?
(A) 비행기를 탄다
(B) 예약을 확인한다
(C) 수의사를 만난다
(D) 티켓 비용을 지불한다

PART 4

p.106

[71-73]

M I'm sure many of you have noticed you've been getting an increasing number of calls these days. There's a simple reason for this. Ever since Galt Industries and Mehrun Technology announced they would be building facilities here, Lexington has become a popular place. At least 1,000 jobs are expected to be created by those two companies, so that means the local economy is going to improve tremendously. We're going to see large numbers of people moving here from out of town, and that's a great opportunity for us since we're going to get the chance to locate properties for them to purchase or rent. We need to be sure to take as much advantage as we can from this chance.

M 저는 여러분들이 요즘 점점 더 많은 전화를 받고 있다는 사실을 인지했을 것이라고 생각합니다. 여기에는 간단한 이유가 있습니다. Galt 산업과 Mehrun 기술이 이곳에 설비를 건설할 것이라고 발표한 이후로, 렉싱턴은 인기 있는 장소가 되었습니다. 이 두 회사에 의해 최소한 1,000개의 일자리가 창출될 것으로 예상되는데, 이는 지역 경제가 엄청나게 나아질 것임을 의미합니다. 우리는 많은 사람들이 마을을 떠나 이곳으로 이주해 오는 것을 보게 될 것인데, 그들이 구매하거나 임대할 부동산 사업을 시작할 기회를 갖게 될 것이기 때문에 이는 우리에게 엄청난 기회입니다. 우리는 반드시 이번 기회로부터 얻을 수 있는 많은 이점들을 활용해야 하겠습니다.

어휘 tremendously 엄청나게 locate 사업을 시작하다 property 재산, 부동산

71 청자들은 어느 업계에서 일할 것 같은가?
(A) 건설
(B) 제조
(C) 부동산
(D) 교육

72 화자에 따르면, 어떤 일이 발생할 것인가?
(A) 지방세가 증가할 것이다.
(B) Galt 산업이 Mehrun 기술을 매입할 것이다.
(C) 두 회사가 새로운 건물을 건설할 것이다.
(D) 1,000명이 넘는 직원들이 일자리를 잃을 것이다.

73 렉싱턴에 대해서 무엇이 암시되고 있는가?
(A) 인구가 증가할 것이다.
(B) 주에서 가장 큰 도시이다.
(C) 주요한 제조의 중심지이다.
(D) 실업 문제를 가지고 있다.

[74-76]

W This is Tran Ngoc coming to you live from the news desk at WMMC radio, the top FM station in the city. We've got an update about that fire which broke out down by the harbor this morning. According to a spokesman for the fire department, the fire has not been extinguished but has been contained. The fire consumed four warehouses and damaged several other buildings in the area. Fortunately, nobody was seriously injured although a few people went to the hospital because of smoke inhalation. The cause of the fire has yet to be determined, but it is not thought to be intentional at this time. In other news, Mayor Wilhelm made a stunning announcement today.

W 저는 도시 최고의 FM 방송국인 WMMC 라디오 뉴스 데스크에서 여러분께 생방송을 전해드릴 Tran Ngoc 입니다. 우리는 오늘 아침 항구 근처에서 발생한 화재에 대한 최신 소식을 입수하였습니다. 소방서의 대변인에 따르면 화재가 완전히 꺼지지는 않았지만 진압된 상황입니다. 화재로 인해 네 곳의 창고가 전소되었고 그 지역의 여러 다른 건물들이 피해를 입었습니다. 몇몇 사람들이 연기를 흡입하여 병원으로 이송되기는 했지만, 다행히 심각하게 다친 사람은 없었습니다. 화재의 원인은 아직까지 밝혀지지 않았습니다. 다만, 이번 사건의 경우 고의로 생각되지는 않습니다. 다른 뉴스로, Wilhelm 시장이 오늘 깜짝 놀랄 발표를 했습니다.

어휘 break out 발생하다 spokesman 대변인 extinguish 끄다 contain 억제하다 consume 전소시키다 inhalation 흡입 stunning 놀랄 만한, 충격적인

74 화자가 주로 말하고 있는 것은 무엇인가?
(A) 자동차 사고
(B) 추락한 비행기
(C) 발생한 화재
(D) 건설 문제

75 왜 몇몇 사람들이 병원에 갔는가?
(A) 그들은 심각한 부상을 입었다.
(B) 그들은 갑자기 아팠다.
(C) 그들은 너무 많은 연기를 마셨다.
(D) 그들은 심장마비를 일으켰다.

76 화자는 이어서 무엇을 할 것 같은가?
(A) 다른 뉴스를 전한다
(B) 시청 공무원을 인터뷰한다
(C) 광고 방송을 내보낸다
(D) 다른 리포터가 말하도록 한다

[77-79]

W Greetings, everyone. My name is Melinda Burns, and it's my pleasure to welcome you to company headquarters. Each of you has transferred from one of our 128 branches around the world. Since you've been employees at the company for between two and nineteen years, we won't do a standard orientation. That's entirely unnecessary. So let me tell you what we are going to do. First, I'm going to lead you on a tour of the entire facility. Next, you're going to hear from Vice President of Operations Maxwell Tucker. CEO Norman Watts was supposed to come, but he's in Prague for the week. You'll meet him later. Finally, you'll be met by your department head and taken to your office to be introduced to your new colleagues.

W 반갑습니다, 여러분. 제 이름은 Melinda Burns이며, 저는 본사에 방문하신 여러분을 환영합니다. 여러분 각각은 전 세계에 있는 우리의 128개 지점들 중 한 곳에서 전출되었습니다. 여러분은 2년에서 19년 사이의 기간 동안 회사에 근무해온 직원들이기 때문에 기본적인 오리엔테이션은 생략하겠습니다. 이는 전혀 필요하지 않습니다. 그러면 여러분께 우리가 할 일을 말씀드리겠습니다. 먼저 저는 여러분을 모시고 전체 시설을 견학할 것입니다. 그 후에 Maxwell Tucker 운영 부사장님의 말씀을 듣도록 하겠습니다. 최고 경영자인 Norman Watts가 오시기로 되어 있었지만, 그는 이번 주에 프라하에 머물것입니다. 여러분은 나중에 그를 만나게 될 것입니다. 마지막으로 여러분은 부서장을 만나게 되고 사무실로 가서 여러분의 새로운 동료들에게 소개될 것입니다.

어휘 headquarters 본사, 본부 transfer 전근 조치하다; 이동하다 branch 지점, 지사 entirely 전적으로 facility 설비 be supposed to ~하기로 되어 있다 colleague 동료

77 대화가 일어나고 있는 장소는?
(A) 식당에서
(B) 회사 시설에서
(C) 창고에서
(D) 공장에서

78 화자가 "That's entirely unnecessary"라고 말했을 때 그녀가 의미하는 것은 무엇인가?
(A) 청자들이 건물을 살펴볼 필요가 없다.
(B) 청자들은 자신을 소개할 필요가 없다
(C) Tucker 씨는 일과가 끝날 때까지 청자들을 만날 필요가 없다.
(D) 그녀는 청자들에게 일반적인 오리엔테이션을 하지 않을 것이다.

79 청자들은 가장 먼저 무엇을 할 것인가?
(A) 최고 경영자를 만난다
(B) 신임 사장을 방문한다
(C) 견학을 한다
(D) 점심을 먹는다

[80-82]

W I've analyzed the number of customers we've been getting for different types of movies, and I think you'll find the results quite interesting. Take a look at the attendance numbers from last week. Oh, before we look at the chart, I need to apologize. The numbers for dramas and action movies should be switched. Now, I was expecting action movies to be the most popular with our customers, but they actually came in third place. The greatest number of customer saw dramas while comedies came in second. Horror movies were the least popular of the top four. That shouldn't come as a surprise though as they almost never do better than other genres. From this we can conclude that we need to change the types of movies we show to increase our customer base.

W 서로 다른 종류의 영화에 대한 관객들의 수를 분석했는데, 저는 여러분이 상당히 흥미로운 결과를 발견하게 될 것이라고 생각합니다. 지난 주의 관객 수를 보세요. 우리가 차트를 보기전에 제가 사과부터 해야겠네요. 드라마와 액션 영화에 대한 수치가 바뀌었습니다. 자, 저는 액션 영화가 우리 고객들에게 가장 인기가 있을 것이라고 예상했었는데, 실제로는 세 번째 였습니다. 가장 많은 수의 관객들은 드라마를 관람했고 코미디가 두 번째였습니다. 공포 영화가 상위 네 장르들 중에 가장 인기가 없었습니다. 그러나 공포 영화는 다른 장르보다 더 나았던 적이 거의 없었기 때문에, 이는 놀랍게 여겨지지 않습니다. 이를 통해서 우리는 고객층을 늘리기 위해서 상영하는 영화의 종류를 변경해야 할 필요가 있다는 결론을 내릴 수 있습니다.

어휘 attendance number 관객수 customer base 고객층

80 화자는 왜 놀라는가?
(A) 모든 장르에서 관객 수가 감소했다.
(B) 지난 주에 공포 영화의 인기가 가장 좋았다.
(C) 액션 영화가 예상했던 것보다 인기가 적었다.
(D) 코메디에 관심이 있는 사람은 거의 없었다.

81 화자는 왜 사과를 하는가?
(A) 그녀가 차트에 장르를 추가하는 것을 잊어버렸다.
(B) 그녀는 모든 자료를 가지고 있지 않다.
(C) 그녀가 회의에 늦게 왔다.
(D) 그녀가 차트 상에 실수를 했다.

82 화자는 무엇을 할 것을 제안하고 있는가?
(A) 고객 조사를 시행한다
(B) 공포 영화의 상영 횟수를 줄인다
(C) 티켓 가격을 인상한다
(D) 다른 종류의 영화를 상영한다

[83-85]

M Good evening, Ms. Tyson. This is Kyle Kendrick calling. I regret to inform you that I've got to cancel tomorrow morning's meeting. I hate to do this on such short notice, but this is something out of my control. I'm flying to Vancouver in an hour because I've got to meet with a client there regarding an urgent matter. You were the one who introduced him to me, so you know what he's like. When he needs something, he demands that I show up in person. Since he's a major client, I don't have much of a choice. Anyway, I'll be back on Saturday or Sunday, so we can meet next week. How about e-mailing me with a day and time convenient to you for us to meet?

M 안녕하세요 Tyson씨, Kyle Kendrick이 전화를 드립니다. 내일 아침의 만남을 취소해야만 한다는 사실을 전하게 되어 유감입니다. 이렇게 촉박하게 통보하는 것은 저도 싫어하지만, 이는 저도 어쩔 수 없는 일입니다. 저는 한 시간 후에 긴급한 문제와 관련하여 고객과 만나기 위해 밴쿠버로 갈 것입니다. 당신이 그를 나에게 소개해 주셨으니, 그가 어떤 분인지는 잘 아실 것이라고 생각합니다. 무엇인가 필요하면, 그는 제가 직접 모습을 보일 것을 요구합니다. 그는 중요한 고객이기 때문에 저로서는 선택의 여지가 없습니다. 어쨌든, 저는 토요일이나 일요일에 돌아오기 때문에, 우리는 다음 주에 만날 수 있습니다. 우리가 만나기에 당신에게 편한 시간이나 요일을 이메일로 보내시는 것은 어떨까요?

어휘 regret 유감스럽다 short notice 촉박한 통보 client 고객 regarding ~에 관하여 in person 직접 convenient 편리한

83 화자의 문제는 무엇인가?
(A) 내일까지 이용 가능한 비행기가 없다.
(B) 고객이 협상을 원한다.
(C) 프로젝트를 끝마칠 시간이 없다.
(D) 그는 예정된 만남에 참석할 수 없다.

84 화자는 왜 " I don't have much of a choice"라고 말하는가?
(A) 그가 시외로 떠나야 한다는 것을 말하기 위해서
(B) 그가 계약을 취소하는 이유를 언급하기 위해서
(C) 그의 엄청난 업무량에 대해 항의하기 위해서
(D) 그가 심야 항공편에 탑승해야 하는 이유를 설명하기 위해서

85 화자는 청자에게 무엇을 하라고 제안하는가?
(A) 그와 고객과의 관계를 돕는다
(B) 그에게 연락한다
(C) 그가 보낸 이메일을 읽는다
(D) 그에게 누군가를 소개한다

[86-88]

M Sometimes you don't just need a regular moving company. Instead, you might have a grand piano or something else that's enormous. Or you might have valuable artwork or other precious and fragile items which require special care and attention. That's where Lou's Logistics can help. At Lou's, we specialize in moving large, valuable, and fragile items. So when you don't trust regular movers to get your possessions from one place to another safely, call us. We have antique, art, and music specialists on staff to provide expert help on just how to transport various items. Call 873-9383 and let us know what you've got. We can provide an appraisal over the phone at no cost to you.

M 때때로 여러분에게 평범한 이삿짐 센터는 필요가 없습니다. 대신에, 여러분은 그랜드 피아노나 거대한 다른 어떤 것을 가지고 있을지 모릅니다. 혹은 여러분은 귀중한 예술품이나 그 밖에 특별한 주의와 관심이 필요한 비싸고 깨지기 쉬운 물건을 보유하고 있을지도 모릅니다. Lou's 택배가 도움을 드릴 수 있는 부분이 바로 이것입니다. Lou's에서 우리는 크고, 귀중하며, 깨지기 쉬운 물건들을 옮기는 일을 전문으로 합니다. 그래서 보통의 이삿짐 업자가 여러분의 소유물의 위치를 옮기는 것이 미덥지 못할 때 우리에게 연락하세요. 우리의 직원들 중에는 다양한 물건들을 운반하는 데 전문적인 도움을 주는 골동품, 미술, 음악 전문가들이 있습니다. 873-9383으로 전화해서 당신이 무엇을 보유하고 있는지를 알려주세요. 우리는 전화상으로 무료 견적을 제공해 드립니다.

어휘 enormous 막대한, 거대한 precious 소중한, 귀중한 fragile 깨지기 쉬운 antique 골동품 appraisal 평가, 견적

86 Lou's 택배를 이용할 필요가 있는 사람은 누구일 것 같은가?
(A) 새로운 사무실로 이사하는 사업가
(B) 차량을 운송하는 자동차 딜러
(C) 그림을 화랑으로 옮기는 미술가
(D) 다른 지역으로 이사하는 가족

87 Lou's 택배에 대해서 무엇이 언급되는가?
  (A) 안전하게 물건을 운반하기 위해 전문가를 이용한다.
  (B) 그 도시에서 가장 큰 이삿짐 운송 업체이다.
  (C) 귀중품을 위한 안전한 창고를 가지고 있다.
  (D) 서비스에 대해 표준 가격을 청구한다.

88 청자가 무료로 제공 받는 것은 무엇인가?
  (A) 포장 재료
  (B) 이삿짐 트럭
  (C) 견적서
  (D) 이삿짐 박스

[89-91]

W Templeton shoppers, may I have your attention, please? It's 7:45, so we're closing in a quarter of an hour. Please head to the nearest cash register with the items you intend to purchase now. We'd also like to remind you that our big holiday sale begins tomorrow. You're going to love it. All items will be reduced in price between tenn and fifty percent. As an added bonus, we're going to extend our store's hours starting tomorrow. So from tomorrow until the holiday season ends on January 3, we'll be open for two hours later than normal every day. That means we'll close at 10:00 on weekdays and at 11:00 on Saturday and Sunday. As always, thank you for shopping at Templeton. We hope to see you again.

W Templeton의 쇼핑객 여러분, 주목해 주세요. 지금은 7시 45분이므로, 우리는 15분 후에 문을 닫습니다. 지금 구매하시려고 하는 물건을 가지고 가장 가까운 계산대로 가십시오. 우리는 또한 휴일 맞이 대규모 할인 행사가 내일 시작된다는 점도 상기시켜 드리고 싶습니다. 여러분도 좋아하실 것입니다. 모든 상품들의 가격이 10%에서 50%까지 인하됩니다. 추가적인 희소식으로서, 우리는 내일부터 영업 시간을 연장할 것입니다. 따라서 내일부터 연휴기간이 끝나는 1월 3일까지 보통 때보다 두 시간 더 연장 영업을 할 것입니다. 이는 우리가 주중에는 10시에 문을 닫고 주말에는 11시에 문을 닫는다는 것을 의미합니다. 언제나처럼, Templeton에서의 쇼핑에 감사 드립니다. 다시 뵙기를 바랍니다.

어휘 quarter 4분의 1   cash register 계산대, 금전등록기

89 상점은 언제 닫는가?
  (A) 5분 후에
  (B) 10분 후에
  (C) 15분 후에
  (D) 20분 후에

90 화자는 왜 "You're going to love it"이라고 하는가?
  (A) 할인 판매가 인기 있다는 것을 언급하기 위해서
  (B) 새로운 제품 라인을 홍보하기 위해서
  (C) 쇼핑객들이 다음 주에 다시 오도록 유도하기 위해서
  (D) 멤버들을 위한 특별한 거래를 자랑하기 위해서

91 연휴 기간 동안에는 무슨 일이 발생할 것인가?
  (A) 더 많은 직원들이 근무할 것이다.
  (B) 모든 물건이 50% 할인될 것이다.
  (C) 고객들이 무료 배송을 받을 것이다.
  (D) 상점이 평소보다 늦게 닫을 것이다.

[92-94]

M Hello. This is a call from Hardaway Computing. Ms. Woolridge, I spoke with my manager regarding the question you asked when you visited our store earlier today. He said that if you purchase some software from us but decide to return it for a refund or exchange later, you can only do that one condition. The item has to be in the package with the plastic around it unbroken. If the software shows any signs of being opened, you cannot return or exchange it unless it's faulty. So I regret to inform you that you can't return the item you bought. However, Mr. Lewis decided to credit $15 to your online account since you're a regular customer here.

M 안녕하세요, Hardaway Computing입니다. Woolridge 씨, 저는 고객님이 오늘 우리 가게를 방문했을 때 하셨던 질문에 관해서 매니저와 이야기를 나눴습니다. 만약 고객님이 우리에게서 소프트웨어를 구매하고 나서 환불하거나 교환하기로 결심했다면, 이는 한 가지 조건 하에 가능하다고 그가 말했습니다. 물건이 주변부의 플라스틱이 손상되지 않은 채로 포장지 속에 있어야만 합니다. 만약 소프트웨어가 개봉되었다는 어떠한 표시가 있다면, 고객님은 소프트웨어에 결함이 없는 한 환불하거나 교환할 수 없습니다. 그래서 유감스럽게도 고객님이 구매한 물건을 환불할 수 없다는 말씀을 드립니다. 그러나 고객님은 우리의 단골 고객이어서 Lewis 씨가 온라인 계좌로 $15를 입금해 드리기로 결정했습니다.

어휘 refund 환불   condition 상태   faulty 결함이 있는   credit 입금하다   regular customer 단골 고객

92 전화의 목적은 무엇인가?
  (A) 주문에 대해 토론하기 위해서
  (B) 제안하기 위해서
  (C) 문의에 답하기 위해서
  (D) 해결책을 제시하기 위해서

93 화자가 청자에게 말한 것은 무엇인가?
  (A) 그녀의 물건은 교환될 수 없다.
  (B) 그녀가 환불하기 위해서 상점에 방문해야 한다.
  (C) 그녀가 주문한 소프트웨어가 도착했다.
  (D) 상점에서는 그녀가 원하는 물건을 보유하고 있지 않다.

94 청자에게 주어진 것은 무엇인가?
  (A) 환불
  (B) 특별 입금
  (C) 쿠폰
  (D) 선물

[95-97]

M Thanks for tuning in, everyone. I've got an exciting show planned for you today. We're going to spend the first ten minutes of the show going over the latest in the world of soccer and basketball. After that, Jordan Weathers is going to stop by the studio for an exclusive interview. Jordan's going to talk about the new four-year contract that he signed with his team, and he's going to tell us how he feels about the Tigers' chances of winning this year. But before we get started with the show, it's time for a quick weather update from Sue Ellis. She's got some news about that storm front that's moving rapidly into the region. Sue?

M 청취해 주셔서 고맙습니다, 여러분. 저는 오늘 여러분을 위한 흥미로운 프로그램을 가지고 왔습니다. 방송의 처음 10분 동안은 농구계와 축구계의 최신 소식을 살펴 보도록 하겠습니다. 그리고 나서 Jordan Weathers가 독점 인터뷰를 위해 스튜디오에 방문할 예정입니다. Jordan은 그가 팀과 맺은 4년간의 계약에 대해서 이야기를 하고, 내년 Tigers의 우승 가능성에 대해서 그가 생각하는 바를 이야기할 것입니다. 그러나 프로그램을 시작하기 전에 Sue Ellis로부터 최신 날씨를 빠르게 알아보겠습니다. 그녀는 지역으로 빠르게 이동하고 있는 폭풍에 대한 몇 가지 뉴스를 준비 중입니다. Sue?

어휘 tune in 시청하다, 청취하다   exclusive 독점적인   front 전선

95 화자는 무엇을 이야기하고 있는가?
  (A) 프로그램 스케줄
  (B) 특별 행사
  (C) 뉴스 속보
  (D) 그날의 가장 중요한 뉴스

96 시각자료를 보시오. 이 프로그램의 제목은 무엇인가?

(A) *The Glen Gleason Hour*
(B) *The World of Sports*
(C) *Today in Marston*
(D) *Global Hits*

97 Sue Ellis는 누구인가?
(A) 국내 뉴스 기자
(B) 유명인사
(C) 기상 리포터
(D) 지역 유명인사

[98-100]

W As you can see from the chart on the screen, the initial results from the lab tests are extremely positive. The medicine we're working on has been successful at defeating several types of cancer. In fact, I'd say it's 20% more successful than anything currently available to doctors anywhere in the world. We're not ready to begin testing on humans yet. I estimate that won't happen until around 6 months from now. First, we need to make sure there aren't any harmful side effects. We must also get permission from the government to conduct more advanced trials. Now, I'd like to be more specific about the results. I think you'll find them fascinating. Please hold your questions until I finish.

W 화면 상의 차트에서 볼 수 있듯이, 실험실 테스트의 첫 결과는 상당히 긍정적이었습니다. 우리가 연구 중인 약은 다양한 종류의 암을 치료하는데 성공적이었습니다. 나는 그것이 전 세계 모든 곳의 의사들이 현재 사용할 수 있는 어떠한 약보다도 20% 더 성공적이라고 말하고 싶습니다. 우리는 아직 사람에게 실험을 시작할 준비는 되어 있지 않습니다. 지금부터 6개월이 지나고 나서야 할 수 있을 것이라고 추정됩니다. 우선, 우리는 어떠한 해로운 부작용도 없도록 확실히 할 필요가 있습니다. 우리는 또한 정부로부터 단계가 더 높은 실험을 하는 것에 대해서 허가를 받아야 합니다. 자, 결과에 대해 더 상세하게 알아보도록 하죠. 제 생각에 여러분들은 결과가 매력적이라는 것을 알게 될 것입니다. 제가 끝마칠 때까지 질문을 하지 말아 주세요.

어휘 initial 처음의 positive 긍정적인 defeat 물리치다 currently 현재의 available 사용할 수 있는 side effect 부작용 fascinating 매력적인

98 시각정보를 보시오. 화자는 어떤 약을 연구하고 있는가?
(A) MA032
(B) LT204
(C) QL742
(D) KE403

99 6개월 후에 어떤 일이 일어날 것인가?
(A) 제품이 판매될 것이다.
(B) 지원서가 제출될 것이다.
(C) 승인을 받을 것이다.
(D) 테스트가 시행될 것이다.

100 화자는 청자에게 무엇을 요구하는가?
(A) 그녀의 발표에 대해 발언을 한다
(B) 그들의 의견을 제공한다
(C) 질문하는 것을 기다린다
(D) 몇 가지 결과를 논의한다

PART 5   p.110

101 위원회는 직원들의 생산성을 높이기 위한 몇 가지 새로운 방식을 찾아내기 위해 구성되었다.
(A) 제품
(B) 생산적인
(C) 생산성
(D) 생산하다

어휘 committee 위원회 come up with 찾아내다

102 제철이 지난 모든 의류는 상점의 웹사이트에서 현재 50% 할인된 가격에 판매되고 있다
(A) 정확하게
(B) 현재
(C) 상당히
(D) 완전히

103 인턴들이 사무실 환경에 익숙해질 때까지, 그들에게는 중요한 업무가 주어지지 않을 것이다.
(A) 익숙한
(B) 훌륭한
(C) 권리가 있는
(D) 감사하는

104 이메일로 문서를 보내는 것은 그것을 전달하기 위해 우체국을 사용하는 것보다 훨씬 빠른 방식이다.
(A) 보내진
(B) 보내다
(C) 보냈던 것
(D) 보내는 것

105 임대인은 각각의 임차인이 서명해야 하는 임대차 계약에서 몇 가지를 변경하기로 결정했다.
(A) 영수증
(B) 임대차 계약
(C) 송장
(D) 현장

어휘 landlord 주인, 임대인 tenant 임차인, 세입자

106 공장의 공석에 대한 지원서는 모든 공석이 채워질 때까지 접수될 것이다.
(A) 제안된
(B) 받아들일
(C) 제출된
(D) 등록된

107 만약 Johnson 씨가 더 빨리 대금을 지불했더라면, 그의 주문은 취소 되지 않았을 것이다.
(A) 하다
(B) 되었다
(C) 했다
(D) 하고 있는 중이다

108 일기예보에서 토요일에 비가 온다고 했지만, 주말 내내 날씨가 맑았다.
(A) 전체의
(B) 총
(C) 완전한
(D) 마지막

어휘 call for 요구하다; 예보하다

109 Brad Marsh가 소유하고 있는 Davidson 케이터링은 30년 넘게 리치먼드 지역에 질 좋은 음식을 제공해 오고 있다.
(A) 소유하다
(B) 소유된
(C) 소유하는
(D) 소유자

110 최고 경영자가 내년에 대해 몇 마디 발언을 한 후에 매년 수여하는 상이 주어질 것이다.
(A) 주위에

(B) ~에 관한
(C) ~에
(D) 떨어져

111 지역문화센터의 몇몇 개인들은 지난 달 요금이 인상되었을 때 그들의 회원들의 자격 연장을 거부했다.
(A) 비율
(B) 평가자
(C) 등급을 받은
(D) 요금

어휘 community center 지역문화센터 decline 거절하다 renew 갱신하다

112 홍보부는 4월에 몇몇 새로운 구성원을 받았기 때문에 3층으로 이동할 것이다.
(A) 그가
(B) 그녀가
(C) 이것이
(D) 그것이

어휘 PR Department 홍보부

113 다음 주부터 그래픽 부서에서 근무를 시작하는 인턴은 최소한 10명이 될 것이다.
(A) 시작
(B) 시작하는
(C) 시작해서
(D) 시작하다

어휘 no fewer than 최소한

114 유명한 오페라 가수인 Olivia Nelson은 다가오는 1월 11일에 공연하기 위해서 그녀의 고향으로 돌아갔다.
(A) 돌아가다
(B) 돌아가는
(C) 돌아가는
(D) 돌아가 질 것이다

어휘 noted 유명한 put on a performance 공연하다

115 은행의 확인 과정이 복잡해서 고객들은 자신들의 신원이 도용 당하지 않도록 하는 것이 가능하다.
(A) 비축
(B) 확인
(C) 발표
(D) 변상

116 서명된 계약서가 없다면, 어떠한 원재료도 광산에서 회사의 공장으로 운송되지 않을 것이다.
(A) ~이 없다면
(B) ~가 아니라면
(C) ~에도 불구하다
(D) ~을 제외하고

어휘 raw materials 원재료 ship 운송하다

117 Chung씨는 그녀의 계획의 윤곽을 대략적으로 보여주고 싶어 하며 그리고 나서 그녀의 직원들이 세부적인 것들을 채우는 것을 허가한다.
(A) 넓어지다
(B) 더 넓은
(C) 대략적으로
(D) 가장 넓은

118 항공사 경영진은 경기 호황 덕분에 향후 6개월 내에 몇몇 신규 대서양 횡단 노선을 추가하게 될 것을 기대한다.
(A) ~에
(B) ~ 내에
(C) ~과 함께
(D) ~위에

어휘 transatlantic 대서양 횡단의 booming economy 경기 호황

119 제조업은 잘 되고 있는 반면에, 똑같은 경우가 농업 영역에는 적용되지 않는다.
(A) 주위에
(B) 어떻게든지
(C) 반면에
(D) ~하면서

120 Melinda Jasper가 대중적인 광고 슬로건을 찾아냈을 때 그녀는 프로젝트를 성공적으로 만들었다.
(A) 성공
(B) 성공적인
(C) 성공했다
(D) 성공들

어휘 slogan 구호, 슬로건

121 대부분의 직원들은 다가올 3일간의 연휴를 간절히 고대하고 있는 중이다.
(A) 간절히
(B) 최근에
(C) 경솔하게
(D) 독창적으로

어휘 look forward to 고대하다 three-day weekend 3일 연휴

122 음식 공급자가 너무 잘해서, 그녀는 Maxwell 씨로부터 다음 달에 또 다른 행사에서 일해달라는 요청을 받았다.
(A) 어디에
(B) 무엇을
(C) ~해서 ~하다
(D) 어느 것을

어휘 caterer 음식 공급자

123 상점 영업 개시일에는 50번째 손님까지 모든 구매에 대해 20% 할인을 받을 수 있는 쿠폰을 받게 된다.
(A) 그것
(B) 그것들을
(C) 그것들
(D) 그것들의

124 Roswell 씨는 서로 다른 부서에서 근무하는 직원들 사이의 의사소통을 개선시키고 싶어 한다.
(A) 결과
(B) 의사소통
(C) 발명
(D) 제조

125 사건에 연루된 모든 사람은 매니저에 의해 사소한 논란이 해결될 때까지 어디에도 가지 말라는 조언을 들었다.
(A) 어딘가에
(B) 모든 곳에
(C) 어디에도 ~않다
(D) 어디에도

어휘 incident 사건 dispute 논란, 논쟁 settle 해결하다, 정착하다

126 Kilo 자동차는 안전벨트의 문제 때문에 그것의 최신형 세단의 리콜을 발표해야 할지도 모른다.
(A) 늦은
(B) 최근에
(C) 나중에
(D) 최신의

어휘 issue 발표하다, 발행하다 sedan 세단형 자동차

127 회사에서 회원권 비용의 60%를 지불해 주기 때문에 MKT 주식회사 직원들 대다수는 피트니스 센터 회원이다.
(A) ~에

(B) ~에 대해
(C) ~ 안에
(D) ~ 옆에

어휘 Inc. 주식회사

128 Murphy 박사는 두 번째 진료소를 개원하기로 결정했는데, 이는 도시의 작은 교외 지역에 위치하게 될 것이다.
(A) 위치하다
(B) 위치시켰다
(C) 위치할 것이다
(D) 위치했다

어휘 clinic 의원, 진료소   suburbs 교외

129 웹 사이트는 점검을 위해 작동이 되지 않고 자정이 지나서야 다시 접속이 가능해질 것이다.
(A) 불리우는
(B) 덮인
(C) 작동이 되지 않는
(D) 침묵의

어휘 maintenance 보수, 점검   midnight 자정

130 Lane 씨는 신문에 광고를 하기 보다는 그녀 회사의 웹 사이트에 채용 공고를 발표하기로 선택했다.
(A) ~와는 반대로
(B) ~하기 보다는 오히려
(C) ~ 대신에
(D) ~하기 전에

어휘 job opening 채용 공고

PART 6   p.113

[131-134]

신규 점포를 내는 Paris Delights

국내 제과점 Paris Delights가 하트포드에 새로운 가맹점을 오픈합니다. 이 가게는 4월 30일 토요일에 처음으로 문을 열 것입니다. 이는 Symington 쇼핑센터의 2층에 위치할 것입니다. Paris Delights는 모든 종류의 빵과 패스트리를 판매할 것입니다. 바게트, 샌드위치용 빵, 파이, 케익, 도넛, 베이글이 이에 포함됩니다. 이 점포에서는 또한 다양한 샌드위치와 시원한 음료, 그리고 따뜻한 음료를 판매할 것입니다. 대부분의 Paris Delights의 가맹점들과는 다르게, 이곳에는 소규모의 좌석이 있는 공간이 마련될 것입니다. 모든 고객은 상점이 영업을 시작하는 첫날 그들이 구매하는 것에 대해 20% 할인을 받을 것입니다.

어휘 bakery 제과점   franchise 가맹점   plaza 쇼핑센터

131 (A) ~ 위에
(B) ~ 안에
(C) ~와 함께
(D) ~으로

132 (A) 이 상점에서 정상가보다 낮은 가격을 지불하게 될 것을 기대하세요.
(B) 상점에서 판매될 물건들은 여전히 조정 중입니다.
(C) 이 상점은 Dreamland Clothes 옆의 지역에 위치할 것입니다.
(D) Paris Delights는 모든 종류의 빵과 패스트리를 판매할 것입니다.

133 (A) ~와는 다르게
(B) ~에도 불구하고
(C) ~에 대하여
(D) 듣자 하니

134 (A) 받는다
(B) 받았다
(C) 받을 것이다
(D) 받았을 수도 있다

[135-138]

수신: Buxton 극장의 전 직원
발신: Samantha Potter
제목: Deacon 오케스트라
날짜: 11월 28일

Deacon 오케스트라는 12월 5일에 더 이상 이곳에서 공연을 하지 않을 것입니다. 일정이 겹쳐서 콘서트는 12월 9일에 열릴 것입니다. 우리는 이 행사의 티켓 구매자 모두에게 연락할 필요가 있습니다. 우리는 그들에게 세가지 선택권을 줄 수 있습니다. 첫째로, 그들은 다른 날짜에 동일한 좌석으로 그들의 표를 교환할 수 있습니다. 다음으로, 그들은 돈을 돌려 받을 수 있습니다. 마지막으로, 그들은 좌석이 이용 가능할 경우 그들의 표를 다른 행사의 표와 교환할 수 있습니다. 우리는 당장 티켓 구매자들에게 전화를 걸기 시작해야 합니다. 여러분 모두는 연락해야 할 명단과 전화번호를 받게 될 것입니다. 우리는 아무리 늦어도 내일까지는 끝마쳐야 합니다.

어휘 scheduling conflict 일정 충돌   identical 동일한   provided 만약 ~라면

135 (A) 예정된
(B) 일정
(C) 일정들
(D) 일정상의

136 (A) 우리는 그들에게 세가지 선택권을 줄 수 있습니다.
(B) 그들에게 이메일을 보냄으로서 그것을 합시다.
(C) 그들 중에 많은 사람들이 이미 전화를 하고 있습니다.
(D) 나는 우리가 할 수 있었던 일은 두 가지가 있었다고 생각합니다.

137 (A) 무엇을
(B) 어느 것을
(C) 만약 ~라면
(D) 언제

138 (A) 늦은
(B) 나중에
(C) 최근에
(D) 늦어도

[139-142]

2월 18일

친애하는 Templeton씨,

저는 3E호의 Mark Greenwald 입니다. 저는 2월 28일에 아파트를 떠나 이사를 가야 한다는 사실을 당신에게 알리게 되어 유감입니다. 회사에서 저를 다른 지역으로 전근 조치했기 때문에 저는 그때까지 방을 비워야만 합니다. 제가 임대차 계약을 위반하는 것이어서 당신이 보증 예치금을 돌려주지 않을 것이라는 사실을 알고 있습니다. 그것은 제가 받아 들일 수 있습니다. 이렇게 촉박한 통보를 하고 이사하는 것에 대해 사과 드립니다. 그러나 저도 오늘 아침에서야 저의 전근 결정에 대해 알게 되었습니다. 저의 아파트를 점검할 필요가 있나요? 만약 점검하기를 원하신다면 알려주세요.

Mark Greenwald 드림

어휘 premises 사무실, 건물   violate 위반하다   deposit 보증금, 예치금

139 (A) 비우다
(B) 제거하다
(C) 승인하다
(D) 이사하다

140 (A) 안전한
(B) 안전
(C) 튼튼함
(D) 튼튼하게

141 (A) 그것은 제가 받아 들일 수 있습니다.
(B) 당신은 저의 새로운 주소로 수표를 보내시면 됩니다.
(C) 당신은 나에게 350달러를 빚지고 있습니다.
(D) 우리는 나중에 새로운 계약에 서명할 수 있습니다.

142 (A) 배열되는
(B) 개조되는
(C) 점검되는
(D) 보여지는

[143-146]

수신: Kevin Hamilton ⟨kevin43@dnm.com⟩
발신: Brad Warren ⟨bwarren@dnm.com⟩
제목: 준비
날짜: 6월 4일

Kevin에게,

다음 주 여행 계획이 결정되었어요. 여행 일정표를 살펴보기 위해 첨부된 파일을 보세요. 당신은 우리 비행기가 출발하기 3시간 전에 공항에 도착해야 해요. 우리는 일주일 동안 떠날 것이므로 옷을 넉넉하게 가져오세요. 당신은 행사 기간 동안 매일 다른 복장을 입어야 할 거예요. 우리가 거기에 있는 동안에 당신이 DNM을 대표하고 있다는 사실을 기억하세요. 그러니 적절한 매너를 지키면서 행동하기를 바랄게요. 우리는 또한 여러 명의 중요한 고객들도 만나게 될 거예요. 이는 당신이 그들 중 몇몇을 알게 될 좋은 기회가 될 거예요. 질문이 있으면 알려주세요.

Brad

어휘 attached 첨부된 look over 살펴보다 outfit 복장 convention 대회

143 (A) 등록
(B) 예약
(C) 표
(D) 여행 일정표

144 (A) 출발하는
(B) 출발하다
(C) 출발될 것이다
(D) 출발했다

145 (A) 당신은 그들이 우리 시설을 방문 했을 때 그들은 견학 시킬 거예요
(B) 당신이 만난 사람들과 함께 이 자리에 지원해보세요.
(C) 그러니 적절한 매너를 지키면서 행동하시기를 바랄게요.
(D) 이것이 새로운 고객과 만날 수 있는 가장 좋은 방법이에요.

146 (A) 그들
(B) 우리들
(C) 우리의 것
(D) 그들의 것

PART 7   p.117

[147-148]

Albertson's
노스캐롤라이나 샬롯 Break Point 로 393번지
(393) 455-2986

고객명: Wesley Cumberland
배송지: 노스캐롤라이나 샬롯 Dearborn 로 55번지
전화번호: 785-2013

주문 일자: 4월 22일

내용	수량	단위당 가격	총가
Henderson's 파란색 페인트 (1갤런)	3	$12.00	$36.00
Gallagher 벽지 - 아이보리 (1롤)	6	$27.00	$162.00
롤러 페인트 브러쉬, 4인치 손잡이 포함	2	$9.00	$18.00
페인트 버킷 트레이	1	$6.00	$6.00
		Total	$222.00

빠른 시일 내에 고객님의 물품들을 받으실 수 있도록 4월 25일까지 목록에 있는 액수를 보내 주세요.

어휘 ensure 확실하게 하다 in a timely manner 빠른 시일 내에

147 Albertson's는 어떤 종류의 상점인가?
(A) 가정용 인테리어 회사
(B) 컨설팅 회사
(C) 조경 회사
(D) 토건 회사

148 Cumberland 씨는 무엇을 할 것을 요청받는가?
(A) 그의 주소를 변경한다
(B) 금액을 지불한다
(C) 주문을 확인한다
(D) 새 물품을 고른다

[149-150]

Coolidge and Morton

Coolidge and Morton은 저희의 정기 여름 할인 판매가 7월 20일에 시작할 예정임을 알리게 되어 기쁩니다. 이 기간 동안, 재고가 확보된 모든 제품은 최소한 20%의 할인을 받을 수 있게 됩니다. 아래의 종류들은 더욱 많은 할인이 제공되고 있습니다:

- 시: 30%
- 과학 서적: 25%
- 전기: 35%
- 교과서: 30%

저희는 매장 내에 50,000권 이상의 서적을 보유하고 있습니다. 저희는 소설을 전문적으로 취급하지만, 그 밖의 다양한 장르들도 많이 보유하고 있습니다. 수집가들을 위해 초판본들과 서명된 책들도 많이 보유하고 있습니다. 매일 오전 10시부터 오후 7시 사이에 Wilson 대로 684번지를 방문해 주세요. 또는 저희가 보유 중인 책들의 적은 분량의 샘플을 보시려면 www.coolidgeandmorton.com으로 온라인 방문을 해 주세요. 저희의 할인 행사는 8월 20일까지만 계속되므로 지금 구매하세요.

어휘 be set to ~하도록 예정되어 있다 in stock 비축된, 재고로 genre 종류
bioography 전기 premises 부지, 구내

149 소설 책은 얼마나 할인할 것 같은가?
(A) 20%
(B) 25%
(C) 30%
(D) 35%

150 Coolidge and Morton에 대해 언급된 것은 무엇인가?
(A) 할인 기간 동안 영업 시간이 변경될 것이다.
(B) 처음으로 할인 행사를 한다.
(C) 저자들과 특별 행사를 한다.
(D) 웹사이트에 완전하지 않은 상태의 상품들의 목록이 있다.

어휘 incomplete 미완성의; 불완전한

[151-153]

수신: 전 직원
발신: Susan Holloway
제목: 회사 야유회

우리는 바하마에서 실시하는 회사 야유회를 4월 24일에 출발하지 않을 것입니다. 대신에, 우리는 4월 23일에 떠나서, 4월 27일에 돌아오게 될 것입니다. 당신이 야유회를 갈 것이라면, 다른 사람이 당신의 일을 하루 더 대신할 수 있도록 당신의 부서장에게 보고하세요. 또한, 당신은 10월 27까지 기한이 만료되지 않는 여권을 반드시 소지해야 합니다. 만약 그것이 만료되는 것이라면, 당신은 그것을 즉시 갱신해야 하며, 그렇게 하지 않으면 항공기 탑승이 허용되지 않습니다. 야유회에 참가할 것을 고려하고 있는 사람들의 경우, 4월 5일까지 최종 결정을 내려 주셔야 합니다. 결정을 알려 주시거나 행사에 대해 더 많이 알고 싶은 분들은 내선번호 894로 저에게 연락해 주세요.

어휘 retreat 휴양지; 야유회, 단합 대회   expire 만료되다   permit 허용하다

151 사람들은 야유회에 언제 출발할 것인가?
(A) 4월 5일에
(B) 4월 23일에
(C) 4월 24일에
(D) 4월 27일에

152 Holloway 씨는 회람을 읽는 사람들에게 무엇을 하라고 말하는가?
(A) 비행기 예약을 한다
(B) 휴가 신청을 한다
(C) 그녀의 사무실에서의 회의에 참가한다
(D) 그들의 여권을 갱신한다

153 Holloway 씨에게 왜 연락을 할 것인가?
(A) 결근의 허가를 받기 위해서
(B) 여행을 가고 싶다는 의향을 표명하기 위해서
(C) 대금 결제에 대해 논의하기 위해서
(D) 여행을 위한 비자를 만드는 방법을 배우기 위해서

어휘 submit a payment 비용을 결제하다

[154-155]

| Roland Stephens | 8:35 A.M. |

안녕하세요, McDonald 씨. 저는 Western 항공의 Roland Stephens입니다.

| Stephanie McDonald | 8:41 A.M. |

안녕하세요. 제 가방이 어디에 있는지 찾으셨나요?

| Roland Stephens | 8:42 A.M. |

네, 고객님. 가방은 오슬로가 아닌 올랜도로 잘못 보내졌습니다. 하지만, 그것은 지금 공항에 있어서, 저희는 가방을 고객님께 보내 드리려고 합니다. 아직 Ferdinand 호텔에 계신가요?

| Stephanie McDonald | 8:45 A.M. |

네, 그런데 저는 곧 고객을 만나러 나가야 해요. 저녁이 되어서야 돌아올 것 같군요.

| Roland Stephens | 8:47 A.M. |

괜찮습니다. 저희가 가방을 안내 데스크에 맡겨 둘테니, 돌아오시면 그것을 찾아 가실 수 있을 것입니다.

| Stephanie McDonald | 8:48 A.M. |

좋아요. 도와 주셔서 감사합니다.

어휘 locate ~의 위치를 찾아내다   satisfactory 만족스러운   assistance 도움

154 McDonald 씨에 대해 무엇이 암시되고 있는가?
(A) 그녀는 공항에 방문하기를 원하지 않는다.
(B) 그녀는 지금 휴가 중이다.
(C) 그녀는 오늘밤에 호텔에서 체크아웃할 것이다.
(D) 그녀는 업무차 오슬로에 왔다.

155 오전 8시 47분에, Stephens 씨는 왜 "That's not a problem"이라고 썼는가?
(A) 그가 기꺼이 보상을 하겠다는 말을 하려고
(B) Ferdinand 호텔이 공항 근처에 있다는 것을 언급하려고
(C) 소지품이 전달될 수 있다는 말을 하려고
(D) McDonald 씨에게 호텔에서 나가지 말라는 권유를 하려고

[156-157]

수신: Cathy Sullivan 〈cathys@dynamicsystems.com〉
발신: Craig Lourdes 〈craiglourdes@matterhorntech.com〉
제목: Paula Daniels
날짜: 3월 19일

친애하는 Sullivan 씨께,

저는 Paula Daniels가 4년 동안 Matterhorn 기술에 근무했었다는 사실을 확인해 드리고자 합니다. 그녀의 채용 기간은 2011년 2월에 시작되어 2015년 5월에 종료되었습니다. 그 기간 동안, 그녀는 우수한 직원이었습니다. 그녀는 두 번이나 승진했는데, 이렇게 빠른 경우는 잘 없습니다. 그녀는 또한 동료들에게 인기가 많았습니다. 우리는 모두 그녀가 떠나는 것을 안타까워 했습니다. 하지만, 우리는 그녀가 고국으로 돌아가고 싶어 했다는 것을 이해하고 있습니다. 저에게 더 필요한 것이 있다면, 언제든지 저에게 다시 메일을 보내 주세요. 저는 기꺼이 Daniels 씨에 대해 더 많은 이야기를 해 드리겠습니다.

Craig Lourdes 드림
관리자, 나노 기술부
Matterhorn 기술

어휘 excel 뛰어나다, 탁월하다   promote 승진시키다   colleague 동료

156 Lourdes 씨는 왜 이메일을 보냈는가?
(A) 면접의 지원자를 추천하기 위해서
(B) 지원자를 만날 시간을 정하기 위해서
(C) 직원의 채용 일자를 요청하기 위해서
(D) 정보의 문의에 대해 답변하기 위해서

157 [1], [2], [3], 그리고 [4] 중에서 다음의 문장이 위치하기에 가장 적절한 곳은 어디인가?

"하지만, 우리는 그녀가 고국으로 돌아가고 싶어 했다는 것을 이해하고 있습니다."

(A) [1]
(B) [2]
(C) [3]
(D) [4]

[158-160]

키친 셰프 슈퍼 믹서기 사용 설명서

키친 셰프 슈퍼 믹서기 신제품을 구매해 주셔서 감사합니다. 본 기기의 올바른 작동을 위해서, 아래의 지시 사항을 따라 주세요:

1. 믹서기를 평평한 곳에 놓아두세요. 수평이 아닌 상태에서 작동하지 마세요.
2. 전기 플러그를 소켓에 확실히 삽입해 주세요. 플러그와 소켓이 젖어 있을 경우에는 사용하지 마세요.
3. 모든 재료들을 믹서기 용기에 담아 주세요. 먹을 수 없는 것들은 믹서기에 넣지 마세요.
4. 용기의 맨 위에 뚜껑을 놓아 주세요. 기기가 작동하는 동안 느슨해지지 않도록 한 손으로 뚜껑 위를 잡아 주세요.
5. 원하는 선택 버튼을 눌러 주세요. 두 개의 버튼을 동시에 누르지 마세요. 용기 내의 재료들이 만족할 만큼 섞일 때까지 믹서기를 사용하세요.
6. 사용을 마치면, 믹서기 용기와 뚜껑을 따뜻한 비눗물로 세척하세요.

어휘 blender 믹서기   instructions 사용 설명서   firmly 단단하게, 견고하게   container 용기, 그릇   nonedible 먹을 수 없는   lid 뚜껑

158 이 사용 설명서는 어디에서 찾아 볼 수 있을 것 같은가?
(A) 주문서에서
(B) 카탈로그에서
(C) 사용자 매뉴얼에서
(D) 블로그에서

159 사용 설명서에서 믹서기에 대해 언급되지 않은 것은 무엇인가?

(A) 믹서기가 작동되는 중에 뚜껑을 만져서는 안 된다.
(B) 음식이 아닌 재료들을 그 안에 넣어서는 안 된다.
(C) 축축한 플러그를 소켓에 꽂아서는 안 된다.
(D) 동시에 두 버튼을 누르지 말아야 한다.

160 기기에 대해 언급된 것은 무엇인가?
(A) 할인 판매할 때 구매되었다.
(B) 부품이 세 개 이상이다.
(C) 다양한 기능들이 있다.
(D) 야외에서 사용해서는 안 된다.

[161-164]

| Isabella Mendini | 11:32 A.M. |

Eric Sumner의 강연이 방금 끝났어요. 아주 큰 도움이 되었어요. 저는 우수한 웹 사이트를 만드는 방법에 대해 많은 것을 배웠어요.

| Harold Spritz | 11:34 A.M. |

저도 참석하고 싶었지만, 워크샵이 11시에 끝났어요.

| Isabella Mendini | 11:35 A.M. |

걱정하지 마세요. 저는 필기를 했을 뿐만 아니라 강연을 음성 녹음했어요. 저는 그것을 모든 사람과 공유할 거예요.

| Kenneth Bauer | 11:37 A.M. |

저는 그것을 기다리고 있겠어요. 나머지 일정은 어떻게 되나요?

| Joanie Pitt | 11:38 A.M. |

저는 Green 실에서 열리는 패널 토의에 참석할 거예요.

| Kenneth Bauer | 11:40 A.M. |

저도 그래요, 하지만 그것은 지금부터 한 시간도 넘게 지나야 시작되는 일정이에요. 우리는 지금 무엇을 해야 할 것 같아요?

| Isabella Mendini | 11:42 A.M. |

지금 진행되고 있는 행사는 Rodriquz 박사의 세미나밖에 없는데, 그 행사는 정오에 끝나요. 여러분이 원한다면 마지막 15분 정도 참석할 수 있을 것 같네요.

| Kenneth Bauer | 11:43 A.M. |

괜찮아요. 예전에 그의 강연을 들었는데 인상적인 편은 아니었어요. 학회의 나머지 시간 동안 무엇을 해야 할지 알아 보는 동안 점심을 먹는 것이 어떨까요?

| Isabella Mendini | 11:44 A.M. |

좋은 생각이에요. 5분 뒤에 로비에서 만나요. 길을 건너서 Bergeron's라는 이름의 장소에 가면 될 것 같아요.

어휘 enlightening 깨우침을 주는, 큰 도움이 되는 agenda 의제, 안건 panel discussion 패널 토의 conference 학회, 회의

161 작성자들은 주로 무엇을 논의하고 있는가?
(A) 그들이 참석하고 있는 학회
(B) 그들이 개최할 패널 토의
(C) 그들 모두가 참석했던 세미나
(D) 그들이 참가하고 싶어 하는 워크샵

162 오전 11시 37분에, Bauer 씨가 "I'm looking forward to that"이라고 썼을 때 그가 의미하는 것은?
(A) 그는 세미나가 자신에게 유익했다고 생각한다.
(B) 그는 비디오 시청을 원한다.
(C) 그는 강연을 듣고 싶어 한다.
(D) 그는 워크샵에 참석하기를 원한다.

163 Pitt 씨는 무엇을 언급하는가?
(A) 그녀는 자신이 참석했던 회의를 기록했다.
(B) 그녀는 Rodriguez 박사의 강연을 듣고 싶어 한다.
(C) 그녀는 점심시간 후에 행사에 참가할 것이다.
(D) 그녀는 Green 실의 강연에 참석하고 있다.

164 Bergeron's는 무엇일 것 같은가?

(A) 회의장
(B) 식당
(C) 진료소
(D) 백화점

[165-168]

벌링턴의 경기

벌링턴 (12월 7일) – 지금은 1년 중에서 축제의 기간이지만, 소매업자들에게는 아직까지 그렇지 않았다. 모든 예상과 반대로, 분주한 쇼핑의 시기가 아직 다가오지 않았다. 벌링턴 시내에 있는 상점들의 판매량은 추수감사절과 새해 사이의 기간 동안 거의 항상 최고치이다. 그럼에도 불구하고, 다가오는 추수감사절의 2주 기간 동안 추정 판매량은 작년의 같은 기간과 비교하여 거의 20% 감소했다. 그리고 2년 전 최고 기록을 달성했던 판매 기간 동안과 비교하면 35% 이상 감소했다. 특별히 큰 타격을 입은 분야는 의류와 장난감이다. 이들은 각각 30% 이상 하락했다. 전자 제품과 가정 용품 매장들의 경우, 판매량이 지난해와 대략 동일한 수준이라고 보고했다. 벌링턴 소상공인협회의 (BSBOA) 대표는 "올해는 우리에게 어려운 시기인데, 경제가 평소처럼 잘 돌아가고 있기 때문에 우리는 그 이유를 잘 모르겠습니다."라고 말했다. 그리고 나서 그는 "저는 고객들이 방문하도록 유도하기 위해 Burton's에서 대폭의 할인을 제공할 계획입니다."라고 덧붙였다. Steve Burton은 축제 시즌이 3주 더 지속될 것이므로 소매업자들에게는 여전히 현재의 좋지 않은 실적을 만회할 수 있는 시간이 있다고 언급했다.

어휘 festive 축제의 retailer 소매업자 thus far 지금까지는 materialize 구체화되다, 실현되다 estimate 추정치 record-breaking 전례가 없는 hard hit 큰 타격을 입은 roughly 대략 equivalent 동등한 entice 유인하다 make up for 만회하다 showing 실적

165 기사는 주로 무엇에 관한 것인가?
(A) 벌링턴에서의 할인 행사
(B) 사업주들의 단체
(C) 연례 판매 실적
(D) 좋지 않은 판매 상황

166 벌링턴에 있는 상점들에 대해 언급된 것은 무엇인가?
(A) 몇몇 상점들은 1월에 폐업할 것이다.
(B) 2년 전에 최고의 축제 시즌을 보냈다.
(C) 지역 경제 상황보다 더 나은 결과를 내고 있다.
(D) 상점들의 상태로 인해 고객들이 떠난다.

167 Burton 씨는 누구일 것 같은가?
(A) 벌링턴의 정치인
(B) BSBOA의 설립자
(C) 단골 고객
(D) 지역의 사업주

168 [1], [2], [3], 그리고 [4] 중에서 다음의 문장이 위치하기에 가장 적절한 곳은 어디인가?

"이들은 각각 30% 이상 하락했다."

(A) [1]
(B) [2]
(C) [3]
(D) [4]

[169-171]

Marcone 법률 서비스의 직원들을 위한 세법 학회 일정

다음의 일정은 워싱턴 D.C.에서 11월 3일 금요일부터 11월 5일 일요일까지 열리는 3일간의 신규 세법 학회의 일정입니다. 우리는 11월 2일 목요일에 함께 출발할 것입니다. 학회는 Stanford Hotel에서 개최할 것입니다. 질문이 있을 경우 우리 모두와 동행하게 될 Shirley Watson에게 연락하세요.

항목	날짜와 시간	장소
출발	11월 2일, 오전 7시 30분	오헤어 공항, 시카고
도착	11월 2일, 오전 11시 5분	덜레스 공항, 워싱턴 D.C.
체크인	11월 2일, 오후 1시	스탠포드 호텔
학회 - 1일차	11월 3일, 오전 10시-정오	Blue 회의실
	11월 3일, 오후 2시-오후 5시	Orange 회의실
학회 - 2일차	11월 4일, 오전 10시-오후 1시	Orange 회의실
	11월 4일, 오후 3시-오후 7시 30분	Blue 회의실
학회 - 3일차	11월 5일, 오전 9시-오전 11시	Blue 회의실
체크아웃	1월 5일, 오전 11시 30분	스탠포드 호텔
출발	11월 5일, 오후 3시 35분	덜레스 공항, 워싱턴 D.C.

169 학회에 대해 언급된 것은 무엇인가?
(A) 등록이 요구된다.
(B) 주말에 개최될 것이다.
(C) 국가 공무원들이 그곳에서 강연을 할 것이다.
(D) 참가비가 지불되어야 한다.

170 Watson 씨에 대해 암시되고 있는 것은 무엇인가?
(A) 그녀는 학회 주최자이다.
(B) 그녀의 강연 시간은 11월 4일에 있다.
(C) 그녀는 법조계에 근무한다.
(D) 그녀의 사무실은 워싱턴 D.C.에 있다.

171 참석자들은 언제 Blue 회의실에 있을 것인가?
(A) 11월 3일 오후 3시에
(B) 11월 4일 오전 11시에
(C) 11월 4일 오후 1시에
(D) 11월 5일 오전 10시에

[172-175]

2월 12일

친애하는 Lambert 씨께,

안녕하세요. 제 이름은 Katherine Jordan입니다. 저는 Brad Smiley에게서 당신의 연락처를 받았는데, 그는 콜럼버스 지역에 자신의 집을 구하는 데 당신이 도와준 일에 대해 상당히 만족했습니다. Brad와 저는 같은 회사에서 근무하며, 그리고, 우연히도, 제가 그의 지사로 전근을 가게 되었습니다. 그래서, 저는 만족스러운 거처를 찾아야 합니다. Brad와 다르게, 제가 그곳에 머무르는 기간은 2년으로 한정될 것이기 때문에 저는 집을 구매하는 것에 관심이 없습니다. 그래서 저는 집을 임차하는 것만을 고려할 것입니다. 저는 임대인과 2년의 계약을 할 의향이 있으며, 저희 회사에서 전액을 선불로 지불할 것입니다.

저의 가족들—저의 남편, 딸, 그리고 두 아들들은—저와 함께 이주할 것입니다. 우리는 네 개의 침실과 최소한 두 개의 욕실이 딸린 집이 필요합니다. 넓은 뒷마당이 있다면 더욱 좋을 것 같습니다. 저의 자녀들이 모두 Westmoreland 학교에 다니고 있기 때문에 집은 그곳에서 차로 10분 이내의 거리에 있어야 합니다. 우리는 3월 31일에 이사할 것이어서, 시간이 별로 없습니다. 2월 28일까지 우리가 둘러 볼 수 있는 집을 최소한 여섯 곳을 찾아 주시겠습니까? 저의 남편과 저는 그날 방문할 것이며, 우리는 그때 몇몇 집들을 보고 싶습니다. 향후 이 문제에 대해 논의하고 싶으시면 언제든지 (493) 545-9383으로 저에게 연락해 주세요.

Katherine Jordan 드림

어휘 as luck would have it 우연히도 residence 거주지 rent 세내다, 임차하다
property 부동산; 건물 landlord 집주인 due 요금, 돈 up front 선불로

172 Smiley 씨에 대해 언급되지 않은 것은 무엇인가?
(A) 그는 Lambert 씨의 서비스를 이용했다.
(B) 그는 주택을 구매했다.
(C) 그는 콜럼버스에서 일한다.
(D) 그는 Jordan 씨의 관리자이다.

173 Jordan 씨의 고용주에 대해 언급된 것은 무엇인가?
(A) 그녀를 한시적으로 배치했다.
(B) 임차료의 지불을 위해 그녀의 급여를 인상해 주었다.
(C) 해외 여러 국가에 사무소가 있다.
(D) 그녀가 임차하는 주택이 무엇이든 승인해 주어야 한다.

어휘 temporary 일시적인 assignment 임무, 배치

174 Jordan 씨는 그녀의 아이들에 대해 무엇을 암시하고 있는가?
(A) 그들은 모두 학교에서 운동을 한다.
(B) 그들은 초등학교에 다닌다.
(C) 그들은 학교에서 공부를 잘 한다.
(D) 그들은 매일 차를 타고 등교할 것이다.

175 2월 28일에 일어날 일은 무엇인가?
(A) 계약서에 서명이 될 것이다.
(B) 집들을 둘러 볼 것이다.
(C) 이사가 진행될 것이다.
(D) 지급액이 송금될 것이다.

[176-180]

Stillman 사무용 가구
온라인 주문 양식

수령인: Ricardo Hazel
Palm 가 387번지
찰스턴, 사우스 캐롤라이나 29407

전화번호: (843) 812-9483

주문 번호: 48485930

주문일자: 6월 12일 배송일자: 6월 14일

내용	제품 번호	수량	총가
접이식 카드 테이블	8494-33	2	$70.00
철재 접이식 의자	2928-91	10	$120.00
가죽 책장 의자	2974-84	2	$285.00
검은색 사무용 책상	1275-44	1	$135.00
		소계	$610.00
		배송료	$25.00
		세금	$38.10
		총계	$673.10

*300달러 이상의 주문은 무료 일반 배송으로 수령하시게 됩니다. 2일 속달 배송을 하시려면, 주문에 25달러가 추가됩니다.
*귀하의 주문은 카드번호 4983으로 끝나는 신용카드로 지불되었습니다.
*고객님은 배송 전에 주문을 변경하실 수 있습니다. (874) 847-1922로 전화를 하시거나 orders@stillmanfurniture.com으로 이메일을 보내 주세요.

어휘 expedite 더 신속히 처리하다

수신: orders@stillmanfurniture.com
발신: rhazel@thismail.com
날짜: 6월 13일
제목: 주문 #48485930

관계자 분께,

제 이름은 Ricardo Hazel입니다. 저는 어젯밤에 귀사의 웹사이트에서 주문을 (#48485930) 했습니다; 그러나, 저의 상사는 그것을 변경하라는 지시를 내렸습니다. 아마도, 두 명의 신입사원이 근무를 곧 시작하게 되어서, 우리는 책상을 하나 더 주문해야 할 것 같습니다. 저희 주문에 하나 더 추가해 주실 수 있나요? 최초의 주문을 결제하는 데 사용했던 것과 같은 카드로 결제를 진행해 주시면 됩니다. 카드의 확인이 필요하시다면, 제 사무실 번호 (843) 812-9483으로 연락해 주세요. 저는 하루 종일 사무실에 없을 것이지만, 저의 개인 비서인 Susan Rimes 씨와 이야기하시면 됩니다. 그녀는 이 문제에 대해 이야기를 들었으며 귀하의 모든 질문에 답변을 드릴 수 있을 것입니다.

Ricardo Hazel 드림

어휘 place an order 주문을 하다 instruct 지시하다 apparently 듣자 하니, 아마도 personal assistant 개인 비서

176 청구서에 언급된 것은 무엇인가?
(A) Hazel 씨는 수표로 물품 대금을 지불했다.
(B) Hazel 씨는 이전에 회사에서 주문한 적이 있다.
(C) Hazel 씨는 의자보다 테이블을 더 많이 주문했다.
(D) Hazel 씨는 2일 속달 배송료를 지불했다.

어휘 check 수표

177 Hazel 씨가 하나 더 주문한 물품은 무엇인가?
(A) 8494-33
(B) 2928-91
(C) 2974-84
(D) 1275-44

178 Hazel 씨는 회사에 무엇을 할 것을 요청하는가?
(A) 그에게 추가 청구서를 보낸다
(B) 그가 주문한 물품의 색상을 변경한다
(C) 그의 신용카드로 추가 비용을 결제한다
(D) 그에게 전화하여 주문을 확인한다

179 Hazel 씨가 Rimes 씨에 대해 언급한 것은 무엇인가?
(A) 그녀는 주문한 물품 대금을 지급했다.
(B) 그녀는 그를 위해 발언을 할 권한이 있다.
(C) 그녀는 그와 함께 출장을 갈 것이다.
(D) 그녀는 그의 회사에서 근무하기 시작할 것이다.

180 이메일에서, 7째 줄의 어휘 "advised on"과 그 의미가 가장 유사한 것은?
(A) ~으로 인해 처벌받은
(B) ~에 대해 보고된
(C) ~을 배운
(D) ~에 대해 말해 진

[181-185]

www.cumberlandforestpark.com

| HOME | ABOUT US | LOCATION | ACTIVITIES | RULES | CONTACT |

컴벌랜드 산림 공원의 방문객들은 아래와 같은 다양한 활동을 할 수 있습니다:

하이킹: 공원 전체에 오솔길들이 있습니다. 가장 인기 있는 곳들은 리치몬드, 콜드 스프링스, 그리고 힐사이드 지역에서 찾을 수 있습니다.

수상 활동: 공원에는 수많은 연못들과 세 곳의 호수가 (워싱턴 호수, 클로버, 그리고 레드우드) 있습니다. 13세 이상의 사람들에게 낚시 면허가 필요하기는 하지만 모든 연못과 호수에서 낚시가 허가됩니다. 연못에서의 수영은 금지되지만 호수에서는 허가됩니다. 호수에서는 배를 타는 것과, 수상 스키를 포함한 수상 활동들이 허가됩니다.

캠핑: 공원에는 세 곳의 캠프장이 있습니다. 하지만, 워싱턴 호수와 윌리스 연못 주변의 캠핑장은 개조 공사로 인해 폐쇄되었으며 5월이 되어야 개장합니다. 베스커빌 입구 근처에 있는 캠핑장은 개장된 상태이며 30개의 텐트와 야영자들을 위한 공간을 확보하고 있습니다. 반드시 미리 예약을 하셔야 합니다.

등산: 공원에는 몇 곳의 산들이 있습니다. 그것들은 체스터필드 지역의 북쪽에 있습니다. 가파른 절벽들이 등산객들의 도전을 부르고 있습니다. 모든 등산객들은 산림 경비원들로부터 반드시 허가를 받아야 합니다. 몹시 위험한 절벽의 특성 때문에 경험이 있는 분들에게만 등산이 허가됩니다.

이러한 활동과 그 밖의 활동들과 관련하여 더 많은 정보를 얻고 싶으시면, activities@cumberlandforestpark.org로 이메일을 보내 주세요.

어휘 trail 오솔길 in advance 미리 steep 가파른 park ranger 산림 경비원 perilous 몹시 위험한

수신: activities@cumberlandforeseetpark.org
발신: leonharris@mymail.com
제목: 여행
날짜: 4월 16일

관계자 분께,

안녕하세요. 다음 주말인 4월 23일과 24일에 가족들과 공원에서 시간을 보낼 계획입니다. 우리는 그곳에서 캠핑을 하고 싶어서, 예약을 하려고 합니다. 그곳은 무료인가요? 저는 이번에 처음으로 그 공원에서 캠핑을 하는 것이어서, 그것에 대해 잘 모릅니다. 우리는 또한 오솔길을 걷고 Shaker 산을 등산하려고 합니다. 우리 가족 모두는 예전에 그곳에 갔었기 때문에, 우리는 산의 위험성에 대해 잘 알고 있습니다. 우리는 주로 수상 스키를 타러 가는 것이지만, 우리의 배가 수리 중이어서, 이번 주에는 시간이 안 될 것 같습니다.

제가 우리의 여행 준비를 끝낼 수 있도록 가능한 빨리 저에게 연락을 해 주시겠습니까? 귀하의 답신을 고대하겠습니다.

Leon Harris 드림

181 웹사이트의 어떤 섹션에서 이 정보를 찾을 수 있을 것 같은가?
(A) Home
(B) Location
(C) Activities
(D) Contact

182 공원에서의 등산에 대해 암시되고 있는 것은 무엇인가?
(A) 공원 경비원이 반드시 모든 등산객들과 동행해야 한다.
(B) 사람들은 그것을 하다가 쉽게 부상을 당할 수 있다.
(C) 수업을 받은 등산객들만 그것을 할 수 있다.
(D) 겨울의 몇 개월 동안에는 허가되지 않는다.

어휘 accompany 동행하다

183 Harris 씨는 왜 이메일을 보냈는가?
(A) 면허를 신청하기 위해서
(B) 공원 경비원에게 신고하기 위해서
(C) 예약을 하기 위해서
(D) 물의 상태에 대해 문의하기 위해서

184 Harris 씨의 가족은 공원의 어느 지역에 머무를 것인가?
(A) 베스커빌
(B) 워싱턴 호수
(C) 힐사이드
(D) 윌리스 연못

185 Harris 씨의 가족이 할 활동이 아닌 것은?
(A) 오솔길에서 하이킹하기
(B) 수상 스키 타기
(C) 캠핑하기
(D) 등산하기

[186-190]

공예에 관심이 있으신가요?
그렇다면 Chandler 학원에서
수업을 들으세요

저희 공예 강사들은 시에서 가장 우수한 분들입니다.

이번 달에는, 저희의 정규 수업 이외에도,
매주 토요일에 다음과 같은 1일 특별 수업을 제공합니다.

8월 2일: 캔버스 자수
8월 9일: 바느질
8월 16일: 유화

8월 23일: 도예
8월 30일: 헝겊 자수

각 수업의 등록비는 25달러입니다.
요금에는 물품비도 포함되어 있습니다.

자리를 예약하시려면
www.chandlerinstitute.com을
방문하세요

어휘 arts and crafts 공예 needlepoint 캔버스 자수 embroidery 헝겊 자수 enroll 등록하다

수신: Martina Schnell ⟨martinas@homemail.com⟩
발신: Sheila Thomas ⟨sheila@chandlerinstitute.com⟩
제목: 수업
날짜: 7월 31일

친애하는 Schnell 씨께,

온라인 예약을 해 주셔서 감사합니다. 고객님의 지급액 25달러가 수령되어서, 고객님은 수업에 등록되었습니다. 문의하신 질문에 답을 드리자면, 아닙니다, 고객님은 고객님 소유의 어떠한 물품도 가지고 오실 필요가 없습니다. 필요하신 모든 것이 제공될 것입니다. Harper 씨가 도자기를 만드는 것에 대해 수강생들에게 설명하는 것들을 필기하고 싶으시다면 공책과 펜을 가지고 오세요. 학생들은 수업이 상당히 교육에 유익하다는 것을 알게 되는 경우가 많습니다.

Sheila Thomas 드림
Chandler 학원

어휘 enroll 등록하다 ceramics 도자기

Chandler 학원이 1주일 동안 문을 닫습니다.

Chandler 학원의 전 직원이 Moline 아트 축제에 참석할 예정이어서, 학원은 1주일 동안 문을 닫습니다. 8월 24일부터 30일까지, 학원에서는 어떠한 수업도 진행되지 않습니다. 이 기간 동안 수업료를 지불하신 분들은 취소된 수업에 대해 환불을 받으시거나 나중에 수강하고자 하는 수업료를 공제받으실 수 있습니다. 보다 많은 정보를 위해, 841-4842로 전화하세요.

---

186 Chandler 학원에 대해 언급된 것은 무엇인가?
(A) 지역의 대학 인근에 위치하고 있다.
(B) 특별 강좌들에 같은 수업료를 청구하고 있다.
(C) 학생들에게 교재 비용을 청구한다.
(D) 주중에만 수업을 한다.

187 Thomas 씨는 왜 이메일을 보냈는가?
(A) 수업료를 받았다는 것을 알려 주기 위해서
(B) 해명을 요구하기 위해서
(C) 수업 시간표를 전달하기 위해서
(D) 실수에 대해 사과하기 위해서

어휘 acknowledge 받았음을 알리다 clarification 해명

188 Thomas 씨는 Schnell씨에게 무엇을 하라고 조언하는가?
(A) 본인 소유의 물품을 가져 온다
(B) 신용카드를 신청한다
(C) 공책을 가져 온다
(D) 강사와 이야기를 나눈다

189 Schnell 씨는 언제 수업을 들을 것인가?
(A) 8월 2일에
(B) 8월 9일에
(C) 8월 16일에
(D) 8월 23일에

190 발표에 따르면, 어떤 수업이 취소될 것인가?
(A) 바느질

(B) 유화
(C) 도예
(D) 헝겊 자수

[191-195]

수신: Tom Thornton ⟨tomt@valencedistributors.com⟩
발신: Alice McBride ⟨alice@valencedistributors.com⟩
제목: Wang Fung 사
날짜: 3월 21일

Tom,

저는 Wang Fung 사와 연락하여 이야기를 나누었는데, 걱정스러운 소식을 들었어요. 아마도, 우리가 주문했던 물품이 2개월이 아닌 1개월 후에 도착할 것 같아요. 우리 창고의 Geoge Fraizer와 이야기를 나눴는데, 그는 들어 오는 모든 것들을 저장할 공간이 충분하지 않다고 하더군요. 그는 우리가 배송을 취소할 수 있다고 했는데, 이는 계약서에 따르면 50,000달러의 비용이 들고, 또는 우리가 창고를 대여할 수도 있다고 했어요. 우리가 최소한 12,000평방피트의 저장 공간이 필요할 것이라고 했어요. 제가 어떻게 하기를 원하는지 알려 주세요.

Alice

어휘 alarming 걱정스러운 remark 말하다

Presidio 보관소

Presidio 보관소는 고객님의 제품을 보관할 수 있는 많은 시설을 보유하고 있습니다. 우리는 저장 공간을 제공할 뿐만 아니라 고객님의 물품을 위해 하루에 24시간 동안의 (인력과 전자 장비를 모두 포함한) 서비스도 제공합니다. 우리의 창고는 깨끗하며 실내 온도 조절이 됩니다. 우리는 상하기 쉬운 제품들을 위해 사용할 수 있는 냉장 저장소도 보유하고 있습니다. 우리의 창고들을 확인해 주세요:

위치	규모	냉장 공간	가격/월
Sycamore 로 1912번지	9,000평방피트	없음	$7,000
Beaver 가 54번지	40,000평방피트	있음	$29,000
W. Pacific 가 89번지	15,000평방피트	있음	$16,000
Lake 로 811번지	7,500평방피트	있음	$8,000

더 많은 정보를 위해 594-9300으로 전화해 주세요. 몇몇 가격들은 조정이 가능합니다. 더 오래 대여하실 수록, 더 적은 비용을 지불하시게 됩니다.

어휘 climate control 실내 온도 조절기 perishable 잘 상하는

수신: alice@valencedistributors.com
발신: wademartin@presidiostorage.com
제목: 귀하의 요청
날짜: 3월 25일

친애하는 McBride 씨께,

Presidio 저장소의 창고를 대여하는 것에 대해 문의해 주셔서 감사합니다. 귀하가 문의하신 창고가 이미 다른 고객에게 대여되었다는 사실을 알려 드리게 되어 유감입니다. 현재, 우리는 귀하가 필요로 하는 것과 정확히 일치하는 보관 공간을 보유하고 있지 않습니다. 하지만, 저희의 예전 직원들 중 한 명인, Dwight Stephenson이, 최근에 그의 보관 시설을 개업했습니다. 그곳은 우리의 가장 큰 창고 인근에 위치하고 있습니다. 저는 그가 귀하를 도울 수 있을 것이라고 생각합니다. 847-3922로 그에게 전화하셔서 제가 귀하를 보내 드렸다고 꼭 말씀하세요. 그렇게 하시면 그가 귀하에게 할인된 가격을 제시할 것입니다.

Wade Martin 드림
시설 관리자
Presidio 보관소

어휘 inquire 문의하다 adjacent 인접한

191 McBride 씨가 언급한 문제는 무엇인가?
(A) 계약이 취소되었다.
(B) 회사는 금전적인 벌금을 부과할 것이다.
(C) 수송품이 일정보다 빠르게 도착한다.
(D) 창고가 피해를 입었다.

192 Presidio 보관소에 대해 무엇이 언급되는가?
  (A) 시설을 경비하는 사람들을 채용하고 있다.
  (B) 모든 창고들에 냉장 장치가 있다.
  (C) 지난 해에 영업을 시작했다.
  (D) Dwight Stephenson은 현재 그곳에서 근무하고 있다.

193 Sycamore 로 1912번지에 대해 언급된 것은 무엇인가?
  (A) 냉동 물품을 보관할 수 없다.
  (B) 항구 근처에 위치하고 있다.
  (C) Presidio 보관소에서 가장 넓다.
  (D) 구매할 수 있다.

194 McBride 씨가 문의한 창고의 월 임대료는 얼마인가?
  (A) 7,000달러
  (B) 8,000달러
  (C) 16,000달러
  (D) 29,000달러

195 Stephenson 씨의 창고는 어디에 위치하고 있을 것 같은가?
  (A) Sycamore 로에
  (B) Beaver 가에
  (C) W. Pacific 가에
  (D) Lake 로에

[196-200]

WM 전자가 대대적인 할인을 합니다

9월 10일에서 16일 사이에 Carpenter 로 598번지에 있는 WM 전자를 방문해 주시면, 여러분은 특정 제품들에 대해 50%까지 비용을 절약하실 수 있습니다. 저희는 PTR, Wilson 전자, Carver, Washington 전기, 그리고 그 밖의 제품들을 보유하고 있습니다. 또한 모든 것이 할인 중입니다. 여러분들이 구매할 수 있는 몇 가지 특가 상품이 여기에 있습니다:

• Carver 냉장고: 예전 $800 / 현재 $550
• PTR 전자 레인지: 예전 $120 / 현재 $65
• Wilson 컴퓨터 (26인치 모니터 포함): 예전 $1,800 / 현재 $1,200
• Washington 60인치 텔레비전: 예전 $3,100 / 현재 $2,000

여러분은 이보다 더 나은 가격을 찾을 수는 없습니다. 400달러 이상을 구매하시면 무료 배송 서비스도 제공합니다. 하지만 서두르셔야 합니다. 이렇게 낮은 가격은 재고가 있을 때까지만 유효합니다. 반품은 받지 않습니다.

어휘 **All sales are final.** 반품은 받지 않는다.

9월 18일

관계자 분께,

저는 9월 13일에 상점에 방문하여 몇몇 물품을 구매했습니다. 저는 가격이 마음에 들어서 저희 집에서 사용할 몇 가지 가정 용품들을 사고 싶었습니다. 물품들을 배송하고 설치해 주신 분은 친절하고 많은 것을 알고 있었습니다. 그는 에어컨, 세탁기, 그리고 냉장고—모두 할인 중인 Carver 제품들—매우 빨리 연결해 주었고 그것들을 올바르게 사용하는 방법을 보여 주었습니다. 실망스럽게도, 제가 구매한 전자 레인지와 관련하여 몇 가지 문제를 겪었습니다. 저는 PTR 사의 제품은 특별히 우수한 품질을 갖고 있다고 믿었습니다만, 전자 레인지가 계속해서 음식물을 가열하며, 그것을 태우고, 타이머 또한 올바르게 작동하지 않습니다. 제가 이 물품을 반납하거나 교체하려면 어떻게 해야 할까요?

Calvin Hale 드림

어휘 **appliance** 가정 용품 **install** 설치하다 **knowledgeable** 많이 아는
disappointingly 실망스럽게도 **exceptional** 특별한

제조사에서 리콜 시작

포틀랜드 (10월 3일) – 캐나다의 제조 업체인 PTR 사는 최신 제품군에 대해 리콜 조치를 취한다고 발표했다. 이 품목들은 Ironclad 제품군에 속하며 냉장고, 스토브, 전자 레인지, 토스터, 그리고 그 밖의 주방 용품들이 이에 포함된다. 회사의 대변인에 따르면, 기계의 배선에서 문제가 발견되었다. 그 결과, 그것들은 부적절하게 작동되기 쉬울 뿐만 아니라 화재를 일으킬 수도 있다. PTR은 해당 회사의 Ironclad 제품군의 가정 용품을 보유하는 사람들은 제품의 사용을 중단하고 그것들을 구매한 곳에 반납할 것을 요청했다. 그곳에서, 소유자들은 PTR의 모든 제품들을 구매하는 데 사용될 수 있는 각각의 제품들의 판매액 만큼의 공제액을 받게 된다.

어휘 **spokesperson** 대변인 **wiring** 배선 **detect** 발견하다 **be liable to** ~하기 쉬운 **cease** 중단하다

196 광고에서, 세 번째 문단의 첫 번째 줄의 단어 "top"과 그 의미가 가장 유사한 것은?
  (A) ~와 비교하다
  (B) ~을 능가하다
  (C) ~을 위해 교섭하다
  (D) ~에 놀라다

197 할인 판매에 대해 언급되지 않은 것은 무엇인가?
  (A) 웹 사이트의 품목들은 할인 중이다.
  (B) 상점의 모든 물품들이 포함된다.
  (C) 기간이 한정되어 있다.
  (D) 몇몇 물품들은 가격의 절반을 할인한다.

198 Hale 씨가 그의 편지에서 칭찬한 것은 무엇인가?
  (A) 그가 구매한 모든 제품의 품질
  (B) 그가 상점에서 받은 서비스
  (C) 기사가 한 작업
  (D) 그가 구입한 Wilson 사의 제품

199 Hale 씨에 대해 암시되고 있는 것은 무엇인가?
  (A) 그는 몇 년 동안 같은 집에 살고 있다.
  (B) 그는 가정 배달 서비스 비용을 지불하지 않았다.
  (C) 그는 포틀랜드 출신이다.
  (D) 그의 교환 요청이 받아들여졌다.

200 Hale 씨는 PTR 사로부터 얼마의 공제액을 받게 될 것인가?
  (A) 65달러
  (B) 120달러
  (C) 550달러
  (D) 1,200달러

시험 직전에 풀어 보는

속전속결
速戰 速決

**신(新)토익
실전 모의고사
600題 ①**